U0915084

兰州大学人文社会科学类高水平著作出版经费资助

物质文化研究方法论

王垚 著

Material Culture

The Methodology of
Material Culture Studies

中国社会科学出版社

图书在版编目（CIP）数据

物质文化研究方法论／王垚著．—北京：中国社会科学出版社，2023．12

ISBN 978－7－5227－3150－6

Ⅰ．①物…　Ⅱ．①王…　Ⅲ．①物质文化—研究　Ⅳ．①K851

中国国家版本馆 CIP 数据核字(2024)第 020348 号

出 版 人　赵剑英
责任编辑　王　琪
责任校对　杜若普
责任印制　王　超

出　　版　中国社会科学出版社
社　　址　北京鼓楼西大街甲 158 号
邮　　编　100720
网　　址　http://www.csspw.cn
发 行 部　010－84083685
门 市 部　010－84029450
经　　销　新华书店及其他书店

印刷装订　三河市华骏印务包装有限公司
版　　次　2023 年 12 月第 1 版
印　　次　2023 年 12 月第 1 次印刷

开　　本　710×1000　1/16
印　　张　14
插　　页　2
字　　数　202 千字
定　　价　75.00 元

凡购买中国社会科学出版社图书,如有质量问题请与本社营销中心联系调换
电话:010－84083683

版权所有　侵权必究

目　　录

导　论

一　问题缘起

物质文化研究（Material Culture Studies）的兴起始于20世纪七八十年代人类学领域内部的范式转换。20世纪下半叶文化研究成为显学，加之后现代思潮的渗透，以及后殖民主义批评的崛起，人类学从追求"客观的""科学的"学科体系，以"人的视角"考察原始的、他者的社会文化和历史遗迹，转向以"物的视角"考察不同时空中的物的踪迹以及它们和人的关系。物质文化研究很快以海纳百川的态势激发了包括消费研究、身体研究、技术研究、日常生活研究在内的众多领域之间的对话，汇入当前文化研究的主流。21世纪以来，物质文化研究作为一个新的研究方向，跨时空地将众多理论资源和新思想、新方法汇聚起来，形成一个多元开放的新学术空间。

广泛的物质文化研究促进了理论从"文本间性"到"事物间性"的范式转换。20世纪"语言论转向"以来，"文本主义"理论聚焦于语言、符号、话语使其忽略现实事物的局限性被凸显。理查德·罗蒂曾在一篇总结性的文章中指出："上世纪（19世纪——笔者注），哲学家们争论的，除了理念就再没有别的东西。在我们这个世纪（20世纪——笔者注），那些写理论的人仿佛除了谈文本就再没有别的东西，这些人，我叫他们'文本主义者'。"[①] 20世纪80年

---

① Richard Rorty, "Nineteenth-Century Idealism and Twentieth-Century Textualism", *The Monist*, Vol. 2, 1981, p. 155.

代，伴随着多领域中的“回归到物”[①]（return to things）的转向（或称“物的转向”[②]）将理论的视野重新聚焦于物上。这种“回归”说明对物的聚焦并非纯然新的一个领域，而是在理论话语争夺的过程中不断振摆的结果。自然科学的研究对象本身就是物，人文科学（例如人类学、民族学、博物学、媒介学）也有对物的研究传统。爱娃·多曼斯卡在《过去的物质性存在》一文中指出当前的物质文化研究和“回归到物”的思潮是对文本主义的扬弃。[③] 多曼斯卡的这个论断总结性地指出了近年来物质文化研究的趋向。20 世纪末到 21 世纪以来，大批研究者参与到有关“物”的讨论中来。“物”不再是外在的物、功能的物、载体的物，而是参与者、行动者、言说者。“事物间性”的概念建立在反思文本主义的基础上，旨在调解长期以来语言/事实、人/物、心/身的分裂状态，重新考察人与物、物与物之间的关联性以及事物如何参与社会生活。走向“事物间性”并非寻求人与“真实”世界的“重新”联系，而是确立联系的世界（或者世界的联系性），无论理论如何定义“存在”这个概念，都不可否认：存在是相互关联的。因此当前物质文化研究“并不企图完成一部由‘现成的’、‘无缝的’和‘凸显的’思想观念连缀而成的‘观念史’，而是试图发掘由生成中的缝隙和边缘境遇构成的居间层所呈现的文化秘密”。[④] 在居间层面，我们可以欣喜地发现一个与主客二元对立，与自然科学/人文科学相区分，与人类中心主义的世界

---

① Ewa Domanska, “The Return to Things”, *Archaeologia Polona*, Vol. 44, 2006, pp. 171 - 185.

② 相关讨论有：杨庆峰、闫宏秀指出，在科学技术哲学领域，物转向意味着摆脱先验研究路径，强调经验研究；在伦理学领域，物转向意味着摆脱人类中心主义，强调物的伦理性；在生存哲学领域，物转向意味着开始摆脱理性传统，关注身体研究（杨庆峰、闫宏秀：《多领域中的物转向及其本质》，《哲学分析》2011 年第 1 期）。汪民安指出，对物的讨论成为当前西方哲学界和批评理论界的一个热点问题（汪民安：《物的转向》，《马克思主义与现实》2015 年第 3 期）。

③ ［波兰］爱娃·多曼斯卡：《过去的物质性存在》，杨晓慧译，《江海学刊》2010 年第 6 期。

④ 张进：《活态文化与物性的诗学》，人民出版社 2014 年版，第 10—11 页。

截然不同的，充满可能性、不确定性的世界。在“事物间性”的范畴中对“物质文化”加以考察，会获得多样化的理解。

物质文化研究的方法论同物质文化的本体论具有价值同一性，物质文化本体论是对物质文化的本质的界定，物质文化研究的方法论是在一定的本体论基础上形成的一整套观察、分析、诠释、评价物质文化的模式和标准。多领域、跨学科的特性使得物质文化研究在近四十年的发展中虽形成“多点开花”的格局，却呈现出难以理论化、缺乏系统性的局面。一方面，在不同的研究向度中，对“物质”的理解各有不同，进而导致差异化的研究方法，故而从本体论的层面难以对“物质文化”进行界说。[①] 目前，国内外的物质文化研究相关成果中，很难找出一本全面、系统性的理论著作。[②] 另一方面，在当前反本质主义的语境中，给“物质文化”予以定论是站不住脚的，必然遭到不同领域的质疑。伴随着对“物质文化”的不同理解而生成的每一种不同的方法都开辟了物质文化研究的一种维度，从而形成了多维度的当代物质文化研究的繁盛局面。综合评估当前国内外的物质文化研究状况，我们看到国内外缺乏从方法论层面总体性地考察物质文化研究的专著，本书有志于填补此方面的空白。因此，本书的结构安排和论述过程中，“方法论”从两个层面综合理解：既是一种整体性、系统性的方法论体系的考察，也对各种方法

---

① 在论文集《物质文化读本》的“前言”中孟悦分析了“物质文化”概念的模糊性和对其本质进行把握的困难。他指出：“从定义上去看待和解释什么是物质文化是徒劳的。”“若是一定要规定物质文化的定义，那么不如把它想象成一个谈话空间或论坛。”（孟悦、罗钢主编：《物质文化读本》，北京大学出版社 2008 年版，第 4—5 页）

② 贝丝·普雷斯顿（Beth Preston）在《物质文化的哲学》（*A Philosophy of Material Culture*）中指出，对物质文化的分析无外乎两面，即“人类生产和使用”/“物被生产和被使用”。但显然这个论断如此概括多元复杂的物质文化研究显得过于简单，且未对“物”的范畴进行追问。伊恩·伍德沃德（Ian Woodward）的《理解物质文化》（*Understanding Material Culture*）和阿瑟·阿萨·伯格（Arthur Asa Berger）的《物之意》（*What Objects Mean*），虽然都分为理论视野和问题领域两个大的方面，但是作者都主张物质文化研究的主要工作在于考察消费社会中物的文化意义，缺乏对现象学方法以及技术、身体等物质文化研究重要课题的考察。

进行具体分析和评估。也就是说，既是“物质文化研究的方法论”，也是“论物质文化研究的方法”。

当前物质文化研究在国内获得初步的关注，与国外状况趋同，研究者们大多基于自身领域对研究对象开展考察和分析（譬如日常物品研究、身体研究、商品消费研究、古代器物研究等），缺乏整体上把握物质文化研究方法论衍化的视野，因而也对自身采取何种理解物质文化的方法和理论立场缺乏清晰明确的定位。综上所述，本书旨在厘清物质文化研究方法论的多维度的衍化和变革路径。显然，对于物质文化研究方法论的梳理不是本书的唯一目的，更重要的是贯穿其中的对物质文化研究各范式的论证、反思和批判，聚焦各路径、视角之间的关系，探讨其意义、影响和局限性。本书希冀通过多视域的考察和分析，拓展物质文化研究领域思想碰撞与对话争论的空间。

二 国内外相关研究成果综述

物质文化研究成为一个专业化的学科方向的标志是 1996 年《物质文化学报》（*Journal of Material Culture*）的创办。该学报由伦敦大学学院（UCL）主办，至今已持续发行 20 多年。《物质文化学报》的宗旨是：“关注时间和空间中的物（尤其是人工物）与社会的关系，旨在系统地考察社会身份建构和文化生产和使用的联系。”值得一提的是，伦敦大学学院的人类学系也是目前物质文化研究的主要阵地，集合了包括丹尼尔·米勒（Daniel Miller）、克雷斯托夫·蒂利（Christopher Tilley）、维克多·布克利（Victor Buchli）等在内的当代物质文化研究领域最有影响力的学者。

我们看到当前多元化、跨学科的物质文化研究不但在国外生机盎然，近来在国内也备受关注。然而，与国外近四十年的发展已形成专门化的学科方向的、多向度的研究态势相比，国内物质文化研究起步晚，且缺乏成体系的研究专著。物质文化研究跨文化、跨学科的特点有利于结合各领域的优势，拓宽学术对话和争论的空间，避免理论视野的偏狭。但从另一方面看，这种多元化的“新说迭出”的趋势也使得物质文化研究陷入难界定、难理论化的复杂局面。

物质文化研究作为一个蓬勃发展起来的学科方向，英美学界已有相当多的导论和纲领性质的成果，以论文集居多。美国学者斯蒂夫·卢巴尔（Steven Lubar）和大卫·金格里（W. David Kingery）等主编的《物的历史：物质文化文集》[①] 和大卫·金格里等主编的《物的学问：物质文化研究的方法和理论》[②] 立足人类学，联合艺术史、考古学，重点关注技术与物质文化。在英国，物质文化研究的阵营位于伦敦大学学院，成果主要有维克多·布克利等编著的《物质文化读本》[③] 和克雷斯托夫·蒂利等编著的《物质文化手册》[④]。这两部论文集汇集了物质文化研究领域重要文章，作者大多来自伦敦大学学院的“物质文化团队”（Material Culture Group），文集主要涉及理论建构和热点问题（包括身体物质性、主客体关系、表征与政治、消费），其中《物质文化读本》更倾向于人类学视角，所选编的研究成果多建立在田野调查的基础上。另外由维克多·布克利等编辑的选集《物质文化：社会科学中的批评观念》[⑤] 选编了各领域与“物质文化”相关联的理论家的经典篇章，既包括马克思、马塞尔·莫斯、福柯、罗兰·巴特等先驱，也包括布鲁诺·拉图尔、阿尔君·阿帕杜莱、伊戈尔·科比托夫等当代学者，从这五本选集中可以整体性地把握物质文化研究的理论视野。在论文集《牛津手

---

① Steven Lubar, W. David Kingery, eds., *History from Things: Essays on Material Culture*, Washington & London: Smithsonian Institution Press, 1993.

② W. David Kingery, ed., *Learning from Things: Method and Theory of Material Culture Studies*, Washington & London: Smithsonian Institution Press, 1996.

③ Victor Buchli, ed., *The Material Culture Reader*, Oxford & New York: Berg, 2002.

④ Christophe Tilley, etc., eds., *Handbook of Material Culture*, London & Thousand Oaks & New Delhi: SAGE Publications, 2006.

⑤ Victor Buchli, ed., *Material Culture: Critical Concepts in the Social Science*, London & New York: Routledge, 2004.

册：物质文化研究》[①] 中，丹·希金斯（Dan Hicks）和玛丽·博德里（Mary C. Beaudry）等介绍了“物质文化研究”作为一个专业性的学科在当前的发展状况，并提出“物质文化转向”（The Material-Culture Turn）一说。

导论性质的个人专著方面，具有代表性的有伊恩·伍德沃德（Ian Woodward）的《理解物质文化》[②] 和阿瑟·阿萨·伯格（Arthur Asa Berger）《物之意：物质文化导读》[③]。两部专著都分为理论视野和问题领域两个大的方面，且都主张物质文化研究的主要工作在于考察消费社会中物的意义，不同之处在于后者更像是一本物质文化的入门读物。

在我国，物质文化研究方兴未艾。在大陆地区，与物质文化研究领域相关的主要的研究著作有《心与物游》《现代性事物》《物性之维：人文精神视域下的中国当代文艺》《活态文化与物性的诗学》等。期刊论文方面主要有《论物质性诗学》《论文学物性批评的关联向度》《物的转向》《物质文化研究——当代西方文化研究的“物质转向”》等。译著方面最具代表性的是孟悦、罗钢主编的《物质文化读本》，收录了多篇当代西方物质文化研究领域的经典论文。孟悦为此书撰写的前言中总结性地从文物、商品、技术三个方向梳理了物质文化研究的主要理论视野和研究范式。另外，以“物质文化与当代日常生活变迁”为主题的学术研讨会[④]的召开体现出国内文艺理论界对物质文化研究的重视。

王铭铭的《心与物游》立足于人类学，且具有跨学科的视野，

---

① Dan Hicks, Mary C. Beaudry, eds., *The Oxford Handbook of Material Culture Studies*, Oxford: Oxford University Press, 2010.

② Ian Woodward, *Understanding Material Culture*, Los Angele & London & New Delhi & Singapore: SAGE Publications, 2007.

③ Arthur Asa Berger, *What Objects Mean: An Introduciton to Material Culture*, Walnut Creek: Left Coast Press, 2014.

④ 该研讨会由首都师范大学文学院文艺学学科、文化研究院、《文艺研究》杂志社联合主编，《探索与争鸣》杂志社协办，于2015年5月22—24日在北京召开。

文集主要涉及的三个方面都对我们开展物质文化研究极具启发意义，它们分别是：探讨中国古代观念中蕴含的物与人的关系；考察物的文化史；从哲学层面思考主客关系和“物”观念。徐敏的《现代性事物》倾向于从考察文学文本和文化文本中所表现的物来探讨文学与社会的关系，提出走向一种“文学政治经济学”。汪民安近年发表的众多讨论现代生活中的物品的论文（例如《论洗衣机》《电脑：机器的进化》《城市与植物》《论垃圾》《手机：身体与社会》）则主要研究日常生活中的物品（尤其是现代化的电器和科技产品）的演变与社会文化的关系。包晓光的《物性之维：人文精神视域下的中国当代文艺》立足中国当代文学领域，试图从“物性”“神性”“诗性”的综合维度出发，构建中国当代文艺的“人文精神”，因此可以看出作者强烈的人文主义立场。在威廉斯的“活态文化”（lived culture）概念的启发下，张进的《活态文化与物性的诗学》从文学、媒介、身体、审美、生态等多个方面试图构建一种“物质性诗学”。作者强调在文学领域开展多向度的文学物质性批评，开辟了在文学理论领域开展“物性”研究的新路径。

在台湾地区，以人类学为支撑，近年来拓展到文化研究领域的物质文化研究已初成规模。代表性成果有：黄应贵编著的论文集《物与物质文化》、余舜德主编的论文集《体物入微：物与身体感的研究》、《清华学报》“物质文化专号”——《超越文本：物质文化研究新视野》。我们看到这几本论文集主要集中了近二十年台湾文化人类学领域研究物质文化的重要成果。物是早期的社会人类学研究不同社会（尤其是他者社会）文化现象（譬如宗教、禁忌、社会阶级秩序、认同、交换）的工具，而较少深入研究物在文化社会过程中的能动性。两部论文集的作者从不同的个案研究和田野调查方面试图说明物性与日常生活的关系，强调物作为文化进程中的重要角色，与人亲密互动。黄应贵指出，物质文化研究开辟了人类学从“人观”的角度转向“由物切入”的研究的新方向。另外，值得一提的是“国立”台湾大学文学院下设的人类学系开设了《物质文化》课程，设立“物质文化”为专门化的学科方向。

正如在“问题缘起”中已经提到的，当前国内外的物质文化研究缺乏对自身进行整体上的把握。我们看到在国外，虽然有《物质文化手册》《牛津手册：物质文化研究》《物质文化读本》这样导论性质的书籍，但大都以论文集的形式出现，其中不乏组合、拼贴的现象，因而这类文集大都以物质文化研究的问题域为基准进行编排，而非从方法论衍化和革新的角度进行系统性整理。总而言之，对目前物质文化研究领域成果的考察再一次体现了进行方法论层面的研究的必要性和迫切性。

三 本书的思路与结构

如果仅从以“物”为研究对象这一特点来考察，那么这个范围几乎可以包括所有的自然科学和社会科学领域；如果更进一步考察以“物质文化”为研究对象的领域，那么现代以来（尤其是文化的概念被广泛讨论和界定以来）的众多人文和社会科学领域都将包括在内，故而物质文化研究并非一个全然新的领域。对当代物质文化研究具有重大影响的理论资源主要有以下三个方面。

其一是马克思主义的商品理论，以马克思、卢卡奇、法兰克福学派为代表。在马克思主义这里，物作为商品，是资本主义经济、社会、文化的重要组成部分。马克思在《资本论》中指出，劳动产品一旦成为商品就具有了拜物教的性质。在马克思那里并未有明确批判性的“商品拜物教”，在卢卡奇、阿多诺、霍克海默、马尔库塞等西方马克思主义者那里成为众矢之的，他们的理论逻辑是拜物教意味着物质主义，而物质主义意味着人性的“物化”。大规模的机械化带来的是商品的极大丰富和消费盛行的状况，法兰克福学派的学者们对此深感忧虑，在他们看来，商品的世界使人迷醉而不自知，不但艺术丧失“灵晕”，人性也异化为物的屈服者，被生产者的商业策略和意识形态操控。在法兰克福学派这里，物质文化等同于“文化工业”，是导致人性异化的工具，必须予以强烈批判。西方马克思主义的批判理论对文化的种种分析极具说服力，在20世纪下半叶的文化研究和文化批评中长期占据着主导地位，尤其在中国影响深远。

沿着物作为商品的理论视野，法国学者让·鲍德里亚和皮埃尔·布尔迪厄为我们呈现了不同角度的商品研究。受到莫斯的“礼物研究”的启发，商品超越了马克思所谈的政治经济学范畴，进入社会的、文化的领域。商品从购买到使用，进入人们日常生活的过程既遵循经济机制，也遵循文化机制。礼物交换不仅仅是经济行为的物物交换，更附着着特殊的文化属性——互惠原则。鲍德里亚在早期著作《消费社会》《物体系》中指出，在当今“物的时代”，消费成为人们的主要活动。“物（商品）”在鲍德里亚这里延伸为“物（商品）—符号”，被消费的实质上并非物的使用价值，而是符号价值。消费社会成为一个符号控制体系，日常生活的方方面面都“物质化”为可消费的“商品—符号”。鲍德里亚的“商品—符号”理论对于我们从非实体的物质性角度理解物质文化大有裨益。布尔迪厄的《区隔：品味判断的社会批判》已成为当代文化人类学和文化研究领域的经典著作。布尔迪厄将人类学的“他者性的田野”（例如原始部落、少数族群、有色人种）引向了现代社会。《区隔：品味判断的社会批判》中布尔迪厄考察的是物品与群体身份建构的关系。他调查的结果是，现代社会中，物品是区分社会阶层的标志，人们通过消费不同的商品来构建符合自身阶层的身份，因而通过考察商品消费可以探寻不同阶层差异性的趣味和习性。

其二是社会学派的人类学（或称社会人类学），以涂尔干、马塞尔·莫斯为代表。在早期人类学传统以及相关联的考古学、博物学中，物是最主要的研究对象，他们认为物是人类创造与劳动的结果，因此考察物是为了探究某一特定时期、特定区域、特定族群的社会文化发展的程度和状况。在涂尔干和莫斯的著作中，我们可以看到他们将视角聚焦于原始社会中大量的社会遗迹和风俗习惯（包括诸如圣物、图腾、礼物、仪式、圣典等），目的在于探寻社会文化结构。一言以蔽之，物表征了特定的社会文化结构。换句话说，物是社会文化结构的附属品。因而可以看出早期人类学的“物质文化”研究蕴含着人物二分、主客对立的观念。马塞尔·莫斯的《礼物：古式社会中交换的形式与理由》是对当代物质文化研究最具启发意义的著作之一。莫斯从不同地域、种族、部落的有关礼物交换的大量民族志中挖掘出的人与物的“混融”、物的“灵力”现象帮助我们重新思考人与物的关系以及探讨物的文化意义和功能。在涂尔干和莫斯的影响下，列维-斯特劳斯的结构主义人类学开启了物的符号研究。罗兰·巴特将研究对象转向大众流行文化符号。

其三是现象学学派的“物性”论和身体理论，以海德格尔、梅洛-庞蒂为代表。现象学从创立者胡塞尔宣称“面向事物本身”开始就势必成为当前物质文化研究的重要理论资源。胡塞尔现象学致力于突破西方近现代哲学笛卡尔—康德模式固化的、割裂的主客二元关系，呈现出独特的“间性”思想。海德格尔的存在论的现象学视世间事物为存在，而物之存在在于“聚集”，物之聚集在于天、地、神、人四方互相依存，这就是海德格尔著名的物性论。梅洛-庞蒂聚焦身体，他摒弃了身心二元论意义上的作为“客体”的身体概念，转而认为身体是物质身体和心灵的统一体，是知觉、认知、体验、行为的综合体，是与他人、他物紧密相连、亲密交织的联合体。海德格尔的“物作为存在”和梅洛-庞蒂的“具身性”（embodiment）身体理论极大影响了当代物质文化研究。

可以说，以上三种理论资源呈现的是“物质文化”研究的三种范式衍化路径，而20世纪80年代以来的“物质文化研究”拓展了包括消费研究、商品的社会生命研究、技术研究在内的多个向度，兼容并包了文化人类学、文化研究、文艺理论、科学与技术研究（STS）在内的众多领域。

阿尔君·阿帕杜莱（Arjun Appadurai）主编的《物的社会生命：文化视野中的商品》（*The Social Life of Things: Commodities in Cultural Perspective*）一书开启了人类学内部从“人的角度”到“物的角度”的范式更迭。不同于以往的人类学研究从物切入追寻社会结构和集体意识的方法，阿帕杜莱和伊戈尔·科比托夫（Igor Kopytoff）为代表的当代学者视物为拥有社会生命的行动体，追踪物在社会文化中的“商品化—去商品化—再商品化”的轨迹，“为物立传”，考察物的“生命史”。物的社会生命研究体现出物的积极性和能动性，探讨物如何参与塑造社会文化，为物质文化研究提供了新的方法。

当代物质文化研究共同的旨归在于反思和批判现代哲学传统的主客对立，重思人与物的关系，主张从“控制”“支配”的对抗性的物性观念向“调合”“互动”的协商性的物性观念过渡。我们看到在《我们从未现代过》和《重组社会：行动者网络理论导论》中，布鲁诺·拉图尔（Bruno Latour）用“行动者”（actor、agent、actant）的概念弥合被“现代性”割裂的人/物、主体/客体，指出现代社会中人和物都作为行动者参与了社会这个动态互联的关系网络的建立。在拉图尔的启示下，当下社会和全球化范围内备受关注的议题（诸如人工智能、生态危机、人性失落、技术恐惧）都将有不同的注解。

英国学者丹尼尔·米勒（Daniel Miller）批判性地继承了马克思主义商品生产/消费理论，在《物质文化与大众消费》（*Material Culture and Mass Consumption*）中，米勒批判了西方马克思主义对消费的消极态度，同时强调大众消费行为的复杂性，认为布尔迪厄那种将商品消费“简化”为阶层和群体行动的做法亟待修正。米勒试图建立一种人与物互为主客的消费理论，强调物质文化中消费是极具个性化和创造性的“再生产”活动。

“技术与人”是当代物质文化研究重点探讨的课题。唐娜·哈拉维（Donna Haraway）发表于1985年的《赛博格宣言》（“A Cyborg Manifesto”）[①] 宣告了科学技术渗透于人的新状况诞生了新形式的动态主体——赛博格（Cyborg）。赛博格的形象是对主体/客体、人/机

---

① 后收录于 Donna J. Haraway, *Simians, Cyborgs, and Women: The Reinvention of Nature*, New York: Routledge, 1991。

器、男性/女性、自然/文化等人文主义传统下的种种二元对立的突破。哈拉维关注技术物对人身体的改造，强有力地批判了“身体止于皮肤”的论断。同时，作为一个女性主义理论家和文化批评学者，哈拉维认为当代科学技术（尤其是生物技术、信息技术）取得的诸多突破性进展有利于瓦解存在于性别、种族、物种等范畴的固化观念，消除不平等状况。唐·伊德（Don Ihde）的重要著作《技术与生活世界：从伊甸园到尘世》（*Technology of the Lifeworld*：*From the Garden to the Earth*）和《技术中的身体》（*Bodies in Technology*）在技术哲学的维度探讨日常生活中技术（人造物、科技物）与人的复杂关系。他将技术哲学与现象学结合开辟出所谓的“后现象学”理论。伊德认为技术物不断改变人类身体和日常生活状况已成事实，而思想界若依旧“怀旧”于人文主义传统则面临寸步难行的窘境，因此有必要从技术的角度重新审视人与技术、人与世界的关系。

基于以上理论梳理，除导论和结语，本书分为六章。

前三章分别讨论物质文化研究的三条经典的方法路径，即马克思主义的“商品”路径，结构主义的“符号—文本”路径，现象学的“物性”和“具身性”路径。从经典马克思主义到西方马克思主义，物作为商品被考察。从关于“物化”的一系列研究中我们看到，作为商品的物具有迷惑性，遭到了广泛的质疑和批判。到了伯明翰学派的文化研究这里，随着威廉斯的文化唯物主义主张“文化的物质性”，商品物所附着的负面意义逐渐淡去，文化研究更加重视大众通过商品消费进行的抵抗主流意识形态的实践和对个体和群体身份的塑造和指认。在广义的结构主义①这里，物作为符号是社会结构和文化秩序的表征，是文化意义的承载者。转向后结构主义之后，物质文化作为文本（或话语）被阅读。在现象学派的宗旨——“回到

---

① 之所以称“广义的结构主义”，在于与狭义上的始于列维－斯特劳斯的结构主义区分开，采取弗朗索瓦·多斯在《结构主义史》中将结构主义追溯至涂尔干、莫斯等直接影响了列维－斯特劳斯先驱的做法。在论文中区分并论证了涂尔干、莫斯的方法是“结构的”方法，而列维－斯特劳斯、罗兰·巴特等人的方法是“结构主义和符号学”的方法。

事物本身”的指导下，“物性”和“具身性”的分析成为物质文化研究的重要方法之一。物作为天、地、神、人四方之“聚集”以及与世界诸元素相联系的“身体”存在。

第四章和第五章讨论当代物质文化研究视域中的四个重要维度。第四章的“物的社会生命”和物作为“行动者”是将物视为具有“生命性”和“行动性”的社会文化中的一员。第五章考察在多元化的消费研究和技术研究中，理论家们从不同视角探讨人与物的互动关系，包括创造性的消费实践过程中体现的人与物“互为主客”、互相塑造的动态关系；技术“杂合混融”地与人的身体的渗透和对人的日常生活环境的改变呈现出技术物与人的“亲密纠缠”关系。

第六章是本书的终章，在“后人文主义”和“后人类”的语境中考察物质文化研究。在物的“能动性”和“连通性”的基础上通向“与物共生”的人与物的关系范型。身体是物质文化研究的重要课题，这里重点分析后人类状况中身体的重置和延伸。总体而言，第六章既是与其他章节平行的方法分析，也可以看作总结性的一章，讨论后人文主义的语境中开展物质文化研究的可能性和可行性。

四 物质文化研究相关概念范畴辨析

物质文化研究是一个新兴的研究领域。从 20 世纪 80 年代兴起至今，世界范围内的物质文化研究总体上呈现出跨文化、跨领域、跨学科多元发展的特点，不同的视域和路径对“物质”和“物质文化”有不同的理解，因而需要辨析物质文化研究的相关概念范畴。

（一）“物质”与“文化”

“物质文化研究”中“物质”一词的英文“material”既是名词也是形容词。作名词，它指“质料”“实体物”；作形容词，除“物质的”“实体的”“身体的”相关含义之外，它还指“重要的”“实质性的”。无论是作名词还是作形容词，material 都具有哲学意涵，譬如由它延伸出的同根词 materialism（唯物主义）、materiality（物质性）等。从哲学意义上讲，“物质”一般被认为与“精神”“意识”“理念”相对，是非人的，外在于人的客观实在。若从“人本身”的角度考察，那么人的身体（肉身）被普遍认为属于物质范畴，与人的精神相对立。物质与精神二元对立是西方现代哲学中的稳固结构。从“质料”角度理解，“物质文化”中的“物质”指一切与人的活动相关的自然存在物和人工制造物。在兼容并包、观点丛生的物质文化研究中，“物质”所涵盖的范围相当广阔，其含义超越了质料性的实体物，通向一种广义的物质性。

由于文化本身的复杂性和多样性，“文化”一词的定义之多无法准确统计。著名的例子是美国人类学家克拉伯（A. Kroeber）和克拉克洪（C. Kluckhohn）在《文化的概念与定义评述》中罗列了1871年至1951年间160多种“文化”的定义。从词源的角度看，“culture”来源于拉丁语“cultura”，指农作物的耕种、培育或动物的养殖过程。这一含义至今仍保留在agriculture（农业）、horticulture（园艺）、sericulture（养蚕业）等词中。古希腊、古罗马时代，culture一词引申至对人的智慧、心智的栽培和耕耘，即人的教化过程。例如哲学家西塞罗（Marcus Tullius Cicero）使用过该词的拉丁文形式，他写过“Cultura animi philosophia”（哲学是对心灵的教化）。[①] 于是“文化”一词开始与“文明”紧密相关，最具代表性的是1871年英国人类学家爱德华·伯纳特·泰勒将“文化”作为一个概念进行定义：“文化，或文明，就其广泛的民族学意义来说，是包含全部的知识、信仰、艺术、道德、法律、风俗以及作为社会成员的人所掌握和接受的任何其他的才能和习惯的复合体。”[②] 此后“文化”不断被各领域的思想家们结合各自立场进行界定，尤其在20世纪60年代伯明翰学派领衔的文化研究兴起之后，“文化”的定义更是不胜枚

---

① ［法］费尔南·布罗代尔：《文明史纲》，肖昶等译，广西师范大学出版社2003年版，第24页。

② ［英］爱德华·伯纳特·泰勒：《原始文化》，连树生译，上海文艺出版社1992年版，第1页。

举，兹不赘述。[①] 综合各方论述，文化概念的界定主要有两个大的方面的倾向。一是认为文化是与人的活动有关的，以及人的活动所创造和生产的所有的事物；二是倾向于将文化理解为人的智慧、精神、美学、艺术等方面的活动以及活动成果。也就是说在物质/精神二元区分的结构中，前者认为文化是物质元素与精神元素的综合，后者则偏向人的精神方面。物质文化研究的立场毋庸置疑是前者，但需要澄清的是物质文化研究并非在笛卡尔以来的物质/精神二元范式中倾向物质，而是秉持“文化的物质性”立场。

物质文化研究在过去的四十年里发展成为多学科参与的、开放包容的新学术空间。物质文化研究的关键词是“物质”，在学科命名和定位上使用哲学意义上的“物质”（material）一词，在具体的研究中不同的领域对“什么是物质”的理解和分析各不相同，因而有必要在多维视野中对物质文化研究中有关“物”的概念进行简要的解析。

（二）物质文化研究中“物”的概念

中文语境中的“物”在英文中有多个对应概念，在物质文化研究中，主要涉及 object、thing、matter 等，以下逐一进行辨析。

1. Object

Object 指客体、物体、对象。客体不是单一的概念，是主体/客体的现代哲学的二元结构中与主体相对的概念，客体是主体认识的对象。自然科学领域中自然、真理被认为具有客观性，是被人发现、观察、研究的对象。自然科学中的物如细胞、公理、浮力、碳元素、DNA 等。相对于主体的自主性和能动性，客体是“无生机”的、被动的，也就是说在主体/客体的结构中包含等级制关系，主体高于客体，主体宰制客体。

---

① 对“文化”一词的经典考证来自雷蒙·威廉斯的《关键词：文化与社会的词汇》。参见［英］雷蒙·威廉斯《关键词：文化与社会的词汇》，刘建基译，生活·读书·新知三联书店 2005 年版，第 101—109 页。

在物质文化研究的视域中，作为客体的物质主要有以下两条路径：一是马克思以及西方马克思主义的路径；二是结构主义和符号学路径。在马克思的商品生产/消费理论和资本主义商品拜物教分析的影响下，在西方马克思主义那里，客体等同于商品。西方马克思主义对于客体——商品进行了消极的价值判断。他们认为在资本主义高度商品化的社会中，主体/客体等级制关系颠倒，客体支配主体，主体遭遇了前所未有的人性危机。在结构主义和符号学那里，客体等同于符号。受语言学（索绪尔）和结构社会学（涂尔干）影响，列维－斯特劳斯、罗兰·巴特分别聚焦于原始社会和现代社会中的物（图腾、仪式、饮食、汽车、衣服等），这些物都是隐含了深层结构和文化意义的符号。到了后结构主义那里，物从语言、符号过渡到了文本。鲍德里亚结合西方马克思主义和符号学认为现代消费社会中物的体系即符号体系，人对物的消费不再追求其实用性、功能性，而是消费其符号价值。总而言之，符号物要么被认为反映了人的集体意识和社会的深层结构，要么被视为人建构个体身份和社会关系的工具。无论商品物还是符号物，都无法脱离主体/客体的二元对立模式的藩篱。

另外，一直以来以“物质文化”为研究对象的领域主要是考古学、人类学。1843 年，“物质文化”一词出现在《牛津英语词典》中，其解释引用了美国历史学家威廉·普莱斯考特（William H. Prescott）有关墨西哥的“物质文明”的游记。[①] 在传统考古学、人类学的“物质文化”研究中，物（objects）的范畴指向人工制品（artefacts），如器物、工具、遗迹等。

2. Thing

Thing 指事物。首先，事物（thing）是一个哲学基本概念。[②] 物质

① Victor Buchli ed., *Material Culture: Critical Concepts in the Social Science* (*volume* 1), London & New York: Routledge, 2004, p. xxvii.

② 对西方哲学中 thing 概念的分析参见张法《西方哲学中 thing（事物）概念：起源，内蕴，演变》（《社会科学战线》2013 年第 3 期）。

文化研究视域中，有关“事物”的经典论述来自海德格尔的“物的追问”“物性论”。海德格尔的天、地、神、人的“物之聚集”论赋予了事物存在论的内涵，将事物（thing）与存在（being）画等号。“事物”一词中“事”的内涵使“事物”一词涵盖事物之间的关联、人与周遭世界的互动。相较“客体（物）”在现代哲学中所处的主体/客体的对立、宰制关系和附着其中倾向消极的价值判断，“事物”一词则为中性；相较“客体（物）”作为客观性的、静止性的对象，“事物”则是一种存在状况，正如海德格尔所说“物物着”（the thing things）。

其次，由于当代物质文化研究倾向于突破主体/客体的二元对立结构，强调物的能动性以及物与人的亲密关系，复数形式的“things”很大程度上取代了“objects”（指日常生活中的物品、东西）。例如阿尔君·阿帕杜莱主编的《物的社会生命：文化视野中的商品》（*The Social Life of Things*：*Commodities in Cultural Perspective*，1986）、丹尼尔·米勒主编的《物质文化：为何一些事物至关重要》（*Material Culture*：*Why Some Things Matter*，1998）、詹姆斯·M. 斯凯博和米歇尔·布莱恩·希佛的《人与物》（*People and Things*，2008）等。

3. Matter

Matter 作为名词指事物、事件；作为动词指有关系、要紧、至关重要。“matter”成为物质文化研究的关键词之一很大程度上归于其精妙的“一词双关”。当代物质文化研究重点关注技术物与身体、物的能动性与人的身份建构、物的社会生命等问题域，其主旨是探讨当代的文化状况和日常生活境遇中“为何事物至关重要”。例如在朱迪斯·巴特勒的《身体之重：论“性别”的话语界限》（*Bodies That Matter*）中，身体既非静态的生理物质事实，也不只是话语建构，而是物质性的话语过程，巴特勒提出了一种“性别源于身体又不止于身体”的动态开放的性别理论。“matter”在其中强调身体作为“事件”，是通过广延关系将物质实在、性别话语、社会文化联系起来的事物。布鲁诺·拉图尔主张从“事实物”（matters of fact）转向“关涉物”（matters of concern），也持一种联系的、行动的观点。也就是说从静态的、客体化的、稳定的“事实物”转向动态连通的、时—空广延关系中的、事件化的“关涉物”。丹尼尔·米勒认为20世纪90年代到21世纪，物质文化研究对“物的重要性”的表达进入了用“matter”替换“importance”的阶段。米勒指出二者都指重要性，但利用“matter”一词的复杂含义强调物质文化研究将物既视为一般的、不分等级的物，又视为与人、其他物息息相关的至关重要之物。

除以上三个关键词，大众文化和日常生活中的commodity（商品）、goods（商品）、stuff（东西）、media（媒介）等物的概念都进入了当代物质文化研究的范畴。

第一章

“物化”与“文化物质性”视域

“物化”和“文化物质性”是马克思主义演变历程中的重要论题。[①] 马克思主义开辟了物质文化研究的商品维度，即物作为商品的研究方法。从马克思的作为客体的商品的生产、消费分析到卢卡奇的物化理论再到法兰克福学派的批判理论，商品作为客体，与人的二元对立关系逐渐深化，贯穿其中的便是“物化”的论题。伯明翰学派开启了文化研究转向，商品消费被认为是大众文化的一部分。雷蒙·威廉斯主持的“文化物质性”的论题将“物”“物质文化”“大众消费”从负面的价值含义中解脱出来，打破了文化研究和文化批评中鲜明的“物质文化”和“精神文化”的二分壁垒。20 世纪末，物质文化研究在西方马克思主义的资本主义文化批判理论和伯明翰学派文化研究的影响下重新考察“人—物—世界”的关系。“商品—客体”[②]（commodity-object）观念与文化批判是马克思主义的理论核心，直接影响了物质文化研究领域的消费研究。

第一节　商品与物象化

《1844 年经济学哲学手稿》（以下简称《1844 年手稿》）的较晚

① 我们采用提取论题的形式命名章节，基于两点考虑：一方面这些关键论题反映着它所处的视域；另一方面，论题事实上也作为特殊的研究方法，具有高度的概括性和指向性。

② 采用“商品—客体”这样的形式旨在确认一种“客体（物）作为商品”的研究范型。

面世，很大程度上导致马克思的思想及其影响很难历时性、连续性地把握。然而物化（Verdinglichung）、物象化（Versachlichung）又是考察经典马克思主义的关键词语，因此有必要简要区分这两个关键概念。国内学界近几年集中对异化、物化、物象化、拜物教等词的讨论还在持续，本书采用相对普遍的观点，即借鉴广松涉对“物化”与“物象化”的区分。广松涉认为“早期马克思”到“后期马克思”的飞跃可以用“从异化论的逻辑到物象化论的逻辑”来表达。早期马克思（《1844年手稿》）的物化或异化主要包含三层含义：（1）人本身的物化，例如人作为商品被售卖，人等同于物；（2）人的行动状态的物化，例如满员行进的电车中人的状态，不能自由控制自身的行动；（3）人的心身的能力的物化，例如雕塑、绘画等艺术作品是人主体能力转化为物。[①] 在《资本论》等马克思的晚期著作当中，“物象化”一词虽使用不频繁，但这种“人与人的社会关系是以‘物与物的关系’，或者是以‘物所具备的性质’、‘自立的物象’的形式体现出来”的物象化观念则被重点提出。[②] 据此，物化是主客体二分的结构下的主客颠倒，物象化则是主客体处于社会性的关系中。刘森林在《物与无：物化逻辑与虚无主义》中分析出物象化的两种含义：一是人被物纠缠住，个性的丧失；二是促进效率、促进主体的实现。[③] 这个分析突出了马克思对黑格尔的继承，在黑格尔那里，异化具有某种积极性的内蕴：精神在异化、扬弃异化之后必然回归自身（即“主体—异化—复归”）。近来在中文语境中对物化与物象化概念的讨论是对长期凝聚在物化一词泛化的消极含义加以修正。从物化到物象化可以看出马克思在后期的反思性论述中回避了主客二元对立的哲学立场，而是倾向从社会性的角度阐释现代

① ［日］广松涉：《唯物史观的原像》，邓习议译，南京大学出版社2009年版，第35—36页。

② ［日］广松涉：《物象化论的构图》，彭曦、庄倩译，南京大学出版社2002年版，第79页。

③ 刘森林：《物与无：物化逻辑与虚无主义》，江苏人民出版社2013年版，第281—286页。

分工的劳动体系和货币交换体系实现了人性的社会维度。然而遗憾的是物象化的“去价值判断”的逻辑在之后的西方马克思主义那里没有得到足够重视。

马克思的唯物主义辩证法肯定世界的物质性、客观性，同时强调人区别于物的主观能动性。在资本主义社会机制中，商品具有价值与使用价值的二重性，一方面凝聚着无差别的人类劳动，是资本主义劳动剥削关系的具象物，另一方面使被剥削阶级迷惑于商品带来的满足假象中而忽视了自身受剥削的阶级地位。这也正是马克思与物质文化研究最为贴近的方面，即人如何通过物（商品）的生产和消费认识自己、实现人性又丧失人性。联系物象化的两个方面的含义，人在物的生产与创造过程中彰显了人之本性，却又在商品拜物教中迷失人性。在马克思那里，客体（object）几乎可以等同于商品（commodity），他对商品的“生产、消费、分配、交换（流通）”体系的分析是理解资本主义的关键。马克思的结论是生产、分配、交换、消费“构成一个总体的各个环节、一个统一体内部的差别。生产既支配着生产的对立规定上的自身，也支配着其他要素。过程总是从生产重新开始”[①]。商品就是在这样一个循环往复的统一体系中“结合着两个人或两个公社之间的关系，即生产者和消费者之间的关系……经济学所研究的不是物，而是人和人之间的关系，归根到底是阶级和阶级之间的关系；可是这些关系总是同物结合着，并且作为物出现”[②]。

马克思对商品的二重性分析结论致使他对资本主义社会经济体制有所质疑。可以说他对客体（商品）的精准分析最终落脚在政治经济学与社会学的范畴。那些关于客体的结论最终都归于对阶级命运以及社会关系的关注。马克思从关系转换的论点出发，认为人与人的关系聚合于客体的生产—消费体系，因而必须揭露遮蔽于客体之中的社会

---

① ［德］马克思：《〈政治经济学批判〉序言、导言》，中共中央马克思恩格斯列宁斯大林著作编译局译，人民出版社 1971 年版，第 22 页。

② ［德］马克思：《〈政治经济学批判〉序言、导言》，中共中央马克思恩格斯列宁斯大林著作编译局译，人民出版社 1971 年版，第 43 页。

关系。对于马克思来说，“生产是最基本的人类活动形式”[①]，人在社会化大生产中去个性化、去自由化的同时进入职业化、社会化的维度。正是这个结论让后来的大批马克思的追随者和研究者认为马克思做出了资本主义社会使人性丧失的价值判断。然而“经济学几乎不考虑个性的实现——那是哲学和艺术的事情”[②]，因此马克思做的是揭露资本主义制度的运行机制，并希望建立一种更加适合人类发展的经济、社会制度。马克思强调劳动生产的经济基础地位，而忽略了物可能拥有的文化价值的多元性和复杂性，个体和群体的具体经验与客体（物）的关系也并不在他的考虑范围之内，可以说马克思的理论着重考察的是“物质”但未真正进入“文化”的层面。

第二节　商品拜物教与物化理论

马克思之后，马克思主义关于“物”的探讨在两条不同的道路上得以延伸：一是马克斯·韦伯；一是卢卡奇。韦伯的《新教伦理与资本主义精神》诞生时，马克思的历史唯物主义已经在欧洲资本主义国家产生了巨大的影响。在这样的背景下，韦伯将资本主义世俗化的“祛魅”本质指称为“事物化”。[③] 对此弗雷德里克·杰姆逊这样分析：“在韦伯看来，新的工作方式实质上是‘延缓的满足’，新教社会里的工作方式不再有即时的满足，工作中的满足只是在很久以后才到来。工作本身是痛苦的，无法令人满足，而在工作的结尾，你满足了，你得到了钱。……我们适应了这种延缓了的满足，是因为我们被训练成这样。这种观念固定之后，必然会影响到我们的文化，影响到我们对

---

① Beth Preston, *A Philosophy of Material Culture*, New York & London: Routledge, 2013, p. 21.

② 刘森林：《物与无：物化逻辑与虚无主义》，江苏人民出版社 2013 年版，第 279 页。

③ 韦伯的“事物化”与马克思的“物象化”都为“Versachlichung”，但由于两人赋予该词不同的内涵，因此汉译做了必要的区分。有关韦伯“事物化”的详细分析参见张一兵的《事物化与物化：从韦伯到青年卢卡奇》（《现代哲学》2015 年第 1 期）。

事物的理解。”[1] 这种延缓的满足来自宗教，新教徒相信只有通过自律的工作和生活才有可能被上帝“选中”，从而在死后得到“满足”，被拯救。当然，韦伯倒置了马克思的经济基础和上层建筑的关系，认为世俗化新教伦理带来了现代性的资本主义。韦伯的着眼点在于新教伦理对现代人精神的重塑，这种重塑改变了人的生活习惯、劳动方式，影响并构建了现代资本主义社会的文化。通过事物化，资本主义工具理性的现代性制度建立起来。在韦伯眼里，物质极大丰富的合理化、标准化、职业化的资本主义有令人奋进的积极意义，也存留着禁锢人性的危机，但总体上韦伯的“价值中立”使“事物化”趋于中性。

与韦伯“克制的中立”不同，卢卡奇将马克思的有关商品和物化的分析延伸至激烈的批判立场。卢卡奇将物化、物象化、异化不加明确区分地使用，构建了他的物化理论。卢卡奇在“物化和无产阶级意识”一部分中对物化结构的定义是：“从这一结构性的基本事实里可以首先把握住，由于这一事实，人自己的活动，人自己的劳动，作为某种客观的东西，某种不依赖于人的东西，某种通过异于人的自律性来控制人的东西，同人相对立。”[2] 从这个定义很容易发现卢卡奇的物化概念和马克思的异化劳动的相似性。卢卡奇本人在《历史与阶级意识——关于马克思主义辩证法的研究》的“新版序言（1967）”中做出说明：“顺便提一下，物化（Verdinglichung）现象与异化现象有着紧密联系，但无论在社会中还是概念上，两者都不尽相同，而在《历史与阶级意识》中，这两个词却是在同一意义上使用的。”[3] 这说明晚年卢卡奇在反思自己的理论时认识到了物化相关诸多概念的差异，承认当时阐述物化理论时物化、异化的混用。卢卡奇的《历史与阶级意识——关于马克思主义辩证法的研究》于 1923 年出版，这时《1844

---

① ［美］杰姆逊：《后现代主义与文化理论》，唐小兵译，北京大学出版社 1997 年版，第 54—55 页。

② ［匈］卢卡奇：《历史与阶级意识——关于马克思主义辩证法的研究》，杜章智等译，商务印书馆 1996 年版，第 147 页。

③ ［匈］卢卡奇：《历史与阶级意识——关于马克思主义辩证法的研究》，杜章智等译，商务印书馆 1996 年版，第 20 页。

年手稿》还未正式面世，但卢卡奇依然得出了和异化劳动相似的物化理论。这种相似性一定程度上来源于卢卡奇对《资本论》中的“商品的拜物教性质及其秘密”的认同和借鉴。然而，也正是由于对马克思的理论体系缺乏完整深入的认识，使得卢卡奇的物化理论仅仅从商品拜物教入手，而没有认识到马克思从异化到资本主义社会关系的物象化这样一个理论反思与演进。

卢卡奇认为现代资本主义这种机械化的、量化的劳动对人的主体意识的打击是毁灭性的。人的劳动创造和生产着资本主义社会体系的方方面面，而这个作为“第二自然”的资本主义社会体系由物以及物与物之间的关系构成，控制和支配着人的行为和意识。他指出“在资本主义发展过程中，物化结构越来越深入地、注定地、决定性地沉浸入人的意识里”①。现代资本主义社会是“一个商品形式占支配地位、对所有生活形式都有决定性影响的社会”②，大众的日常生活中吃穿住行无一不依赖于商品。现代资本主义社会较之前社会的进步性和新价值在于从人身自由进入人与人之间关系的自由的维度，突破了生产力不足与落后的社会制度导致的对个人的封闭与束缚。“从一开始，卢卡奇就相信人类生产力的发展和个体不断增长的内倾性（主观化，subjectivization）包含着价值因素”，但人的主体性在不断强大的同时新的束缚也随之产生，“个人开始依赖于以商品和金钱关系为基础的非个人的（impersonal）、僵死的体制，这种体制将越来越复杂而且没有人能够再理解它的功能”③。简而言之，物化理论聚焦在人作为主体的客体化上，认为人在资本主义社会中丧失了主体意识。

卢卡奇的《历史与阶级意识——关于马克思主义辩证法的研究》是其最受瞩目的著作，光芒盖过了他的其他著述。事实上在此之前他

---

① ［匈］卢卡奇：《历史与阶级意识——关于马克思主义辩证法的研究》，杜章智等译，商务印书馆 1996 年版，第 156 页。

② ［匈］卢卡奇：《历史与阶级意识——关于马克思主义辩证法的研究》，杜章智等译，商务印书馆 1996 年版，第 144 页。

③ ［匈］乔治·马尔库什：《生活与心灵：青年卢卡奇和文化问题》，孙建茵译，《求是学刊》2011 年第 5 期。

的理论关注点在艺术、文学、文化方面，而在学术生涯后期，卢卡奇再次回到了文艺理论的领域。他的学生马尔库什指出“文化就是卢卡奇生命中唯一的思想”①。卢卡奇终其一生都在试图解决资本主义文化的问题。在《历史与阶级意识——关于马克思主义辩证法的研究》里，卢卡奇寄希望于无产阶级意识的自觉，主客体的统一，呼唤通过无产阶级革命来克服资本主义物化结构，这是路径一。另外，在晚期著作中，卢卡奇寄希望于文学、艺术的“去拜物教”使命，呼唤文化重建，这是克服物化结构的路径二。

卢卡奇将物化、物象化概念杂糅并不妨碍他对西方马克思主义的影响。如果说韦伯对“工具理性”的态度还有所保留的话，那么卢卡奇则是旗帜鲜明地对现代资本主义文明的“工具理性”展开了强烈批判；如果说马克思更多地在政治经济学的领域讨论商品的二重性、劳动异化以及物象化的问题，那么卢卡奇则进入了文化的视野，对后来的法兰克福学派产生深远影响。卢卡奇物化理论作为马克思主义的“物质文化”研究的转折点，立场鲜明地确立了物（商品）与人的对立关系，引导了之后各学派对商品与消费的探讨。

第三节　文化工业与人性危机

作为西方马克思主义在20世纪最具主导力的流派，法兰克福学派将现代社会的文化定义为“文化工业”，并对此开展了最激烈的批判。在考察公认的正统法兰克福学派之前，瓦尔特·本雅明进入了物质文化研究的视野。可以说本雅明是法兰克福学派的“外围”学者，他最为人熟知也极具洞见力的《机械复制时代的艺术作品》先于阿多诺（也作阿道尔诺）揭示出现代资本主义社会中技术导致的艺术作品的去“灵晕”化、商品化、大众化，但不同于阿多诺及法兰克福学派的

---

① ［匈］乔治·马尔库什：《生活与心灵：青年卢卡奇和文化问题》，孙建茵译，《求是学刊》2011年第5期。

后来人，本雅明走向了相对积极的一面，这当然遭到阿多诺的批评，却也在20世纪后半叶的文化理论与文化批评中被重新发掘，成为重要源泉（尤其受到持大众立场的美国知识分子的推崇，如汉娜·阿伦特、苏珊·桑塔格等人）。

现代机械复制技术使艺术作品丧失了其独一无二的“灵晕”，却也将其从传统中解脱出来，“由于它制作出了许许多多的复制品，因而它就用众多的复制物取代了独一无二的存在，由于它使复制品能为接受者在其自身的环境中去加以欣赏，因而它就赋予了所复制的对象以现实的活力”，在导致“人性的现代危机”的同时也带来了对传统进行革新的希望，而这两方面都与现代社会的大众文化运动相关联。①这是本雅明的观点。商品的价值—交换—使用价值不仅仅是经济学问题，更是大众文化问题。虽然对“灵晕”的丧失有些许感伤，但本雅明认为正是商品化使束之高阁的艺术成为大众皆可获取的可体验之物，拓宽了艺术的受众，赋予群众运动更多的可能性。这种观点遭到阿多诺的批判：“商品是一种异化的物，其使用价值枯萎了，但是，它又是留存下来的物，由于异化而比其直接性更长存。商品具有永存的希望，而人没有。”② 在以阿多诺为代表的正统法兰克福学派学者看来，本雅明对商品化的判断过于乐观，高估了大众的主动性，并且对现代资本主义意识形态文化霸权缺乏深刻的认识，他们认为恰恰相反，普罗大众极易迷惑于商品拜物教。

《启蒙辩证法——哲学断片》中，霍克海默和阿多诺对资本主义启蒙理性和文化工业展开了严厉的批判：

> 启蒙世界里……个人被贬低为习惯反映和实际所需的行为方式的聚集物。泛灵论使对象精神化，而工业化却把人的灵魂物化

① ［德］瓦尔特·本雅明：《机械复制时代的艺术作品》，王才勇译，中国城市出版社2002年版，第87页。

② ［德］瓦尔特·本雅明、阿多诺、霍克海默：《关于〈拱廊计划〉的通信》，郭军译，载汪民安主编《生产》（第一辑），广西师范大学出版社2004年版，第358页。

> 了。……拜物教则将其不良影响扩展到了社会生活的各个方面。凭借大生产及其文化的无穷动力，个体的常规行为方式表现为惟一自然、体面和合理的行为方式。个人只是把自己设定为一个物，一种统计因素，或是一种成败。[①]

显然，在霍克海默和阿多诺看来，客体（物）是对立于人的思想意识的次级物，以科学技术为基础的工具理性将人的思想整合为物、工具，物取代人占据支配地位，使人性堕落。客体（物）以标准化、同质化的商品的形式存在于大众的日常生活中，背后是文化工业体系的运作。消费者沉迷于经过意识形态操控的商品的迷惑中，全然不知自身受困于商品的奴役。令阿多诺和霍克海默焦虑的是，文化工业导致“本真”人性的退化、文化的意义与价值的衰落。随着法兰克福学派的继续壮大，这种焦虑也随之蔓延。

法兰克福学派的精英立场使他们陷入持续的悲观主义中。日益发达的文化工业成为社会控制的工具，抑制了革命的阶级意识。“大众文化是政治集权主义的温床”[②]，马尔库塞和弗洛姆等人认为文化和政治的机制需要从心理学意义上理解，于是他们将马克思主义与精神分析相结合，试图对现代资本主义进行进一步的批判。

马尔库塞以《单向度的人——发达工业社会意识形态研究》加入批判理论阵营。他指出以科技为依托的资本主义工业化造成了人和文化的“单向度”。马尔库塞分析道：“作为一个技术世界，发达工业社会是一个政治的世界，是实现一项历史谋划的最后阶段，即在这一阶段上，对自然的实验、改造和组织都仅仅作为政治的材料。随着这项‘谋划’的展现，它就形成为话语和行为、精神文化和物质文化的整

---

① ［德］马克斯·霍克海默、西奥多·阿道尔诺：《启蒙辩证法——哲学断片》，渠敬东、曹卫东译，上海世纪出版集团2006年版，第22页。

② ［美］马丁·杰伊：《法兰克福学派史》，单世联译，广东人民出版社1996年版，第250页。

个范围。”[①] 这也就是哈贝马斯总结的“科学技术即意识形态”，技术使物质极大丰富、文化趋于同一，“合法化”“非政治化”、隐蔽性地操控人的行为，压抑人的个性。“工业社会拥有种种把形而上的东西改变为形而下的东西、把内在的东西改变为外在的东西、把思维的冒险改变为技术的冒险的手段。”[②] 现代人对商品的渴望从生存需求转化为生活需求（马尔库塞称这种需求为“虚假需求”），“人们似乎是为商品而生活。小轿车、高清晰度的传真装置、错层式家庭住宅以及厨房设备成了人们生活的灵魂”[③]。从这样的分析中可以看出卢卡奇物化理论的深远影响。马尔库塞旨在强调现代文化的消费主义影响了人的身体和思想，具有强大控制力的商品消费模式已经“入侵并深刻改变了人的肌体”，“使人病态”[④]。

与霍克海默和阿多诺直接批判启蒙理性不同，马尔库塞从精神分析出发，指出“所谓文化，就是有条不紊地牺牲力比多，并把它强行转移到对社会有用的活动和表现上去”[⑤]。也就是说，文明是“力比多”（libido）遭受压抑的产物，“力比多”压抑是文明不可避免的代价。科学技术的多种产物是对“力比多”牺牲的补偿，满足了人更多的需求。然而随着生产力提高，人的需求不断被满足的同时也被完全控制和征服。马尔库塞认为这不是社会文明发展中的短暂倒退，而是必然的结果。“集中营、大屠杀、世界大战和原子弹这些东西都不是

---

① ［美］赫伯特·马尔库塞：《单向度的人——发达工业社会意识形态研究》，刘继译，上海译文出版社 1989 年版，导言第 7 页。

② ［美］赫伯特·马尔库塞：《单向度的人——发达工业社会意识形态研究》，刘继译，上海译文出版社 1989 年版，第 210 页。

③ ［美］赫伯特·马尔库塞：《单向度的人——发达工业社会意识形态研究》，刘继译，上海译文出版社 1989 年版，第 10 页。

④ Philip Bounds, “Just Say No: Herbert Marcuse and the Politics of Negationism”, in David Berry ed., *Revisiting the Frankfurt School: Essays on Culture, Media and Theory*, Farnham: Ashgate, 2011, p. 53.

⑤ ［美］赫伯特·马尔库塞：《爱欲与文明——对弗洛伊德思想的哲学探讨》，黄勇、薛民译，上海译文出版社 1987 年版，第 18 页。

向‘野蛮状态’的倒退，而是现代科学技术和统治成就的自然结果。”[①] 现代工业社会丰裕的物质、繁多的商品一方面补偿了人的力比多压力，另一方面又使人陷入“虚假需求”中无法自拔。马尔库塞等法兰克福学者的观点是，普罗大众无法认清对物的持续需求的虚假性，也无法主动从物化的事实中解脱出来。人民“必须从它生活其中的社会把它变成的那个状况中解放出来”[②]，对此，马尔库塞寻求出路的方法是审美之维的“自然革命”和“艺术革命”，因为在单向度的资本主义社会，“审美的向度还依然保留着一种表达自由”[③]。

资本主义现代工业全方位的统治力意味着它的触角伸向了自然。自然是工业生产的原料，是与价值无关的物质，自然空间被缩小，生态环境被破坏，资本主义对人的统治通过对自然的统治实现。于是，首先需要解放自然，一方面解放人生活的环境，另一方面解放人的自然（人性）。通过人对自然的人道主义的占有和改造恢复自然的审美价值，同时人的创造性和美的追求也被解放出来。

与自然一样，艺术同样需要解放。马尔库塞认为当前的状况是工业与艺术“丑恶”地结合在一起。即便如此，艺术的“内在真实性”依然被保留下来，因为，艺术中“能看到人的存在”[④]。在生产力低下的古代社会，“人在真、善、美的哲学知识中能找到的快感，就是最高的快感，它具有与物质实然完全对立的性质：在变动中见永恒，在不纯洁中见纯洁，在不自由中见自由”[⑤]。生产力发达的现代资本主义社会，商品取代了真善美，成为快感的来源，但这种愉悦是短暂性的

---

① ［美］赫伯特·马尔库塞：《爱欲与文明——对弗洛伊德思想的哲学探讨》，黄勇、薛民译，上海译文出版社 1987 年版，第 18—19 页。

② ［美］H. 马尔库塞等：《工业社会和新左派》，任立编译，商务印书馆 1982 年版，第 117 页。

③ ［美］赫伯特·马尔库塞：《单向度的人——发达工业社会意识形态研究》，刘继译，上海译文出版社 1989 年版，第 222 页。

④ ［美］赫伯特·马尔库塞：《审美之维》，李小兵译，生活·读书·新知三联书店 1989 年版，第 152 页。

⑤ ［美］赫伯特·马尔库塞：《审美之维》，李小兵译，生活·读书·新知三联书店 1989 年版，第 9 页。

满足，因为资本主义生产的不平等性，商品同时也是控制的工具。马尔库塞认为现代资本主义文化是将文化整合进物质生活的过程，是一种反映社会秩序的“肯定文化”，在这种秩序中，物质生活的再生产使得人们没有空间和时间去发展那些古人称为“美”的生存领域。[①]因此，法兰克福学派的批判理论旨在取消秩序化的“肯定文化”，走向批判的“否定文化”。

自然革命和艺术革命最终走向人的解放。无论是霍克海默和阿多诺还是马尔库塞，都认为艺术是将人从异化（物化）情境中解救出来的最终出路。艺术的价值在于它与社会规范和体制保持不妥协的批判距离。艺术的社会政治作用与它的审美形式功能，始终保持着辩证的关联。现代资本主义社会的主客关系颠倒为物宰制人，马尔库塞将“文化的”、艺术的生活从其物质基础中分离出来，就是为了调和人与物的不平等的关系。可以说，马尔库塞的角色是知识价值、艺术价值、精神价值、人之价值的捍卫者。

另一位毕生追求将人从资本主义异化世界里解放出来的理论家是埃里希·弗洛姆。令弗洛姆感到忧虑的是现代人摆脱了中世纪的束缚，却没能够自由地在理性与爱的启蒙世界里创造一种有意义的生活。法兰克福学派一贯秉承的马克思主义在弗洛姆这里与精神分析心理学紧密结合起来。与传统的心理学关注个体的病症不同，弗洛姆探讨的是一种“常态的病理”——现代西方社会的病理。[②] 在《健全的社会》中，弗洛姆的核心观点恰恰与标题相反，认为物质丰富的现代西方社会是病理上的不健全社会。弗洛姆举出生产力发展和物质丰富程度成正比的自杀死亡人数和酒精中毒人数的数据，认为现代人的集体病症是物质越丰富，精神越空虚，这个状况发展成为整个社会的常态病理。

以弗洛姆的立场审视资本主义发展状况：资本主义发展到19世纪，人不再是万物的尺度，物的地位高于人，社会被撕裂为“两种价

---

① ［美］赫伯特·马尔库塞：《审美之维》，李小兵译，生活·读书·新知三联书店1989年版，第41页。

② ［美］E. 弗洛姆：《健全的社会》，孙恺祥译，贵州人民出版社1994年版，第3页。

值原则的冲突：物及其积累的世界与生命及其生产力的世界之间的冲突”[①]。而到了20世纪，表面上物质繁荣、自由民主，但精神上比19世纪病得愈加严重：人的确不再是奴隶，却异化为“机器”。“异化”是西方马克思主义的关键词，在弗洛姆这里也不例外。弗洛姆对“异化”的解释是人在自己的生命里注入一件物体，物体成为人的崇拜对象，至此，物不再是人的创造性杰作，而是与人对立的、控制人的东西。[②] 事实上这是弗洛姆对“商品拜物教”的再度阐释。“异化人”日常生活的主要活动是消费。

弗洛姆这样描述现代人的同质化的日常生活：

> 再没有传统的观念来阻止他购买他所喜爱的任何东西了。他所需要的只是钱。但是，越来越多的人有钱不是为了购买真正的珍珠，而是为了得到虚假的东西；追求看起来像卡迪兰克牌的福特牌汽车、看起来值钱的廉价衣服，以及百万富翁和普通工人都吸的香烟。一切都可以伸手可及，都可以买到，都可以消费。
>
> ……
>
> 人们读同一种报纸，听同样的广播，欣赏同样的电影。处于社会最高层与最底层的人、聪明人和傻子、受过教育的和未受过教育的，都进行着同样的活动。生产、消费，以及一切享乐都步调一致，从不怀疑。[③]

可以看出弗洛姆对消费进行了负面的价值判断。在他看来，消费的行为应该体现人的情感、审美、判断力，而这些因素都在现代文化中丧失殆尽。消费本应是人获得幸福的手段，现代文化中消费却成为“它自身的目的”。“我们消费，我们生产，却与那些天天打交道的东西没有什么具体联系；我们生活在物的世界中，我们同物唯一的关系

① ［美］E. 弗洛姆：《健全的社会》，孙恺祥译，贵州人民出版社1994年版，第75页。

② ［美］E. 弗洛姆：《健全的社会》，孙恺祥译，贵州人民出版社1994年版，第96页。

③ ［美］E. 弗洛姆：《健全的社会》，孙恺祥译，贵州人民出版社1994年版，第86页。

只是知道如何操纵，或者如何消费。”[①]

病态的社会中物没有自我，人同样也丧失了自我。诊断了现代资本主义这个“不健全社会”的种种病症，那么如何通向一个健全的社会呢？弗洛姆认为“一个健全的社会是一个符合人的需要的社会”。[②]这个需要并非带来虚假快感的物质享乐，而是人的“真正”需要，使人成为“健全人”的需要。在后期的思考中，弗洛姆进一步的结论是：通向健全的社会即从“占有”的模式（having mode）转向“存在”的模式（being mode）。弗洛姆借助弗洛伊德的“肛门期性格”来阐释“占有”的模式：“人在生活中的主要精力是直接的占有、节省、囤积金钱和物质物品”[③]，因此现代资本主义社会就是这种病态性格所主导的病态的“占有型社会”。“存在型”社会即人的积极主动的、创造性的、全面发展的社会。走向“存在型”社会意味着人需要重新选择一条人本主义的道路，重拾爱的能力。“在爱的行动中，我与万物结合成一体，但我又是我自己——一个独特的、独立的、有限的、终有一死的人。”[④]“我”从病态的人成为健全的人。

至此我们也找到了弗洛姆将马克思主义和精神分析相结合的原因：马克思主义首要强调实现社会经济变革，却忽视了人的内心变化的必要性，也就无法进入一种“真正美好”的社会。弗洛姆试图从人的“全面生存”的角度建立一门关于人的科学，确保人性得以彰显、自我得以实现。

批评理论的矛盾在于承认社会进化论，认为现代资本主义社会是人类社会的较高级阶段，却又沉浸在对传统社会的怀旧感伤之中。康德那里被规定为“无目的的合目的性”的艺术在现代世界转变为“有目的的无目的性”。传统社会中的物是“精神化”的，彰显人性的光辉，而现代工业社会中的物则是“拜物化”的，使人性丧失。也就是

---

① ［美］E. 弗洛姆：《健全的社会》，孙恺祥译，贵州人民出版社 1994 年版，第 106 页。

② ［美］E. 弗洛姆：《健全的社会》，孙恺祥译，贵州人民出版社 1994 年版，第 16 页。

③ Erich Fromm, *To Have or To Be*, London & New York: Continuum, 2008, p. 68.

④ ［美］E. 弗洛姆：《健全的社会》，孙恺祥译，贵州人民出版社 1994 年版，第 25 页

说“万物有灵论”是客体的精神化，而启蒙理性则是精神的客体化（物化）。在今天看来批判理论对工业商品的消极的价值判断过于片面，联系法兰克福学派所处的历史状况与语境则会发现其中的合理性。正如道格拉斯·凯尔纳所说，法西斯主义对法兰克福学派的理论构成了重要影响。“研究所”（法兰克福学派）成员们被迫流亡美国，在德国法西斯和美国大众文化的双重撞击中形成严厉的批判立场。[①] 无线电广播、电影等当时的新媒介成为法西斯强有力的宣传工具。可以说无线电之于法西斯正如印刷术之于文化工业。面对从战争危机到生态危机再到文化危机，思想家们意识到启蒙理性建立的是巨大的客体体系，“理性巨大的原始威胁在这一体系中重生并展开”[②]。因此，启蒙理性和它所建立的客体体系一同成为被批判的对象。一言以蔽之，在批判理论这里，物质文化是现代资本主义意识形态的载体，物（商品）是对立于人的、支配人的“可怕物”。

第四节 大众消费与文化唯物主义

伯明翰学派是随着战后秩序的建立而逐渐壮大的马克思主义文化研究学派。他们与法兰克福学派一样，采取马克思主义立场与方法论，但与后者的精英主义不同，他们站在大众的立场上，更多地将视角转向了大众文化的民主与抵抗的特质。伯明翰学派建设初期吸收了法兰克福学派的文化批判和英国本土的利维斯主义，但很快他们就摒弃了利维斯主义那种对高雅艺术作品的推崇和对大众低俗文化的批判立场。伯明翰学派的学者大多工人阶级出身，他们拒斥将底层大众视为被动接受的、被愚弄的庸众。从马克思到卢卡奇再到法兰克福学派都坚持唯物主义立场，但物质与精神的对立鸿沟却越发明显，威廉斯试图用

---

① Douglas Kellner, *Herbert Marcuse and the Crisis of Marxism*, Berkeley: University of California, 1984, p. 115.

② ［法］居伊·珀蒂德芒热：《20 世纪的哲学与哲学家》，刘成富等译，江苏教育出版社 2007 年版，第 133 页。

“文化唯物主义”（Cultural Materialism）做出修正。

威廉斯的首要工作是重新梳理和定义“文化”的概念。现代社会中理性制度和理性主导的产物都被设想为自然的、客观的物质世界的事实和规律。在这种观念中，“经济”“社会”等概念范畴被确立下来，而面对“文化”这样的概念时却遇到困难。“我们究竟该把‘文化’当作‘艺术’、当作‘某种意义和价值的体系’来理解呢，还是该把它当作‘整体的生活方式’来理解？”[①] 启蒙运动之后，文化代替宗教成为人类精神的记录、动因和根源，它将一切主观的东西（想象、创造、审美等）纳入其中，与经济制度、社会政体、物质主义、商品工业相对立。这样就形成了前面提到的文化的第一种概念。而另一种将文化视为“整体的生活方式”则是“社会性”（人类学和社会学）的概念，强调文化的过程性。显然，威廉斯倾向于从“整体生活方式”的视角对文化进行分析，并且认为文化理论就是要研究整体生活方式中各部分之间的关系和复杂的文化机制。

威廉斯将他的与普遍意义上的马克思主义理论所不同的观点称作“文化唯物主义”，“它是一种在历史唯物主义语境强调文化与文学的物质生产之特殊性的理论”。[②] 文化唯物主义的观点建立在全面反思马克思政治经济学的基础之上。威廉斯认为马克思有关经济基础决定上层建筑的分析之问题就在于使人简单地推导出文化、艺术是物质现实的反映，物质的社会过程这个具有决定性的“基础”是“真实”的，而对比之下，文化作为“真实”的反映就有了“歪曲”“虚假”的可能性，进而产生了附带价值判断的二元概念，即“不是进步艺术就是反动艺术，不是社会主义的艺术就是资产阶级或资本主义的艺术，不是艺术就是大众文化”[③]。在威廉斯看来，这种艺术反映论遮蔽了艺术

---

① ［英］雷蒙德·威廉斯：《马克思主义与文学》，王尔勃、周莉译，河南大学出版社 2008 年版，第 10 页。

② ［英］雷蒙德·威廉斯：《马克思主义与文学》，王尔勃、周莉译，河南大学出版社 2008 年版，第 6 页。

③ ［英］雷蒙德·威廉斯：《马克思主义与文学》，王尔勃、周莉译，河南大学出版社 2008 年版，第 105 页。

品、艺术活动的社会性和物质性。文化唯物主义所做的就是将文化这个被视为物质的对立面的，具有意识特性、精神特性的概念与物质阐连（articulate）起来，"总体性"地看待物质与文化，认为文化不应被视为物质性的历史和社会进程的反映物，而主张文化本身就是物质生产实践。

纵观威廉斯的著作，文化唯物主义的理论有两个向度："**文化**的唯物主义"和"文化的**唯物主义**"。[①] 前者是威廉斯对他的与众不同的马克思主义理论的命名，后者则是他对英国资产阶级文学研究理论和实践的反思和回应。作为"**文化**的唯物主义"，是威廉斯对马克思试图建构文化理论但未可得事业的批判继承和发展（威廉斯认为马克思的经济基础与上层建筑的固态二分导致其停滞在政治经济学领域而未能真正进入文化领域）。作为"文化的**唯物主义**"则是威廉斯对传统的资产阶级文学研究的反叛，从精英主义的"纯"文学研究（"literacy"）到文化性的文学研究（"literature"）。因此，尽管文化唯物主义最初的研究对象是文学文本，但它绝不仅仅是一种研究文学的理论。

通过文化唯物主义的构想，威廉斯首先取消了文化的精神特权地位，其次取消了文学的文化特权地位，最后文化作为物质性的生产实践走向一种"文化的政治"。正如伊格尔顿所说："对马克思主义而言，文化既是主要的，也是次要的，而'文化唯物主义'概念为解决这个悖论提供了办法。一方面，文化不过是一般唯物主义更宽广领域的一部分而已；另一方面，通过这样的'物质化'，文化可以获得被唯心主义美学剥夺了的力量和现实性。"[②] 文化不再只是隶属于精神，不再只是资产阶级精英阶层的专属品，而是大众日常生活方式和物质生产实践本身，文化唯物主义从政治经济学批判走向文化政治学批判，考察不同阶层和群体的文化斗争和社会能量的争夺，权力话语的制衡，

① John Higgins, *Raymond Williams: Literature, Marxism and Cultural Materialism*, London & New York: Routledge, 1999, p. 125.

② ［英］特里·伊格尔顿：《历史中的政治、哲学、爱欲》，马海良译，中国社会科学出版社 1999 年版，第 117—118 页。

以及“残留文化”、“主流文化”、“新生文化”（威廉斯语）之间的抵抗与收编。可以说，文化唯物主义的关键特性是“将文本的，理论的或概念的，以及历史的三个常常被分隔开且相互损害的维度的分析和考察结合在一起”①。这样就理解了文化是整体的生活方式之“整体”的含义。人的思维语言、衣食住行、一切的活动（包括政治、经济、语言、文字、风俗、习惯、劳动、消遣等）都属于文化的范畴。

伯明翰学派的文化研究（Cultural Studies）批判物质商品与精神文化对立区分，不仅将大众日常生活的物质实践通通纳入文化研究的范围，更重要的是强调大众文化是创造性和抵抗性的政治实践。例如费斯克指出“消费模式是依据语境而定的，就如同文化商品在不同的语境中可以产生不同的意义”②，消费者的消费活动并不完全被动，反而充满创造性和多元化，他们可以自由选择接受或拒绝某种商品，并选择如何接受。

在前面的分析中我们看到法兰克福学派理论的关注点在于文化产品的生产，认为大众的消费者是被动接受的一方。与法兰克福学派的精英主义不同，伯明翰学派则将焦点放在了受众，以大众这一消费主体作为主要研究对象。早期的伯明翰学派还受利维斯主义和法兰克福学派的影响，霍加特站在精英主义的立场对商业化的大众文化进行了批判。20 世纪 60 年代后期到 70 年代，霍尔成为伯明翰学派的领军人物之一，他的出现将受众研究引向了新的方向。

斯图亚特·霍尔在其《电视话语中的编码与解码》中对马克思的商品的“生产—流通—消费”进行改造而阐发出受众解读文化产品的“编码—解码”模式，他分析消费者在对主导意识形态信息编码进行解码的过程中不只有被动接受的模式，更存在协商模式和抵抗模式。霍尔借鉴了阿尔都塞意识形态理论、符号学以及结构主义语言学的理

---

① John Higgins, *Raymond Williams: Literature, Marxism and Cultural Materialism*, London & New York: Routledge, 1999, p. 134.

② ［美］约翰·费斯克：《理解大众文化》，王晓珏、宋伟杰译，中央编译出版社 2001 年版，第 179 页。

论观念和研究方法，提出了著名的四种解码类型（即主导霸权符码、专业性符码、协商符码、对抗符码），[①] 对于商品消费研究有积极的影响。霍尔强调电视传播的产品的意义开放性，研究在流通和消费阶段受众接受的多种可能性，强调受众主体的能动性。“主导霸权符码”（dominant or hegemonic code）指受众直接从文化产品中获取信息，这种消费是一种在意识形态主导霸权的立场进行文本意义解码的消费，受众在无意识中接受意识形态的控制。“专业性符码”（professional code）在“主导霸权符码”内部发挥作用，尤其在技术性的、自然领域的实践中提供标准和操作。这是一种看似中立却处在主导霸权地位的符码。“协商符码”（negotiated code）即受众站在一种协商的地位既接受文本传递的意识形态编码信息，认可这种霸权编码的合法性，又在解码的过程中保留了自身的主动性，这种主动性解码生成的意义与霸权编码产生的意义进行着协商。“对抗符码”（oppositional code）即受众认识到编码传递的意识形态意义，以抵抗的立场解码文本意义，拒绝受意识形态霸权的控制。霍尔的这种强调受众（消费者）对“信息”的协商和对抗的解码融入在当代社会日常的经济、社会、文化的生活中。

如果说早期的伯明翰学派的文化研究著作都带有资产阶级精英文化和无产阶级大众文化的阶级对抗色彩的话，那么第二梯队的研究者则是在整个大众流行文化的情境中将视角对准了主流文化和亚文化的斗争。其中，最有代表性的是霍尔的学生迪克·赫伯迪格（Dick Hebdige）。受符号学影响，霍尔认为文化产品是表征系统的一部分。但与结构主义符号学的表象和深层结构的二元模式不同，文化表征系统是人、事物、话语、实践组成动态的意指实践和意义建构的系统。接受了霍尔的文化表征理论，赫伯迪格聚焦青年亚文化这一与主流文化形成张力的表征系统，考察亚文化群体如何借助物品营造一种专属的生

① Stuart Hall, “Encoding and Decoding in the Television Discourse”, in Ann Gray, et al., *CCCS Selected Working Papers* (*Volume 2*), London & New York: Routledge, 2007, pp. 396 - 397.

活方式（风格），进行身份建构以及与主流文化进行话语斗争。

赫伯迪格在其著名的《亚文化：风格的意义》的导论中开宗明义："本书的主旨将用于描述物品被赋予意义的过程，以及这些物品作为亚文化'风格'被再次赋予意义的过程。"[①] 所谓"亚文化"（也称次文化）即对主导文化形成一种抵抗和颠覆的"小众"文化，其主要特点是积极地通过对某种特定事物的消费和使用来寻求一种风格迥异的生活方式，例如"额上一绺卷发的梳理方式，设法弄到一辆踏板车、一张唱片或某种款式的服装"，这些都"以一种反抗或蔑视的姿态，以一种微笑或嘲笑，建构出了一种风格"[②]。赫伯迪格将罗兰·巴特的符号学方法（《神话学》中解读符号的方式）和马克思主义意识形态分析（马克思、葛兰西、阿尔都塞）相结合，并在此基础上认为社会形态不可能永远正常化，意识形态与社会秩序不是固定和必然的，亚文化就是对正常化的社会形态和意识形态霸权的挑战与颠覆。对日常生活中的商品创造性地"再拥有"，从而赋予其抵抗的意义，是亚文化群体身份建构的主要方式。于是物品存在"合法用途"和"非法用途"的双重转化的可能性，日常生活中那些普通的物品"神奇地被挪用"、被"盗用"，承载着"隐秘的意义"，"这些意义以代码的形式表达了一种抵抗形式，抵抗着使他们处于从属地位的秩序"[③]。一旦亚文化风格的抵抗意义被抽离，它就重新变成了大众流行的消费物品，流行即是收编的过程——亚文化走向主导文化，非主流走向主流。因此赫伯迪格指出应该"聚焦于转换的事实，而不是聚焦于物品本身"[④]。也就是说，物品不仅仅是某种意指的符号，而是文化表征系统

① ［美］迪克·赫伯迪格：《亚文化：风格的意义》，陆道夫、胡疆锋译，北京大学出版社2009年版，第3页。

② ［美］迪克·赫伯迪格：《亚文化：风格的意义》，陆道夫、胡疆锋译，北京大学出版社2009年版，第3—4页。

③ ［美］迪克·赫伯迪格：《亚文化：风格的意义》，陆道夫、胡疆锋译，北京大学出版社2009年版，第20页。

④ ［美］迪克·赫伯迪格：《亚文化：风格的意义》，陆道夫、胡疆锋译，北京大学出版社2009年版，第163页。

中意指实践的关键要素。

这里举被赫伯迪格认为最能代表亚文化的“朋克”（punk）的案例。朋克青年通过故意剪破洞的牛仔裤、用发胶等工具做出的竖立的“鸡冠头”发型、文身和鼻环、服饰上的别针和铆钉等标新立异的方式来颠覆和反抗主流文化。在这个过程中，物品被挪用、拼贴、毁坏、再造的同时参与了朋克群体风格的建构。音乐是亚文化的“根据地”，在文学依旧被视为主流的高雅的文化艺术形式的时代，音乐则更接近大众，在美国“垮掉的一代”中诞生的摇滚乐很快成为欧美亚文化体系中的重要一员。朋克音乐作为摇滚乐的分支，以最简单的方式生产歌曲，譬如通常只使用吉他最简单的几个和弦完成一首歌曲，降低音乐的门槛来达到所谓的“音乐民主”，因而也极易产生群体认同。也就是说，在朋克风格建构中，那些“唾手可得”的物发挥了重要作用。

从符号学（或文本主义）的角度，物品被视作符号（或话语、文本），关注其产生的意义，而从文化研究的角度，则更关注意义的生成和转换过程，这时，物品更倾向于是一个斗争场所，汇聚了群体、个体、行动、话语、权力等参与意指实践的元素。亚文化不能仅理解为符号层面对主流文化秩序的抵抗，这就忽略了实践的过程。作为如威廉斯所说的“新兴文化”，亚文化在抵抗主流文化秩序的同时必然不断遭遇收编的力量。当破洞牛仔裤成为主流时尚的物品，被大众广泛接受时，朋克成为一种流行的服装（或时尚）风格，就丧失了其抵抗意义，被主流文化收编。抵抗和收编的张力伴随着物品不断地被挪用—扬弃—重新挪用。

在伯明翰学派的影响下，欧美学界大批的研究者加入大众文化的研究队伍，到20世纪80年代，文化研究成为全球化的研究热点。

在物质文化研究的视域中，马克思主义有关“物质文化”的分析有两条演变路径，具体如下。一是对资本主义物化结构的批判不断强化的过程。马克思对资本主义的分析建立在生产的基础上，也就是说在马克思那里物质文化主要与经济生产相关。劳动者既是生产者又是消费者，他们处于双重被压迫的困境，在生产中被剥削、在消费中被拜物教迷惑，商品成为这种资本主义机制的具象物。因此，马克思最终走向了体制机制的改革与阶级革命。在卢卡奇那里，商品是资本主义意识形态的载体，在不断的商品交换中，物化结构导致了人性本真的丧失。客体（物）本应受人控制和支配，人占据改造世界的主体地位，现代社会却颠倒过来，客体（物）成为真正的支配者。卢卡奇认为这是文化的危机，要依靠无产阶级的意识觉醒来解救。法兰克福学派对待物化结构愈加悲观，物使人丧失批判意识与审美功能，原本应该具有精神性的、创造性的、审美的、高雅的文化在资本主义机械化生产和商品社会沦为“文化工业”。从马克思到卢卡奇再到法兰克福学派，始终建立在人文主义“本真人性”的预设内，也就是说只有存在所谓本真人性才有可能谈及人性之受困、扭曲、堕落。

二是从英国的大众文化论争中延伸出来的文化研究。威廉斯主持的文化唯物主义的贡献在于强调了文化的“物质性”，将文化从“精神性”和“精英化”的窠臼中解脱出来，指出文化就是整体的日常生活和物质实践，故而文化研究的疆域被拓展至日常生活的各个领域，同时也为突破从“生产”的单一维度分析商品、理解物质文化提供了可能性。作为文化研究的理论源头，伯明翰学派（尤其在后期）持大众立场，认为商品消费某种程度上是具有积极意义的“再生产”实践，超越了一元化的意识形态文化霸权的向度，进而指出日常文化实践中抵抗与收编动态关系，这种观念影响了之后的消费研究。在20世纪后半叶，无论是“丰裕社会”[①]（affluent society）还是“消费社会”描述，都呈现出各领域学者对“商品—物”的世界的分析和反思。作为当代物质文化研究的标杆学者，丹尼尔·米勒在《物质文化与大众消费》《消费及其后果》等著作中试图建立一种“消费理论”，“挑战将消费等同于同质化、失去社会性、原真性等‘迷思’，主张消费是

① 此概念参见 John Kenneth Galbraith, *The Affluent Society*, Boston & New York: Houghton Mifflin Company, 1998.

现代社会的异化结构中人类经由消费活动取得自身人性的尝试”[①]，是充满创造性的文化实践活动。马克思主义在多个路径上的延伸提供给物质文化研究更丰富的视角，使我们理解的商品从基本的满足人类生存需求的产物拓宽到与人类日常生活息息相关的关联物。

在当代的物质文化研究者看来，西方马克思主义的文化批判理论“缺乏对物质性（materiality）的兴趣。他们未提供理解人与物的关系的模型”[②]。这种讨论事实上是“物质主义”和“物质性”的碰撞。批判理论和其后继者往往走向对“物质主义”的抨击，影响了后来的生态美学领域以及广泛的建筑、服饰、家具、饮食研究中的反物质主义的极简风潮。物质主义和商品拜物教批判呈现出人与物的对立关系，人性和物性此消彼长。“物质性”是物质文化研究者看来理解物质文化的关键概念，“物质性”的内核是“文化作为物质”和“物质作为文化”的双向演进，表现为社会生活中人与物的亲密纠缠的平等互构关系。人类永远不可能退回到“非物化”的所谓“本真”的时代，因此物质文化研究认为迫切需要修正的不是“物化结构”，而是附着在“物化”中的消极的价值判断。

然而，物质文化研究视域中对于马克思主义的评估并不能只聚焦于“路径一”，而应整合“路径二”，充分认识到两条路径的互补互证、相辅相成，它们共同将物质的文化性和文化的物质性推到了理论前台和思想前沿，为当前的物质文化研究提供了丰富的思想滋养和方法参照。

我们看到马克思主义的理论成果［尤其是由马克思开启的“客体（物）—商品”维度］已然成为物质文化研究最为重要的资源。例如在《物质文化手册》中，比尔·莫雷尔（Bill Maurer）指出，尽管我们想要开辟趋向不确定性的、异于寻常的社会和主客体杂糅物（hybrid subjects/objects）的物质性分析，但是我们不能脱离资本主义时代

---

① ［英］Tim Dant：《物质文化》，龚永慧译，书林2009年版，第47页。

② Ian Woodward, *Understanding Material Culture*, Los Angeles & London & New Delhi & Singapore: SAGE Publications, 2007, pp. 54–55.

和伴随着的资本主义的目的论和经验论。如果有人要研究当今的商品链，他一定想要理解商品网络的流程和构成商品经济的主体/客体，以及确保商品系统稳定化的运作方式。这时，他就需要运用马克思主义的范式。[①] 最后我们在物质文化研究的视野中回归马克思关于“物象化”的分析，人的社会关系通过物来实现，商品具有具象化的功能，它凝结着劳动力、凝结着货币交换，人与人的关系体现为物与物的关系。这正是“物的社会生命”和“物的文化传记”研究的重要理论源泉。在此基础上，物质文化研究的推进在于从另一方面考察，即商品也凝结了消费者的需求、使用体验、情感、回忆。在当前全球化的状况中，一件商品在设计、生产、流通、消费、使用、交换、回收的过程中使不同地域、种族、阶级、性别的人联系起来，在这个过程中，文化的多样性和复杂性被呈现出来。

正如德里达在《马克思的幽灵：债务国家、哀悼活动和新国际》中说：“马克思主义的经历，马克思在我们心目中的几乎慈父般的形象，以及我们用来和其他的理论分支、其他的阅读文本和阐释世界的方式做斗争的方法，这一方法作为马克思主义的遗产曾经是——而且仍然是并且因此永远是——绝对地和整个地确定的。”[②] 一个世纪以来，马克思不仅影响着宣告马克思主义立场的学者，更如幽灵一般在众多思想领域中间徘徊并发出声响。

---

① Bill Maurer, “In the Matter of Marxism”, in Christopher Tilley, etc., eds., *Handbook of Material Culture*, London & Thousand Oaks & New Delhi: SAGE Publications, 2006, p. 25.

② ［法］雅克·德里达:《马克思的幽灵：债务国家、哀悼活动和新国际》，何一译，中国人民大学出版社 1999 年版，第 22 页。

第二章

“符号物”与“物体系”视域

广义的结构主义作为20世纪影响力最大的方法浪潮经历了从“结构的”社会人类学，到结构主义和符号学，再到后结构主义的演变。我们试图考察理论和方法的历时性的“流动”，呈现其总体意义上的发展脉络。但是需要指出，在物质文化研究领域，涂尔干、莫斯与列维－斯特劳斯，罗兰·巴特与福柯，都意味着不同的方法路径，尽管他们之间存在重要的“互文性”的共享关系。在索绪尔语言学汇入结构主义之前，物作为“符号”（symbol）与社会结构紧密相连，而非进入严密的语言系统。可以说涂尔干、莫斯一脉和符号学一脉的区别在于物作为“符号”是“symbol”（象征性符号）还是“sign”（语言符号）。结构主义和符号学作为推动20世纪语言学转向的巨大力量从兴起到兴盛迅速涵盖了众多领域，其最主要的也最行之有效的方法来源于索绪尔语言学。在索绪尔的能指/所指的语言系统的启发下，列维－斯特劳斯、罗兰·巴特分别对原始部落文化和现代大众文化进行了分析。他们研究物质文化的核心方法是将物作为指涉意义的符号（sign）。鲍德里亚的“物体系”论题意在论证当代“物的世界”中，物的体系实质上是符号体系。随着结构主义转向后结构主义，物质文化被作为文本阅读。构成文本的符号不是用来再现自然或外部世界，它不过是对已经存在的符号的再次符号化，在单一的文本之外不存在“真实世界”。文本的意义由各种文本之间相互联系的关系决定，一切意义都要通过文本呈现出来。可以说结构主义是20世纪极为重要也最主流的文化分析方法。虽然物质文化研究倡导的“物的转向”（或“回归到物”“物质文化转向”）以文本主义危机为契机，但不可否认，将物质文化作为符号、文本进行阐释和解读是物质文化研究最为依赖也最具可行性的经典方法。

第一节 物的社会结构

对于鼎盛时期的结构主义来说，索绪尔在20世纪初的语言学理论是其最重要的理论起源。随着索绪尔一支的结构主义语言学逐渐受到批判，结构主义的另一派先驱——被归为社会学、人类学领域的涂尔干、马塞尔·莫斯重回我们的视野。从涂尔干到马塞尔·莫斯再到列维-斯特劳斯是一条清晰的师承脉络（列维-斯特劳斯把马塞尔·莫斯视为结构主义的精神之父①），也是一个从“结构的”到“结构主义的”人类学的演变过程。

一 图腾

涂尔干在《宗教生活的基本形式》中对图腾制度的考察提供了“物质文化”研究的范例。涂尔干对图腾制度的研究建立在其早期思想的基础上，尤其是《社会学方法的规则》中他提出了“把社会现象当作客观事物”（consider social facts as things）的口号。因此，我们有必要从涂尔干的“事物”概念入手。

任何事物都必须在一定的社会环境中考察。这在当代社会学看来的“常识”在社会学起步时期则是颇具建设性的观点。涂尔干反对孔德、斯宾塞那种在他看来没有明确的研究对象和研究方法的社会学，他要做的就是将社会学彻底地从哲学中脱离出来，主张“研

① ［法］弗朗索瓦·多斯：《从结构到解构：法国20世纪思想主潮》（上卷），季广茂译，中央编译出版社2004年版，第37页。

究事物，必须以事物为主，而不能以一般性原理为主”[1]。在他看来哲学那套对一般原理的归纳、演绎法在社会学这里行不通。涂尔干所说的“以事物为主”明确了将社会学的方向从研究事物的效用转向研究事物的存在。涂尔干认为早前大多数社会学研究者对社会现象的考察和解释基于发现其对社会的作用或者在社会中扮演着怎样的角色，然而这样的研究方法并不能认识真实的事物。“各种社会现象都有它固有的性质和固有的力量，这种力量不是由人们自身的力量决定的，因此事物的真实现象不是人们的意愿所能想象出来的。”[2] 对涂尔干来说，研究社会事物要采取不偏不倚的态度和方法，去除主观的、经验的、倾向性的基于人的意志的立场，在他看来“倾向”本身就是事物，应该用事物去解释。

涂尔干致力于将社会学发展为一门独立的学科，指出社会学的研究必须秉承客观性，并在社会现象和客观事物之间画上等号。把社会现象当作物来考察是将事物与个体区分开来，事物外在于个体。在涂尔干的早期思想中，社会事物这个核心概念被反复论述，因为若要确立社会学的合法性，必然首先确立其研究对象的科学性和客观性，因而社会事物被当作外在于个体生命的物，同时也使社会学区别于生理学和个体心理学。在受到广泛的批判之后，涂尔干在《社会学方法的规则》第二版的序言中回应了批评者对他在社会学中去除精神要素的指责。实质上涂尔干并非在社会学研究中去除精神要素而是削弱精神要素，在他看来长期以来的“人类中心主义的公设的残余”[3] 阻碍了科学的发展，因此涂尔干认为社会学的首要任务就是解除人支配物的偏见，把握社会事物并不以个体意志为转移。

涂尔干借鉴孔德的有机论试图论证社会是一个有机整体，但这

---

① ［法］埃米尔·迪尔凯姆：《社会学方法的规则》，胡伟译，华夏出版社 1999 年版，第 2 页。

② ［法］埃米尔·迪尔凯姆：《社会学方法的规则》，胡伟译，华夏出版社 1999 年版，第 73 页。

③ ［法］E. 迪尔凯姆：《社会学方法的准则》，狄玉明译，商务印书馆 1995 年版，第 20 页（此处比较两部中译本，根据行文语境选择了表达相对更准确的参考、引用——笔者注）。

里的互相联系的有机整体并不包含和事物对立的个体精神。涂尔干一再澄清“物”是与观念对立的，智力不能自然理解的一切认识对象，是摆脱了精神分析法，通过科学的观察和实验所能理解的不易被感知的最深层的东西，并非一般意义上的实体之物。也就是说涂尔干并不认为社会事实是可归为某一类实体的“物质”，相反，社会事实最深层的东西是“集体意识”。正如涂尔干所说：“集体生活并非产生于个人生活，相反，个人生活是从集体生活里产生出来的。”① 在不同的社会环境和群体生活中存在超越地方性差异的联系和共性，这些联系和共性在普遍化的过程中抽象化，形成集体意识。早在《社会分工论》中，涂尔干就指出宗教（神的观念）是集体意识最重要的组成因素。宗教起初并不存在神，而只是圣物，某种普通的事物成为某群体崇拜的对象。在社会不断演变的过程中，宗教的力量逐渐抽象化为神的概念，与最初的那个圣物本身分离，成为社会生活空间中永恒的存在。无论是宗教的圣物还是其他生活事物的认识、分类都是集体意识的表征。某种程度上可以说在涂尔干这里“集体意识”和“集体表征”是“本质”与“现象”的二元关系。

在后期的《宗教生活的基本形式》中，涂尔干将自己的思想过渡到后来被称为结构主义的方向上，也正是这部著作奠定了涂尔干在物质文化研究领域的先驱地位。在早期思想中，涂尔干确立社会学的主要关注对象是社会秩序及秩序产生的原因和效能，而物质文化作为社会事实的功能就是使社会秩序的强制力得以持续。“每当我们从某个特定的历史时期中选取与人类有关的某些事物，如宗教信仰、道德戒律、法律准则、美学风格或经济体系并着手解释的时候，必须追溯至最原始和最简单的形式，尽力说明在那个时代标志它的各种特征，再进一步展示它是如何发展起来，如何逐步变得复杂起

① ［法］埃米尔·涂尔干：《社会分工论》，渠东译，生活·读书·新知三联书店 2000 年版，第 236 页。

来，如何变成我们所要讨论的那个样子的。”[①] 这也是揭示事物的社会性的过程。涂尔干认为原始宗教是社会性的，不能被简化理解为“超自然”或“精神存在”，相反，宗教是由神话、教义、仪式和仪典等若干部分组成的复杂体系，是一种集体表征。延续了早期思想中“事物作为总体社会事实”的研究方法，涂尔干总结宗教的共性特征是将事物分为“凡俗”和“神圣”两类。

“原则上说，没有什么东西因为它的本性就一定会高高在上，成为圣物，但同样也没有什么东西就必然不能成为圣物。”[②] 因而事物的神圣性是附加的，取决于集体意识的投射，换句话说，集体的意识通过赋予事物神圣性而表征出来。所谓“圣物”并非仅仅是一个固定的、整体的实体物，因为涂尔干在不同氏族的不同神话和仪式中发现一个重要原则，即圣物的每一部分等同于圣物本身。

“社会生活在其所有方面，在其历史的各个时期，都只有借助庞大的符号体系才会成为可能。”[③] 图腾这种物质标记和形象表征就是符号体系的一种形式。涂尔干认为虽然社会情感是集体性的，但并不稳固，社会群体有可能分散、消失而无法聚集、行动。如果集体情感与某种持久的物相联系，就会稳定而持续，而图腾就是这种持久的物。图腾是集体意识的物质性表征，维持和强化了集体意识（宗教信仰），形成“宗教力”，激发和规范人的行为，于是在《宗教生活的基本形式》的后半部分，涂尔干考察的重心从图腾转向仪式。涂尔干对原始宗教的考察实质上是探究社会的起源和建构。

纵观涂尔干的思想历程，大致可以梳理出早期的从现代社会的社会分工和自杀现象探讨社会结构并致力于确立严密科学的社会学体系，到后期的从原始宗教考察社会秩序的脉络。涂尔干的研究方

① ［法］爱弥尔·涂尔干：《宗教生活的基本形式》，渠东、汲喆译，商务印书馆2011年版，第4页。

② ［法］爱弥尔·涂尔干：《宗教生活的基本形式》，渠东、汲喆译，商务印书馆2011年版，第312页。

③ ［法］爱弥尔·涂尔干：《宗教生活的基本形式》，渠东、汲喆译，商务印书馆2011年版，第315页。

法极大地影响了与他同时代的索绪尔的结构主义语言学以及后来的列维－斯特劳斯的结构主义人类学。总结涂尔干的“结构的”社会学，主要有如下两个方面。首先，是宗教的社会性。宗教的结构事实上等同于社会的结构。其次，社会意识/社会事实、集体/个体、集体意识/集体表征、圣物/凡俗等二元对立系统是社会的基本结构，社会因素的相互关联和作用形成社会的强制力和规范使社会结构得以稳固和持续。

涂尔干范式在文化研究领域颇具生命力，尤其后期对宗教的研究为后来的文化研究者“提供了将文化与社会结构联系起来的重要资源”[①]，也开启了“物—符号”的物质文化研究的路径。涂尔干对图腾制度的研究为我们呈现了人与物的亲缘性联系。“人们把他们氏族中的事物视为亲戚或同伴，称它们为朋友”，人和事物“联盟形成了一个牢固的体系”，“赋予它生命和统一性的唯一本原就是图腾”。[②] 需要强调的是，在涂尔干这里，图腾是社会事物，但不止于实体物。也就是说图腾来源于某种实存的事物，但在图腾信仰中发挥作用的是某种实存事物的形象表现、标记符号。“在这些标记中才能找到宗教性质的源泉”，而它们所表现的实物的质料部分则不甚重要。总的来说，涂尔干的逻辑是社会秩序通过符号化的物质事物——集体表征——确立下来，并形成强制力，维持着社会事实的持续构成。值得注意的是集体表征并非精神性的而是社会事实，这就是涂尔干所谓的用社会事实解释社会事实。

二　礼物

虽然莫斯是涂尔干学术思想的继承人，长期受到涂尔干的指导和影响，但不可否认在物质文化研究领域，莫斯的影响力超越了舅舅涂

---

① ［英］菲利普·史密斯：《文化理论：导论》，张鲲译，商务印书馆 2008 年版，第 23 页。

② ［法］爱弥尔·涂尔干：《宗教生活的基本形式》，渠东、汲喆译，商务印书馆 2011 年版，第 203 页。

尔干，因为他开辟了物质文化研究领域最重要的课题之一——礼物研究。莫斯在大量民族志方面的事实资料的支持下，从安达曼群岛、美拉尼西亚、波利尼西亚、西北美洲的印第安社会，甚至古代中国的不同部落、民族、群体的交换习俗中探究共性结构——赠礼与回礼。

与涂尔干后期对宗教的社会性分析一样，莫斯的礼物分析建立在“总体性”的构想上，也就是他试图说明一个事实：交换是社会性的，且可以解释社会生活的全部。这直接影响了列维－斯特劳斯构建其“严密的”结构人类学。除此之外，莫斯的“总体性”恰恰体现了一种文化理论的维度。莫斯这样总结：“我们所研究的全部事实，都是总体的（total）社会事实。”[①] 怎么理解这个“总体”呢？莫斯这样解释：社会现象“既是法律的、经济的、宗教的，同时也是美学的、形态学的，等等”[②]。因此，在莫斯看来考察礼物交换现象并不只是社会学内部的一个议题，也不是要从中划分出经济的、法律的、宗教的、道德的等层面的制度，而是这些现象就是社会的“总体”。莫斯的“总体性”的结论是对涂尔干社会学方法的继承和延伸，在《礼物：古式社会中交换的形式与理由》这本小册子里，他不止一次地表达出礼物交换制度渗入不同社会不同群体日常生活的方方面面的观点。

从目的和结论看，“结构的莫斯”从礼物交换这一总体性的社会现象考察社会的结构。在这个过程中，礼物研究渗透的“物观念”随之显现出来，这种人与物相互混融的观念极大地影响了后来的物质文化研究。

莫斯不断地讲述他从古老资料中发现的令人振奋的有关“物之灵”“物之力”的重要记述。例如在毛利人那里，正是事物中的灵力（“hau”）促使物馈赠、接受、回报的交换体制的建立。在这种对于物的观念体系中，物被视为具有灵魂的联结物，因而在馈赠关系中物的

---

① ［法］马塞尔·莫斯：《礼物：古式社会中交换的形式与理由》，汲喆译，上海人民出版社2002年版，第204页。

② ［法］马塞尔·莫斯：《礼物：古式社会中交换的形式与理由》，汲喆译，上海人民出版社2002年版，第204页。

灵力使物具有个体性和动态性。所谓个体性，涉及的是“物之灵”，物和其所用者具有共同的个性，所以说接受者在接受物的同时也接受了赠予者的部分个性和灵魂。所谓动态性，涉及的是“物之力”，在赠予与回礼关系中物是运动的，一旦物进入交换关系，不言自明的义务就被建立起来，受赠者必须予以回赠，人与人、人与物的关系网不断交织。

> 所有这些体制，都表明了同一个事实、同一个社会制度、同一种特定的心态，即食物、女人、儿童、财物、护符、土地、劳动、服务、圣职和品级，一切都是可以转让和移交的。这些进出来往，便意味着无论在氏族之间、个体之间，还是在品级之间、性别之间和世代之间，都存在着一种既关涉物，也关涉人的精神方面的持续交换。①

人们相信物是人的延伸，是人的灵魂和个性的一部分，从而礼物的交换也是精神的交换、灵魂的关联。

大量的民族志显示，许多民族或者部落都对事物进行了分类，一类是日常消费或分配的物品，一类是有特殊意义和效用的宝物。宝物是具有灵力的物、人格化的物，代代相传，成为永恒的记号。于是人与物便混合起来，物成为人的一部分，参与组织了馈赠关系，也构成了社会关系。“在给予别人礼物的同时，也就是把自己给了别人；之所以把自己也给出去，是因为所欠于别人的正是他自己——他本身与他的财物。”② 因此，社会生活中，物的这种普通消费品和珍贵宝物的二分结构是解释社会结构的社会事实，莫斯延续了涂尔干用社会事实解释社会事实的社会学方法。在莫斯看来，有别于在现代社会经济体

---

① ［法］马塞尔·莫斯：《礼物：古式社会中交换的形式与理由》，汲喆译，上海人民出版社 2002 年版，第 23 页。

② ［法］马塞尔·莫斯：《礼物：古式社会中交换的形式与理由》，汲喆译，上海人民出版社 2002 年版，第 79 页。

系、法律体系中的“客体（物）”，在交换体系中，物超越了人/客体的界限，呈现出人与物的“混融”。他这样总结：“人们将灵魂融于事物，亦将事物融于灵魂。人们的生活彼此相融，在此其间本来已经被混同的人和物又走出各自的圈子再相互混融：这就是契约与交换。”①

《礼物：古式社会中交换的形式与理由》中对夸富宴的多方考察是“物之力”的持续深化，也是真正意义上的“结构的莫斯”的全面呈现。夸富宴（potlatch）是氏族、家族集体性的聚会宴庆，具有“给予”“散财”含义，但不能简单理解为经济行为。莫斯认为，如果将视野停留在夸富宴财富分配的特性上就无法对其进行总体性把握，因此，他将夸富宴重新命名为“竞技式的总体呈献”。在世界范围内，不同地域的部落、氏族、家族都有着相似的仪式制度，即在出生贺礼、婚礼、成人礼、葬礼以及祈祷、建造、节日庆典等场合都会举行宴会，宴会的举行往往伴随着主办者将财物赠送和消耗，以此树立权威、彰显地位。因此部落、氏族、家族的头领之间会在夸富宴上互相竞争，以确保自身地位。“所有的夸富宴都必须按照礼仪和行为的准则严格进行。”② 人类学领域对夸富宴的研究和解释主要有如下三个趋向。其一是露丝·本尼迪克特的文化模式视角下的分析。文化模式理论强调从族群的集体心理、动机、目的层面研究该族群的独特的文化表现形式。在她看来，美洲西部海岸各部落、氏族的夸富宴显示出现代社会无法认同的集体性的“妄自尊大的偏执狂倾向”③。然而持文化唯物主义立场的马文·哈里斯指出“夸扣特尔人的夸富宴不是狂妄之念的结果，而是一定的经济与生态环境的产物”。④ 一旦这种社会条件有所改变，夸富宴的制度也将不复存在。作为美国马克思主义人类学的代表

---

① ［法］马塞尔·莫斯：《礼物：古式社会中交换的形式与理由》，汲喆译，上海人民出版社2002年版，第45页。

② ［美］哈维兰：《夸富宴》，秦学圣译，《东南文化》1986年第1期。

③ ［美］露丝·本尼迪克特：《文化模式》，王炜等译，生活·读书·新知三联书店1988年版，第205页。

④ ［美］M. 哈里斯：《夸富宴——原始部落的一种生活方式》，李侠祯译，《民族译丛》1986年第6期。

人物，哈里斯从社会经济的角度认为夸富宴本质上是社会财富的重新分配体制，“尽管夸富宴是一种公开的竞争，它的实际作用却是把食物及其他物品从生产水平高的中心村落向欠发达的村落转移的一种方式”[①]。在生产力不发达的原始部落，夸富宴调节了物质资料的差异，对维持社会稳定有重要作用。这是夸富宴的第二种阐释趋向。相比以上两种观点，莫斯的研究最早，影响也更深远。莫斯将夸富宴阐释为社会的“总体的”结构，因为它既是神话的，又是经济的，同时也是社会形态学的现象，另外还关涉审美、法律、道德等社会的方方面面。莫斯从夸富宴这一“总体的”制度中辨析出固定的结构模式：给予—接受—回报，这也是礼物交换中不变的三个主题。莫斯将夸富宴的深层结构定位为礼物交换制度，并进一步分析夸富宴上所交换的物具有某种“力”，能使礼物在给予—接受—回报的循环中不断流动。

在《礼物：古式社会中交换的形式与理由》的第三部分，莫斯考察了礼物交换原则在古代法律和经济中的遗存，可以看出，他并不认同现代社会“将个人权利与物权、人与物截然分开”[②]，将物视为毫无生气的存在的物观念。在古罗马法中，虽然契约、抵押、物权制度与赠礼制度有根本区别，但在司法体系中的物仍然具有人的品格。首先“物是家庭的一部分”[③]。家庭不光是人，而且包括物。与从汉字“家”的构造中可以看出房屋是家的一部分一样，罗马的家庭（familia）不仅包括人，也具有房屋的含义。其次物被分成了两类：永久性保留的和可流转的。再次，物（res）从罗马词源来看，是令人开心愉悦的东西。物的这种与人息息相关的性质使其即便作为礼物交换出去，也带有原所有者的印记。在古典印度律法中，馈赠仍然是义务性的，事物仍然具有品性，是人的一部分。高度人格化的物既是法典中明确的个

① ［美］M. 哈里斯：《夸富宴——原始部落的一种生活方式》，李侠祯译，《民族译丛》1986年第6期。

② ［法］马塞尔·莫斯：《礼物：古式社会中交换的形式与理由》，汲喆译，上海人民出版社2002年版，第137页。

③ ［法］马塞尔·莫斯：《礼物：古式社会中交换的形式与理由》，汲喆译，上海人民出版社2002年版，第140页。

人财产，又是在倡导施予的规则中不断增值关联物，强化着施者与受者、物与施者之间的关联，正所谓“或在此世，或在来世，所送出者，必再复得”[①]。在日耳曼法中，物在抵押制度中形成“物力”，这个物力具有强制性，强迫立约双方履行契约。日耳曼古语中，“gift”除“礼物”外的另一个含义——“毒药”——印证了物在交换中的危险性。物作为抵押迫使在这个抵押关系中的人接受约束、承担风险。这些对不同地域、不同民族的古代律法中物与人纠缠混融现象的考察和论证凸显了莫斯与韦伯一派的社会学家阐释的现代社会标准化、程式化的“工具理性”的分歧。在莫斯看来从现代法律的、经济的物权层面将物理解为人的占有物（财产）是有问题的。这也是从涂尔干到莫斯都不遗余力回溯原始社会、古代社会的主要原因。

在不同形式的礼物交换中，“人和事物都进入了运动，这种运动或早或晚会把事物带回到相关的人周围”，“事物是人的延伸，而人也由他们所拥有和交换的事物而区分”，[②] 这就是在物质文化研究者看来《礼物：古式社会中交换的形式与理由》中最具魅力的人与物的“混融”。莫斯和其他现代的人类学家一样，对原始的社会和“他者的”族群充满兴趣和热情。聚焦原始社会和“他者”族群意味着与现代西方社会形成了时空的对比。莫斯认为，原始社会那种人与物难以分割的关系在现代社会同样存在，但现代社会人与物的难以割舍的背后是一种法律、经济上的占有的逻辑，而非原始交换中的亲密混融。原始社会中“物之灵”“物之力”是一种宗教式的物之附魅，无论是把人当作物还是把物当作人的延伸，都将人与物共同放置在神圣性的笼罩中，从中建立起原始的社会关系。而现代社会体制机制的祛魅消解了这种神性，人与物区分对立起来，而那种人与物难以割舍的状况也被体制化为物权、财产权等，物的神性也被拜物教取代，表现为人与物等级制的支配关系。通过这种对比，莫斯改良西方社会制度，完善西

① ［法］马塞尔·莫斯：《礼物：古式社会中交换的形式与理由》，汲喆译，上海人民出版社2002年版，第150页。

② ［法］莫里斯·古德利尔：《礼物之谜》，王毅译，上海人民出版社2007年版，第3页。

方观念体系的意图展现了出来。

或许在当代主流的后殖民主义文化批评中，莫斯的《礼物：古式社会中交换的形式与理由》是典型的西方中心主义的文化帝国主义话语，但这可能的指责并不妨碍莫斯在物质文化研究中拥有举足轻重的地位。他开启的“礼物研究”的维度是物质文化研究最重要的课题之一。

第二节 物的符号体系

结构主义是一套分析方法，正如伊格尔顿说：“这个方法对于对象的文化价值漠不关心：从《战争与和平》到《战争叫喊》，什么都行。这个方法是分析的而不是评价的。”[①] 结构主义研究物质文化的主要原则是客体（物）被视作指涉其他事物的符号。结构主义者认为事物本身并不如事物所涉及和代指的事物重要。例如《神话学》一书中，罗兰·巴特指出红玫瑰不仅仅是植物学上认知的一种植物，更是代表了爱情和浪漫的文化符号。结构主义认为这是能指与所指、符号与意义的二元结构关系。

一 语言符号系统

索绪尔是结构主义的先驱和导师，在那本奠定其地位的《普通语言学教程》中，他将语言的结构系统予以概念化，为结构主义打下坚实基础，也为后来的文化研究提供了最重要的研究方法。索绪尔被称为现代语言学之父，其主要原因是索绪尔打破了传统语言学的研究模式。在他之前，语言学的研究主要集中在语言历时性，即从文献中挖掘语言的历史发展过程、各语言之间的比较和关系研究，寻求语言的一般规律。索绪尔认为必须将语言学与历史学、语文学、社会学区分

① ［英］特雷·伊格尔顿：《二十世纪西方文学理论》，伍晓明译，北京大学出版社 2007 年版，第 93 页。

开来，建立严格独立的学科体系。

索绪尔首先解决的是语言的定义问题：“语言是一种表达观念的符号系统。”① 索绪尔提出符号学作为一门独立科学的设想，探究社会生活中符号的构成和规律，并将语言学划归于符号学领域。在探寻语言活动的一般性原则的过程中索绪尔提出了对后来的结构主义者具有决定性启发意义的几组二元概念：语言/言语、能指/所指、共时性/历时性等。

1. 语言（langue）与言语（parole）

简单地说，语言是社会性的，主要的；言语是个人化的，次要的。如果说总体性的语言是某种游戏的话，那么语言是游戏的规则，言语则是具体的游戏过程，显然二者互相依存却又截然不同。语言和言语的关系就是“结构与表现之间的关系”，“表现之异质性完全由结构之同质性所致”②。索绪尔认为，语言学作为一门学科，其研究对象主要是语言而非言语。

2. 能指（signifier）与所指（signified）

语言符号由音响形象和概念两部分组成。例如当某人发出 cat 的音或写下 cat 这个词的同时，脑中想到了猫的图像或概念，前者为 signifier，后者为 signified。至关重要的一点是，cat 的所指并非作为实体物的猫，而是猫的概念。索绪尔提出由能指和所指组成的符号（sign）首先遵循“任意性”的原则。也就是说 cat 和猫的概念之间并无内在的实质性的联系，如果用 dog 来指涉猫的概念也并不影响整个符号系统的运作。符号系统的建立是集体习惯和约定俗成的结果。由此引申出任意性原则更深层次的内容，即能指指涉的所指并非为早已确定的、实体存在的事物，而是对模糊不清的浑然之物的任意性的概念化、范畴化区分。这就是索绪尔所说的：“不但语言事实所联系的两个领域

---

① ［瑞］费尔迪南·德·索绪尔：《普通语言学教程》，高名凯译，商务印书馆 1999 年版，第 37 页。

② ［英］约翰·斯道雷：《文化理论与大众文化导论》，常江译，北京大学出版社 2010 年版，第 138 页。

是模糊不定形的，而且选择什么音段表示什么观念也是完全任意的。"[①] 根据任意性原则，我们便可以理解某一能指有多个所指或变化的所指，以及不同语言所概念化出的世界的差异性。例如"汤"在古文中既有"热水"也有"食物汤汁"的意思，现代汉语中"热水"的含义则被淡化。亦如不同语言对同一事物的概念化也不同，中文所说的"红茶"英文却是"black（黑）tea"。任意性原则的要义在于"所指的任意性或创造性——每种语言都以特有的、'任意的'方式把世界分成不同的概念和范畴"[②]。

3. 共时性与历时性

在《普通语言学教程》绪论的语言学史回顾中，索绪尔指出传统的语言学实质上是偏向历时的、衍化的语言学。"语言中凡属历时的，都只是由于言语。"[③] 言语是个人的，索绪尔认为不必考虑，因此他认为语言学研究实质上应是共时性研究。历时语言学更相当于语文学研究，是"非语法"的，共时是"语法的"，是视语言为完整系统的研究。

虽然索绪尔并没有提出结构主义，但他创立的术语、概念、研究方法极大影响了后来的结构主义者，被称为结构主义的鼻祖，索绪尔语言学也被称为结构主义语言学。真正将索绪尔语言学扩大到文化分析领域并引发 20 世纪语言学转向的是索绪尔关于语言的社会性和确立符号学的论述。"语言是表达观念的符号系统"的界定将语言学从狭义的语言概念引向广义的符号概念，从而进入文化分析领域。索绪尔说符号学是"一门研究社会生活中符号生命的科学"[④]。从索绪尔对语

① ［瑞］费尔迪南·德·索绪尔：《普通语言学教程》，高名凯译，商务印书馆 1999 年版，第 158 页。

② 陈嘉映：《索绪尔的几组基本概念》，《杭州师范学院学报》（社会科学版）2002 年第 2 期。

③ ［瑞］费尔迪南·德·索绪尔：《普通语言学教程》，高名凯译，商务印书馆 1999 年版，第 141 页。

④ ［瑞］费尔迪南·德·索绪尔：《普通语言学教程》，高名凯译，商务印书馆 1999 年版，第 38 页。

言的任意性原则的分析得出一个对结构主义文化分析来说重要的结论，即符号与客观事物并非一一对应的关系，符号所指涉的是一定事物的观念。语言符号系统建构了我们所认识到的现实世界，语言之外其一切都是模糊不清的混沌。也就是说，语言具有自主性，自成一个系统，不能简单理解为现实的反映。意义来自语言内部差异性的相互联系的结构，语言之外的现实事物本身不具有任何意义。结构主义的任务就是采取非历史的视角，揭示符号系统的工作机制和导致意义产生的一般性规律和深层结构。

对于物质文化研究来说，索绪尔为之提供的方法是：将客体（物）视为广大符号系统。事实上在索绪尔的影响下，20 世纪五六十年代如火如荼的结构主义浪潮中涌现的理论家们像解读语言一样解读文化，他们分析的对象从语言和文学覆盖至社会文化中的任何意指符号，包括服装、饰品、饮食、建筑、汽车、电视广告、家电说明书等。一言以蔽之，以结构主义与符号学的路径来研究物质文化就是：客体（物）本质上是指涉某种事物的符号而非其自身。

二 符号—物与文化意义

列维－斯特劳斯一方面继承了马塞尔·莫斯社会人类学思想，另一方面运用索绪尔的语言学理论，创立了结构主义人类学。事实上在此之前，涂尔干和莫斯已经开始了从原始文化活动中发现“系统”“体制”“结构”的工作。

值得注意的是，作为莫斯思想坚定的继承者，列维－斯特劳斯在 1950 年出版的《马塞尔·莫斯著作导读》（以下简称《导读》）小册子中分析和批评了莫斯的著作，并对莫斯探讨的问题进行了进一步的阐释。莫斯对礼物的考察旨在解决一个谜题：是什么决定了赠予者要赠出礼物，而接受者必须回赠。显然在莫斯那里，回赠相较赠予与接受在交换关系中更加重要也更难把握。莫斯试图反复证明，在原始氏族、部落中交换制度的建立有赖于“物之灵力”。而在列维－斯特劳斯这里，迫使礼物不断赠予与回赠、循环流通的那种特性的客观性受到质疑："涉及这些问题的物品不仅是物质实体，也是尊严，责任，特权。所以必须引入主观的角度。然而紧接着我们发现自己面对选择：要么这个特性在绕圈子的固有思维中被看作交换行为本身，要么这个特性是一种超乎自然的力量，如此的话，与这种力量相关联的交换行为则成为次生现象。"① 紧接着，列维－斯特劳斯指出莫斯的错误在于把分散的行为理解为基本现象，解决这种两难困境的方法是认识到最主要、最基础的现象是交换本身。列维－斯特劳斯尖锐地指出莫斯犯了大多数民族志研究者常犯的错误：信服自己本应客观分析的对象。换言之，虽然莫斯在《礼物：古式社会中交换的形式与理由》中自始至终都在寻求超越部分的整体，试图将礼物交换制度视为社会总体，却将交换制度的建立归因于礼物的"灵力"（hau），而"灵力"只不过是某个社会的一种意识形式。因此，在列维－斯特劳斯看来，莫斯试图洞察社会生活的普遍结构，却又不断地落入经验主义的泥沼。列维－斯特劳斯认为在莫斯那里被视为解开礼物交换制度形成之谜的答案仅仅是"浮动的能指"（floating signifier）。不同的社会阶段，不同的氏族、部落对礼物的"灵""力"有不同的观念，莫斯的错误在于把"虚假的知识"当作"正确的知识"。回顾莫斯的逻辑，物的交换结构是可以解释社会的总体性社会事实，而形成这种结构的原因是礼物与一般物品区分开来的特性——"灵力"或者别的什么类似的东西。

在《导读》之前，列维－斯特劳斯刚刚出版了《亲属关系的基本结构》，因此，《导读》可以说是列维－斯特劳斯借分析莫斯的著作而对自己思想的进一步阐释和巩固。列维－斯特劳斯引入索绪尔语言学的方法，在百科全书式的世界范围内的民族志资料中发现亲属关系的基础是交换系统。通过交换女人，形成互惠团体，由此结成血亲、姻亲的社会关系。因此，无论是交换女人形成亲属关系还是交换其他的

---

① Claude Levi-Strauss, *Introduction to the Work of Marcel Mauss*, London: Routledge & Kegan Paul, 1987, pp. 46－47.

物形成某种社会关系，其本质结构就是交换系统。

列维－斯特劳斯的方法可归纳为一点：将索绪尔的结构语言学理论应用到语言学之外的领域，用文化的视野将人类学的纷繁研究对象纳入严密的结构中，这些对象在列维－斯特劳斯这里都是语言符号系统。特伦斯·霍克斯在其著作《结构主义和符号学》中总结第二次世界大战时期和战后的发表著作的人类学家的主要观点是：“一种文化通过语言的‘编码’手段和自然发生关系。因此，只要稍微把这种观点加以扩展，就可以产生这样的含义：即构成文化的整个社会行为领域或许事实上也表现了一种按照语言的模式进行‘编码’的活动。事实上，它自身可能就是一种语言。”[①] 列维－斯特劳斯是其中最有代表性也最有影响力的一位。我们可以看到他不遗余力地将社会生活的方方面面纳入结构分析（神话、婚姻制度、亲属关系、食物、礼仪等）。从这些分析中可以明确索绪尔“语言”和“言语”区分的线索，某种程度上可以说，不同地域、种族、氏族、部落的神话、图腾、习俗、仪式等的具体形态和行为都是“言语”，而结构主义人类学的工作就是分析它们的深层“语言”结构和模式。这种分析实质上是一种简化法，即从看似纷繁复杂的现象中找出其中的组成要素，鉴别它们的相互关系，从而确认符号系统的结构和意义。列维－斯特劳斯这样说：“在某种层次上的某种事物之间，存在着某种关联，而我们主要的任务即是要确定这些事物的层次是什么，这只有通过语言学家和人类学家的通力合作来完成。”广义的人类学的目标是“联合一切不同的研究方法以促进对人的认识”，“为理解人的心灵活动提供某种线索”。[②]

广义的人类学旨在建立有关人的科学。从涂尔干到列维－斯特劳斯，现代社会学家、人类学家都试图在人文领域建立完善严谨的科学。列维－斯特劳斯对语言学方法的热衷究其缘由在于“语言学大概是唯

---

① ［英］特伦斯·霍克斯：《结构主义和符号学》，瞿铁鹏译，上海译文出版社 1987 年版，第 24 页。

② ［法］列维－斯特劳斯：《语言学与人类学》，载叶舒宪编选《结构主义神话学》，陕西师范大学出版社 1988 年版，第 125 页。

一的一门能够以科学自称的社会科学；只有语言学做到了两者兼备：既有一套实证的方法，又了解交给它分析的那些现象的性质”①。

在索绪尔的启发下，列维－斯特劳斯拒绝历时性的科学史观，他在《野性的思维》中精彩分析了原始人与现代人的“科学”的区别，并强调并不能简单地从历时性的角度判定从原始到现代是从低到高的过程，原始人对事物的认识是未开化的、前科学的，现代人对事物的认识才是理性的、科学的。“如果人种学家基于偏见，认为‘原始人’简单和粗陋，这样就会在很多情况下，使人种学研究忽略复杂而首尾连贯的、有意识的社会系统。”② 从众多的民族志材料中可以发现“未开化人”对事物的认识并不逊色于现代科学精密的分类，援引《野性的思维》中提到的案例：“在新墨西哥的特瓦印第安人中……他们给该地区的每一种针叶树都取一个名字，尽管各种树木之间的区别微不可辨。普通的白人则不可能区分（它们）……”③ 从众多类似的例证中，列维－斯特劳斯得出的观点是事物被认识不是由于有用或有益，即满足生活需要，而是首先为了满足理智的需要。无论是亲属制度还是神话叙事，抑或图腾分类，都体现出原始思维的秩序化特征，而现代科学活动的实质也是探究事物秩序，因而列维－斯特劳斯一再强调“野性的思维”与现代科学思维并无等级之分，并将前者称为“具体性的科学”。他说：“科学与巫术需要同一种智力操作，与其说二者在性质上不同，不如说它们只是适用于不同种类的现象。”④ 对比二者的区别，列维－斯特劳斯认为现代科学思维是从规律结构中产生事件，神话思维（野性思维）是把事件分解或重新组合以产生结构。

列维－斯特劳斯创造性地用“修补术”（bricolage）来解释神话思想。“神话思想的特征是，它借助一套参差不齐的元素表列来表达自

---

① ［法］列维－斯特劳斯：《结构人类学Ⅰ》，张祖建译，中国人民大学出版社 2006 年版，第 34 页。

② ［法］列维－斯特劳斯：《野性的思维》，李幼蒸译，商务印书馆 1997 年版，第 49 页。

③ ［法］列维－斯特劳斯：《野性的思维》，李幼蒸译，商务印书馆 1997 年版，第 9 页。

④ ［法］列维－斯特劳斯：《野性的思维》，李幼蒸译，商务印书馆 1997 年版，第 18—19 页。

己，这套元素表列则既是包罗广泛也是有限的；然而不管面对着什么任务，它都必须使用这套元素（或成分），因为它没有任何其他可供支配的东西。所以我们可以说，神话思想就是一种理智的‘修补术’。”① 总的来说，现代科学思维活动和原始思维活动的区别在于“工程师向世界发问，而‘修补匠’则与人类活动的一批存余物打交道，这些存余物只是文化的一个组成部分”②。工程师靠概念工作，而“修补匠”靠记号工作。修补匠使用多样化的创造性的工具和策略解决事物的问题或者创造新的结构。

尽管“修补术”这个术语主要被用来阐述原始的思维策略，但它也可以被应用于研究人与客体（物）的交互方式。通过客体（物）的中介，信息被编码和重组。值得注意的是修补匠操作的记号（signs）。记号作为形象是具体的客体（物），但它又具有指示意义的功能。记号是结构中的零件，有多种可能性，可以在不同的组合结构中有不同的意指，但这种可能性是有限的，因为它们来源于语言，语言中记号已经具有一种意义，组合和转换都在已存在的语言结构中进行。这显然是语言构成现实物质世界形态的逻辑，正如索绪尔所说的语言之外是模糊不清的。因此，修补匠的创造产生于“他不仅仅去完成或去实行；他不只是如我们已经指出的那样去与事物‘说话’，而是通过作为介质的事物去说话：经过在有限的诸可能性中所做的选择来叙述其作者的个性与生活”③。

神话并不企图对自然事物加以解释，实际上，事物不过是媒介，“神话借助此媒介试图解释其本身不是自然秩序而是逻辑秩序的现实”④。野性思维是镶嵌在形象中的概念系统。所以无论是神话还是图腾，在列维－斯特劳斯这里都不再具有宗教的神秘感和生存的功利性，而是人的一种智力的思维的表现形态。“实际上，图腾崇拜更像一种

① ［法］列维－斯特劳斯：《野性的思维》，李幼蒸译，商务印书馆1997年版，第22页。
② ［法］列维－斯特劳斯：《野性的思维》，李幼蒸译，商务印书馆1997年版，第25页。
③ ［法］列维－斯特劳斯：《野性的思维》，李幼蒸译，商务印书馆1997年版，第28页。
④ ［法］列维－斯特劳斯：《野性的思维》，李幼蒸译，商务印书馆1997年版，第109页。

编码，它的角色不在于仅仅表达某种类型的事实，而在于以一种概念工具的方式来保障把任何现象用另外一种现象的语言翻译出来。所以，图腾崇拜表现的目的，是以一种语言的方式来保障把社会事实的所有方面从一种转换到另一种，使人们得以用同样的‘词汇’来表达自然界以及社会生活中的重要侧面。”[①] 也就是说，图腾制度是人试图理解自然世界的一种文化的尝试，自然事物被分类且被赋予某种文化位置。

总而言之，列维－斯特劳斯对“野性的思维”的研究对物质文化研究来说具有启发性的结论是：物并不仅仅简单的（在自然层面）满足人的实用需要，更重要的是物作为指涉意义的符号，是人构建文化系统的要素。结构主义研究方法的宗旨是“探求不变的事物，或者说是从表面上歧异分疏的众多事物当中，追索出其不变的成分”。[②] 又如弗雷德里克·詹姆逊所言，结构主义者“将作为语言的部分表现形式的个别单位重新融入语言，以描述整个符号系统的结构为已任”。[③] 列维－斯特劳斯融合涂尔干、莫斯一派的“结构的”社会学、人类学和索绪尔的结构主义语言学确立的结构人类学使其成为当之无愧的结构主义大师。

三　符号—物与大众文化诠释

罗兰·巴特是列维－斯特劳斯之外另一位结构主义大师，但同时又是结构主义向后结构主义转向的领军人物。我们首先从结构主义的视域中探讨其理论和方法。巴特早期的著作《神话——大众文化诠释》（*Mythologies*）受到物质文化研究者的广泛关注。如果说列维－斯特劳斯将索绪尔的语言学引入人类学建立了结构人类学，并把结构主

① ［法］克洛德·列维－斯特劳斯：《人类学演讲集》，张毅声等译，中国人民大学出版社2007年版，第30页。

② ［法］克洛德·列维－施特劳斯：《神话与意义》，杨德睿译，河南大学出版社2016年版，第18页。

③ ［美］弗雷德里克·詹姆逊：《语言的牢笼·马克思主义与形式》，钱佼汝、李自修译，百花洲文艺出版社1997年版，第83页。

义的方法推向语言之外，且主要是原始文化的话，那么罗兰·巴特则是将结构主义的方法推向了现代文化和日常生活研究。涂尔干、莫斯、列维-斯特劳斯等人类学家不约而同地将视野主要面向原始文化中特殊的、意义非凡的事物（神话、仪式、图腾、礼物等），现代大众文化中的事物对他们来说似乎缺乏“灵力”，某种程度上这既是人类学的传统，又是西方现代人类学建立客观的严谨的学科体系的必然要求。在结构人类学那里被忽视的现代大众文化事物激发了巴特的兴趣，并称之为现代神话。

在《神话——大众文化诠释》序言中，巴特开宗明义地指出此书的双重理论架构：“一方面是以所谓大众文化的语言工具作为意识形态的批评；另一方面，则是从语意学上来分析这套语言的结构。”① 可以说巴特对大众文化事物的研究融合了索绪尔的符号学方法和马克思主义的意识形态文化批判理论，他运用符号学的方法分析和揭开资本主义意识形态系统的语言结构。在巴特这里，意识形态系统是符号系统，文化中的事物都是携带着某种意识形态讯息的符号，例如一片海滩上，旗帜、标语、广告牌、衣服、日光浴都是讯息。再举巴特所讲的玫瑰花的例子：一束玫瑰花，在自然的客观存在层面上是普通的能指，而当它在文化系统中被赋予一个确定的所指（例如激情、浪漫），那么它就变成了一个符号。需要明确的是，那种所谓的自然的客观层面的普通能指只能是一种假设，因为在结构主义和符号学这里，语言构成我们所感知的世界，因而某一事物必然会携带某一种确定的所指。这也就是巴特所说的，能指和它所携带的讯息不可能分隔开。在此基础上继续推进的结果是，巴特将“符号=能指+所指”向“双重意指系统”拓展。从索绪尔语言学强调的任意性原则得以确认意义的多样性和动态性，据此巴特将“玫瑰（rose）——蔷薇科植物”这组能指—所指称为初级意指系统（外延系统），而“激情、浪漫”则是次

① ［法］罗兰·巴特：《神话——大众文化诠释》，许蔷蔷、许绮玲译，上海人民出版社1999年版，第1页。

级意指系统（内涵系统）的所指，其能指是外延系统的符号（能指+所指）。在文化系统中，玫瑰的神话是由“玫瑰——激情、浪漫”这一内涵系统生成的。

以这种理论为基础，巴特投入了大量的精力对文化事物进行鞭辟入里的分析，包括食物、服装、照片、汽车、广告、明星、玩具等。以下是几个例子。

> 葡萄酒是法国社会的一部分，它是法国人日常生活中不同环境的装饰，从小吃简餐到大型宴会，从街边咖啡的闲谈到正式晚宴的演讲。葡萄酒成为法国的一种具有生命力的饮料图腾，对于法国不同阶级的人群和不同的场合、环境有不同的意义。①
>
> 汽车在今天就像伟大的哥特式教堂一样，这种工业产品成为了新的崇拜物。新款的雪铁龙汽车就像是从天而降的最高级的东西，在它面前，人们很难想到它的设计、生产、组装过程，而是体会到它的优雅、速度、轻盈。汽车这样的科技产物拓展了人的舒适空间，它们就像卖淫者一样，通过观赏和接触它们，人们获得了某种欲望的满足，这种欲望在某种程度上是性冲动的转移。②
>
> 肖像照是许多议员候选人竞选广告上不可或缺的一部分。照片如同镜子，意味着一种共谋关系，候选人向选民提供自己精心策划好的形象，暗示“我和你们一样，我将成为我们这一批人的代表”。③

巴特认为当下（20世纪50年代）的社会文化混淆了“自然”与“历史”，被看上去不言自明，实际上却被精心装饰过的装置迷惑，这里面恰恰隐藏着意识形态的滥用，他的工作就是追踪并揭示这种情

---

① 该案例参见 Roland Barthes, *Mythologies*, New York: The Noonday Press, 1991, pp. 58–61。

② 该案例参见 Roland Barthes, *Mythologies*, New York: The Noonday Press, 1991, pp. 88–90。

③ 该案例参见 Roland Barthes, *Mythologies*, New York: The Noonday Press, 1991, pp. 91–93。

况。[①] 也就是说，当代的神话的力量在于将意识形态价值系统隐蔽于看似不言自明的、自然而然的、理所应当的符号系统中。当人们面对一个符号时，会定式地对符号进行解读，无法察觉其暗含的意识形态，而这种意识形态内涵才是巴特认为需要通过符号学的文化分析揭示出来的东西。最后举那个著名的《巴黎竞赛》杂志封面的例子。在外延系统中，杂志封面是一张黑人士兵向法国国旗敬礼。在内涵系统中，照片在前一系统形成的基础上指涉出被殖民者很乐于效忠法国的意义。符号的外延和内涵形成神话的双重功能：令人认识某事物，并且将某种意识形态强加于人。巴特相信从资本主义大众文化中的特定的物入手可以探究出资产阶级文化的神话的本质结构。

20 世纪 70 年代，随着结构主义浪潮走向尾声，越来越多的思想家加入对结构主义的反思和批判阵营，罗兰・巴特积极转变和超越自己先前的学术立场，投身后结构主义阵营，从对物质文化的符号学分析转向了文本理论的建构。罗兰・巴特的后结构主义理论转变将在下文中予以讨论。

四 物体系

与罗兰・巴特一样，让・鲍德里亚（也作尚・布希亚、让・波德里亚）也是一位不断转换身份的思想家。他的学术生涯处在西方文艺理论思潮风起云涌的时代，他不断地超越自己，始终使自己的思想处于最前沿，因此对他的立场定位较为困难。他的早期的著作《物体系》（1968）和《消费社会》（1970）对物质文化研究极具影响力，直接影响了物质文化研究的主要分支——消费研究。鲍德里亚早期思想以马克思主义和符号学为支撑，主要受到马克思和后来的批判理论关于商品的论述、导师列斐伏尔的日常生活批判以及罗兰・巴特的大众文化符号学分析的影响。需要指出的是，将其纳入结构主义和符号学的范畴进行讨论并非将其思想局限于该范畴。

---

① Roland Barthes, *Mythologies*, New York: The Noonday Press, 1991, p. 10.

早期的鲍德里亚关注的正是物质文化研究的核心对象：物。在鲍德里亚看来，无论是考察自然物的鉴别、分类还是技术物的衍化、组合都无法完全说尽真实物品构成的世界。因为物不仅处在“功能物”的本质必要领域，还处在非本质需要者的领域。鲍德里亚举出咖啡机的例子：在功能领域，咖啡机的引擎、电能转换是它最具体客观的部分，而在它的使用者那里，它的颜色、形状这种非功能部分却格外重要。于是我们可以观察到物的客观义和引申义。鲍德里亚这样说：“我们的分析对象不只是以功能决定的物品，也不是为分析之便而进行分类之物，而是人类究竟透过何种程序和物产生关联，以及由此而来的人的行为及人际关系系统。”[①] 因而我们需要从自然体系和技术体系走向文化体系，在文化中考察物的体系。鲍德里亚强调，物的客观义和引申义并不是如索绪尔语言学中语言与言语般相互区分，而是在整个文化中相互融合并且相互作用。“一言道尽，物的体系的描述，一定要伴随着体系实践的意识形态批评。”[②] 可以说《物体系》是鲍德里亚结合西方马克思主义和符号学的产物。

鲍德里亚将物所处的文化体系指认为“消费社会”。第二次世界大战后，西方国家重新建立起社会秩序，资本主义进入了新的阶段。鲍德里亚认为现代资本主义社会的特征是消费取代生产成为社会的主导力量，因此称之为“消费社会”。在这个意义上，鲍德里亚完成了对马克思的超越。与传统社会的生产为了满足生存需要不同，消费社会的生产具有文化的含义。技术的发展、管理方式的变化、资本运作的革新带来了新的社会形态。机械化生产提高了生产效率，改变了生产结构，进而导致产能过剩。商品获得了使用价值以外的新的价值。

结合《物体系》与《消费社会》两部著作，可以看出鲍德里亚的主要理论观点是：物应该在其符号价值角度（而不是使用和交换价值的角度）被研究。鲍德里亚指出：“消费的真相在于它并非一种享受

---

① ［法］尚·布希亚：《物体系》，林志明译，上海人民出版社 2001 年版，第 2 页。

② ［法］尚·布希亚：《物体系》，林志明译，上海人民出版社 2001 年版，第 8 页。

功能，而是一种生产功能——并且因此，它和物质生产意义并非一种个体功能，而是即时且全面的集体功能。""消费是一个系统，它维护着符号秩序和组织完整：因此它既是一种道德（一种理想价值体系），也是一种沟通体系、一种交换结构。"[①] 也就是说，鲍德里亚认为，消费建构了我们当下社会的一套编码系统，我们通过这个编码系统进行交流。马克思政治经济学所阐释的商品的生产/消费模式在消费社会扩充为除经济行为外的文化行为，商品不再只有交换价值和使用价值，而被赋予了符号价值。鲍德里亚说："我们处在'消费'控制着整个生活的境地。"[②] 商品作为"物"的功能性、实用性正在慢慢弱化，而作为"符号"的文化价值空前膨胀，渗透和充斥在大众日常生活的方方面面。

鲍德里亚对物的考察从日常生活场景中的摆设和气氛营造物（色彩、材质等）到古物和藏品，再到小发明和机器人，这整个过程实际上是从"物—功能"到"物—符号"的转变。鲍德里亚这样安排考察的进程是层层推进的考量，首先，家庭摆设（家具、电器）和气氛营造物（布料颜色、桌椅材质）都是日常生活中基本的功能性物品，提到它们，人们首要想到的是其实用性。它们与人的关系在于人要使用它们，例如柜子用来放东西，冰箱用来保鲜食品。其次是古物和藏品等看似非功能性的事物，其实并没有超出功能系统，鲍德里亚解释道："它们并不是系统的意外：现代物的功能性变成了古物的历史性，而记号的系统化功能并不停止使用。"[③] 它们虽然不具有现实的实用性，但却有一个十分特定的功能：它们代表时间。日常生活中人们对物的使用之外还有一种占有的热情，这样物品在实用性之外成为一种特殊的、有意义的物，与主体的某种情感紧密相连。这种物品变成了收藏

① ［法］让·波德里亚：《消费社会》，刘成富、全志钢译，南京大学出版社 2001 年版，第 68 页。

② ［法］让·波德里亚：《消费社会》，刘成富、全志钢译，南京大学出版社 2001 年版，第 6 页。

③ ［法］尚·布希亚：《物体系》，林志明译，上海人民出版社 2001 年版，第 85 页。

品或礼物。“因此所有的物品都有两个功能：或是为人所实际运用，或是为人所拥有。”[①] 后者是抽象化的功能。最后，鲍德里亚考察了以科技为主导的小发明、小玩意儿、机器人。这类物品被认为在日常毫无用途，但“事实上，这些物品的功能是主观的，也就是说，它们是去满足一些强迫性顽念”[②]。鲍德里亚认为技术产物的迷人之处在于其指向的是虚拟的能量，是人的梦想的投射，例如机器人总有拟人化的特征。人们发明这些物品的时候总伴有“它们总会有用”的潜意识。以上三个体系表面上是从实用性到非实用性的过渡，实际上三者都是“物—功能”体系。鲍德里亚认为必须从“物—功能”体系转向文化的体系（即意识形态体系）。

鲍德里亚分析到，消费者在购买一件物品的时候，当他做出选择便进入一个文化体系，这个选择作为个人化的行为似乎是一种自由，但一旦从社会的文化的角度分析，则发现选择是意识形态强制的结果。这个观点显然来自法兰克福学派。在意识形态体系中，物品绝非简单的功能物，因为不存在“零度购买”。所谓“零度购买”是仅从经济角度出发的交换行为，只为了满足物品对人的功能性需求而产生的购买行为。

在消费社会中，广告是极为特殊的物，因为它最能揭示透过功能性的物品，消费者消费的到底是什么。广告有两个方向的双重指涉：个性化和集体化。简单地说，广告向消费者同时贩卖两种意义：一种是消费使其与众不同（该物品会使你独具个性）；一种是消费使其与众相同（该物品他人都有，你也必须拥有）。通过分析广告，鲍德里亚指出在消费社会中，原本通过物品来定位的识别体系（道德价值、语言、仪式等）都逐渐被弱化，只有“地位”逐渐突出。“地位”符码是普遍化的——所有人通过拥有物品来决定地位，也是强制性的——看似个性化的选择都在形成新的阶层。物品的“地位”符码构

---

① ［法］尚·布希亚：《物体系》，林志明译，上海人民出版社2001年版，第100页。

② ［法］尚·布希亚：《物体系》，林志明译，上海人民出版社2001年版，第134页。

成了动态的、社会化的社会识别符号体系，替代了原有的社会识别标准。

根据以上所述，我们总结鲍德里亚物体系分析的过程，即物品从满足基本生存需求的功能性向非实用的功能性过渡，最终过渡到非功能性的符号体系。鲍德里亚的目的是让我们认识到消费社会无论是物品的实用性功能还是非实用性功能都不再重要，物品真正发挥作用是因为其作为符号，真正被消费的是其指涉关系。鲍德里亚这样分析：

> 要成为消费的对象，物品必须成为符号，也就是外在于一个它只作意义指涉（signifier）的关系——因此它和这个具体关系之间，存有的是一种任意偶然的和不一致的关系，而它的合理一致性，也就是它的意义，来自于它和所有其他的符号——物之间，抽象而系统性的关系。这时，它便进行“个体化”，或是进入系列之中，等等：它被消费——但（被消费的）不是它的物质性，而是它的差异。①

显而易见，鲍德里亚将索绪尔的语言的关系理论引入物的符号分析。在索绪尔那里意义不是简单的能指与所指的对应关系，而是产生于差异和符号间的关系。在鲍德里亚这里“物—符号”被消费的同时，其差异性导致了社会区分和社会关系的形成。发掘“物—符号”体系是为了说明现代社会高度商品化和消费成为主导的社会事实。物超越了原有实体的、人与人的关系的中介物的领域。鲍德里亚将结构的、符号学的方法运用到极致，将“物”“符号”画上等号。于是，我们看到他说：“今天所有的欲望、计划、要求、所有的激情和所有的关系，都抽象化（或物质化）为符号和物品，以便被购买和消费。”②

---

① ［法］尚·布希亚：《物体系》，林志明译，上海人民出版社2001年版，第223页。

② ［法］尚·布希亚：《物体系》，林志明译，上海人民出版社2001年版，第224页。

在后来的《符号政治经济学批判》中，鲍德里亚总结区分了物的四种消费逻辑：[①]

1. 使用价值的功能逻辑（实用的逻辑）；
2. 交换价值的经济逻辑（市场的逻辑）；
3. 象征性交换逻辑（礼物的逻辑）；
4. 符号/价值的逻辑（地位的逻辑）。

这四种消费逻辑清晰地对应了物的四种类型构架：器具、商品、象征、符号。只有摆脱了前三种界定才能真正进入物的消费领域，也就是说只有物成为符号并体系化，我们才能够谈论消费以及消费的物。所谓“地位的逻辑”不是简单的某物是某种“地位”的象征（这事实上是“礼物的逻辑”），而是通过差异性的符号消费，“地位”被建立起来。

鲍德里亚充满悲观地描述消费社会中“物—符号”的操控性：“我们生活在物的时代：我是说，我们根据它们的节奏和不断替代的现实而生活着。”[②] 消费即吸收符号或被符号吸收，消费成为唯一的客观现实，社会秩序即符号秩序。鲍德里亚试图分析物质文化的结构，即物质文化如何与符码、与意义融合。这种结构主义倾向也使得他一定程度上忽视了行动者的实践。

第三节 文本与话语

严格意义上的结构主义影响范围广，持续时间却并不长，20 世纪 60 年代末，经历了黄金期的结构主义向后结构主义过渡。在结构主义

---

① ［法］让·鲍德里亚：《符号政治经济学批判》，夏莹译，南京大学出版社 2009 年版，第 47 页。

② ［法］让·波德里亚：《消费社会》，刘成富、全志钢译，南京大学出版社 2001 年版，第 2 页。

之前加上前缀“后”（post）并不意味着后结构主义走向了结构主义的反面，相反更大程度上是对结构主义的继承、批判和超越。和结构主义一样，后结构主义涉及领域众多，可以说20世纪后期的哲学、精神分析、文学理论、文化批判以及女性主义、后殖民主义都与之相关，受之影响。对物质文化研究来说，后结构主义领域为其提供的最重要的理论资源和批评方法来自“文本主义”（textualism）。

文本理论成为显学伴随着“作品”到“文本”的概念过渡和范式转换。传统的文学观念中，“文本”相对于“作品”更具有物质含义。文本一词来源于拉丁语“texere”（纺织物）。文本暗含着未完成的、物质材料的意味。在传统文学观念中，文本是作品的低层次，是未完成状态，文本最终要走向作品。相对的，作品是精神性的、完整性的、有深度的、与作家主体紧密相连的，甚至在浪漫主义者看来，作品源自作家天才的创造力。20世纪前半期的俄苏形式主义、欧美新批评已经使用“文本”一词，它们都不同程度地强调“文学性”，认为文学作品是一个自足体。无论是被视为结构主义奠基者的涂尔干、莫斯还是“结构主义之父”索绪尔以及后来受其影响的结构主义者都试图建立一种“科学的”人文科学研究体系，体系中的研究对象必然是客观、稳定、完整的，他们的工作是探寻研究对象的深层结构和本质，因为选择结构主义就意味着选择了严密性。在结构主义大潮中，文学领域作品观逐渐向文本观过渡，文学研究中“文本”一词逐渐开始替代“作品”一词，文本成为去除了作者因素的科学研究对象。参考弗朗索瓦·多斯在《结构主义史》中的总结：

> 文本的结构性已经使研究越来越快地离开了文本的起源。“功能”正在取代“作品”的概念，文学分析开始采用俄国形式主义的“内在性”这一观念。共同的纲要已经考虑到每一种不同的研究，它要依靠语言学模型废黜卓越的创造主体，而在此之前，主体一直被视为一个基本因素。文本的结构总体性正在变成最重

要的因素……①

总而言之，无论是俄苏形式主义、欧美新批评还是广义的结构主义，都是在现代语言学的基础上消除了创作主体的权威，它们虽使用“文本”一词，但实质上还是持“作品”观——视“文本”为自足体。“文本”取代“作品”并诞生文本理论主要还是归结到后结构主义这里。

20 世纪 70 年代，罗兰·巴特将研究的重心从分析大众文化符号转向文学领域。在其著作《从作品到文本》中，巴特呼唤传统的文学研究向跨学科研究转型，并指出文学研究的这种转型需要新的客体——文本。巴特主要从以下几个方面对文本进行界定：一是文本不再如作品那样是确定的客体，而是一种动态的话语存在。二是文本不止于文学。三是文本是一种延宕，是无中心的结构，不存在稳定明确的所指，所指是无限延迟的。四是文本是复数。每个文本都是与别的文本的交织物，都充满不带引号的引文。五是作者不是文本的唯一权威，在文本中“作者已死”。六是读者从作品的消费者转换为文本的生产者。文本要求弥合写作与阅读之间的距离，确认读者的主动性，强调文本实践。七是文本连接着愉悦，不同于作品产生的仅可读的制约性愉悦，文本连接的是一种极乐，是可写的自由的愉悦。

从作品转向文本是结构主义内部进行的自我反思和超越的结果。“文本转向”颠覆了文学作品的深层结构，是对“文学性”的反叛，削弱了文学之精神维度的地位。可以说文本理论是将封闭的文学性系统引向开放的文化性系统和将文化作为文本阅读的双向运作。如巴特所说：“谈论文本的话语其自身应只能是‘文本’，是寻求，是交织的网络，因为文本是这样一种社会空间，即对它来说没有哪一种语言是稳定的，未受触动的，也不允许任何阐述主体处在法官，导师，分析

---

① ［法］弗朗索瓦·多斯：《从结构到解构：法国 20 世纪思想主潮》（上卷），季广茂译，中央编译出版社 2004 年版，第 260 页。

学家，忏悔者或者破译者这样的地位。”[①] 巴特的文本理论事实上是对后结构主义转向以来众多理论家的总结与延伸。

事实上结构主义的科学理想并未实现，转向后结构主义是一种必然。回顾巴特在大众文化分析时的经典“道具”：杂志封面上一个黑人士兵向法国国旗敬礼的照片。巴特对此做出的分析并不与索绪尔的语言结构完全吻合，他分析的两个系统第一层是索绪尔系统，第二层是无所不包的意义符号系统（内涵系统），在巴特这里后者才是关键。这为后来的文本的开放性转向提供了线索。

《风格与意象》中巴特对文本的解释用了一个著名的例子：文本就像洋葱。[②] 传统的作品观视作品为有核水果，形式与意义如同果肉与果核，剥开果肉才见内核。巴特认为文本是无中心、无内核的，就像洋葱，层层包裹，意义无限延伸。“文本不是释放单一的‘神学’意义（作者——上帝的‘讯息’）的一行字，而是一个多维度的空间，在这个空间中，多种非原创的写作互相混合、碰撞。也就是说，文本是由各种引证组成的编织物，它们来自文化的无数个源点。”[③] 因而一切文本都是互文本，它拒绝固定的结构与意义。这也正是茱莉亚·克里斯蒂娃提出的互文性（intertexuality，或称“文本间性”）。受到巴赫金的对话理论的启发，克里斯蒂娃认为文本并非封闭而是一个对话的空间，是意义不断生成的场所。在这个敞开的对话空间里，阅读、批评都是意义的再生产。互文性概念由克里斯蒂娃提出，却在巴特这里得到更大程度的发掘和再造，这恰恰在某种程度上达到了对互文性理论的印证。

与巴特一样重视意义的差异性生成的是德里达。与巴特经历从结构主义到后结构主义转型不同，雅克·德里达一出场就高举解构的旗

---

① ［法］罗兰·巴特：《从作品到文本》，杨扬译，《文艺理论研究》1988 年第 5 期。

② Roland Barthes, "Style and Its Image", in Seymour Chatman ed., *Literary Style: A Symposium*, New York: Oxford University Press, 1971, pp. 9 – 10.

③ Roland Barthes, "The Death of the Author", in Roland Barthes, *Image Music Text*, London: Fontana Press, 1977, p. 146.

帜。他解构的是贯穿整个西方传统思想中的“逻各斯中心”。德里达并不是如其他结构主义者那样由索绪尔语言学开始其理论征程，而是从胡塞尔现象学出发，因为在他看来，胡塞尔代表了西方形而上学的最高级模式。自柏拉图开启西方哲学以来，无论是“理式”“理念”“绝对精神”“本质”还是别的什么概念，都在建立一种二元对立的等级制的逻各斯中心模式。到了胡塞尔这里，他试图突破这个模式，运用本质还原的方法将“本质”加上括号进行搁置，意图达到现象即本质。但这在德里达看来是以“在场”掩盖“缺席”，胡塞尔始终无法摆脱逻各斯中心的困扰。德里达的工作始于对胡塞尔的“在场”形而上学的颠覆、对逻各斯中心主义的解构，他的策略和方法是创造新词，从概念和操作上进行双重突破，这个新词就是延异（différance）。

从拼写上看，“différance”是“différence”（差异）的变体。在名词 différence 中插入取自动词的现在分词“différant”的“a”，包含着德里达在操作上的玄妙，用这样一种从动词取字母到名词的改造行为来说明一种解构的立场和方法。德里达这样解释：“‘a’所包含的积极性或生产性在差异游戏中指涉生成运动。”[①] 从索绪尔那里可以得知符号意义产生于相互间的差异，而德里达则指出差异不是凭空出现的，也不是永远地处于一个封闭的系统中——这个系统就是索绪尔的“共时性的和分类学的活动能够穷尽的”静态语言结构系统。[②] 因此需要引入差异的产物——延异。德里达一再强调“延异”既不是一个词也不是一个概念，其目的就是解构能指/所指、在场/缺席、现象/本质这样的逻各斯中心主义模式，因而“延异”不存在一个明确的所指，它是过程，是绵延不断的生成。德里达这样解释：“与在场的关系以及对一个在场实在和一个存在物的指涉总是被延迟。通过差异原则来延迟，这是因为一个要素要发挥作用和有所表征，包含或传达意义，惟

① ［法］雅克·德里达：《多重立场》，佘碧平译，生活·读书·新知三联书店 2004 年版，第 32 页。

② ［法］雅克·德里达：《多重立场》，佘碧平译，生活·读书·新知三联书店 2004 年版，第 32 页。

有在踪迹结构中指涉另一个过去的或将来的要素才能达到。”[①] 一言以蔽之，差异产生意义，但差异之后又生成新的差异，如此推延，直至无限。在这个过程中，所指处在不断的更替、延宕中，成为释义的过程，而不是释义的结果。因此文本的意义成为永恒的不确定，据此，作品的深层结构、作者的主体地位都被解构。

德里达的文本理论总结起来就是那句名言“文本之外别无一物”，但并不能就字面上理解为文本之外现实世界不存在或文本之外没有其他存在物。德里达所谓的文本性，是指“文字特有的间距、含混、重复与转义。由它构成的文本，好比一条存在之链：它包含了各式思想残渣、情感碎片、意义痕迹”[②]。因此，“文本之外别无一物”消解了文学性中心，强调文本的开放性。这句名言甚至赋予了“无限性的文本”一个本体论意义。原本文学与非文学的等级区分结构被解构，一切事物都是可写可读的文本，正如《书写与差异》中德里达引用的蒙田的话——“对解释的解释比对事物的解释有更多的事要做”[③]——所说的那样，问题的关键不是解释文本的意义，而是解释过程中的意义的差异性生成。

除巴特、克里斯蒂娃、德里达等文本阵营的理论家外，福柯同样不容忽视。对物质文化研究来说，福柯最具启发意义的是展示了事物与话语秩序的共谋关系。福柯的权力—话语呈现的是话语的物质性，话语并不仅仅局限于文本意义和语言学的范围之内，从福柯的理论实践来看，话语包含历史文献、建筑、机构、制度、机械等，几乎覆盖了人类历史活动的所有物质印记，也就是说所有的历史印记都是存在并呈现在话语中，都是以话语的形式与今天的人来照面，因此在福柯看来，历史研究的对象，实际上是关于历史的陈述。语言学关心的是

---

① ［法］雅克·德里达：《多重立场》，佘碧平译，生活·读书·新知三联书店2004年版，第33页。

② 赵一凡：《从胡塞尔到德里达——西方文论讲稿》，生活·读书·新知三联书店2007年版，第359页。

③ ［法］德里达：《书写与差异》（上、下册），张宁译，生活·读书·新知三联书店2001年版，第502页。

话语本身的、内部的事情，福柯的知识考古学则关心的是话语与其外部事件的关系、话语在历史空间中的位置。话语的活动从四面八方向社会历史的各个领域摸索、延伸，结成了一个巨大的、打捞出各种各样历史陈迹的网络——话语的网络。

福柯早期的三部著作《古典时代疯狂史》[①]《临床医学的诞生》《规训与惩罚》分别进行了疯癫、临床医学、监禁惩罚的知识型考古。福柯的研究为我们呈现了物—权力—话语的共谋关系。

1. 疯癫

在疯癫与理性文明分道扬镳的过程中，经历了从疯人船到禁闭所再到精神病院的空间转换。文艺复兴时期，疯癫与疯人成为文学艺术的重要主题和形象，满载疯人的疯人船成为这一时期新的文艺想象图景。现实中疯人船确实存在过，于是这种半幻想半真实的物满载着疯人开启了他们与社会的区分和隔离。然而这时的疯癫是浪漫化的，17世纪之前，“疯癫在各个方面使人迷恋”[②]，疯人在航线的过程中享有轻松自在的流浪生活，疯癫在文学艺术作品中占有重要位置，或讽喻，或迷狂，或喜剧式，或悲剧式。随着17世纪禁闭所的大量产生，“监禁接替了上船”[③]，禁闭所接替了疯人船。在这一时期，疯人和其他被认定为同类的人关押起来，作为异质空间物体的禁闭所承担了将疯人边缘化的功能。如福柯所说：“文艺复兴时期，对疯癫的情感还是与天马行空的想象联系在一起。到了古典时期……劳动社会获得了一种实行隔离的道德权力，使它能够驱逐各种社会垃圾，就像是把它们驱逐到另一个世界。”[④] 道德权力和禁闭所同时发挥作用，理性开始通过禁闭对疯癫实施绝对统治。到了18世纪末，疯癫取得被认为属于它的

① 本书同时参考了《古典时代疯狂史》及其缩写版本《疯癫与文明》。

② ［法］米歇尔·福柯：《疯癫与文明》，刘北成、杨远婴译，生活·读书·新知三联书店2009年版，第19页。

③ ［法］米歇尔·福柯：《古典时代疯狂史》，林志明译，生活·读书·新知三联书店2007年版，第64页。

④ ［法］米歇尔·福柯：《疯癫与文明》，刘北成、杨远婴译，生活·读书·新知三联书店2009年版，第52—53页。

地位，形成新的秩序，也就是心理医生所说的精神病和哲学家所说的异化。于是在 19 世纪，精神病院接替了禁闭所，医生和看护接替典狱长和狱卒，疯癫从禁闭所的谴责世界过渡到精神病院的审判世界。疯人作为理性人的对立面在精神病院被诊断、隔离、观察、治疗。在疯癫史中，权力掺入各种事物，“禁闭、监狱、地牢甚至酷刑，都参与了理性与非理性之间的一种无声对话，一种斗争的对话”①。直到精神病院的诞生，“这种对话停止了”②，因为理性制服了非理性，文明制服了疯癫，二者完全对立起来。从疯人船到禁闭所再到精神病院，疯狂从身心一体的异质体转换为身心分离的精神疾病。

2. 临床医学

通过对西方医学的知识考古，福柯指出西方医学经历了从古典“分类医学”到“症状医学”再到现代“解剖—临床医学”的范式转换。在知识型转换的过程中，人（身体）、病症、医生、目视构成了一个医学权力—话语的关系网络，身体作为话语的发生空间和权力目视的对象物处于关系网络的核心。可以说，福柯探讨了身体的“现代性”历程。在分类医学阶段，“特质”将疾病分类表和病人身体对应起来达到对疾病的解释，疾病分类具有某种超验性质，“医学目视几乎不需要长时间地滞留在这个人体上，至少不需要深入它的深处和功能”。③ 到了症状医学阶段，分类的本质特性被消除，“特质”作为“症状”和“征候”被保留。医生的目视作用于病人身体，进行长期的观察和监视。在医生的目视中，身体是症状和征候，症状和征候“诉说着相同的事物”④ ——疾病。然而，医生的目视无法穿透身体，

---

① ［法］米歇尔·福柯：《疯癫与文明》，刘北成、杨远婴译，生活·读书·新知三联书店 2009 年版，第 242 页。

② ［法］米歇尔·福柯：《疯癫与文明》，刘北成、杨远婴译，生活·读书·新知三联书店 2009 年版，第 242 页。

③ ［法］米歇尔·福柯：《临床医学的诞生》，刘北成译，译林出版社 2011 年版，第 16 页。

④ ［法］米歇尔·福柯：《临床医学的诞生》，刘北成译，译林出版社 2011 年版，第 102 页。

身体同时成为可见物和不可见物。这一困难因为人体解剖而在现代临床医学这里得到解决。医学之眼深入身体，身体成为全面可见的新空间。疾病从症状转换为患病的身体本身。被认为科学的、理性的解剖—临床医学成为话语权威，在这种知识型中，医学按照解剖图规定了身体和疾病的秩序。如福柯所说："临床经验在西方历史上第一次使具体的个人向理性的语言敞开，这是处于人与自己、语言与物的关系中的重大事件。"①

3. 全景敞视监狱

人类社会的犯罪惩罚体系经历了从断头台到现代监狱的空间转换。古代的断头台作为一个混杂空间汇集了身体的摧毁、权力的仪式展示、残酷戏剧的观看。权力秩序的建立直观而粗暴，同时隐含巨大危险，极不稳定。"断头台为民众暴力和国王暴力之间的较量提供了一个舞台。"② 吸收了学校、工厂、医院、修道院、军队等"改造人"的空间的特性，现代规训式监狱诞生。福柯认为监狱不是最早的规训空间，却最典型。到了边沁的全景敞视监狱，权力与物质空间的结合将规训机制发挥到极致。建筑物不再仅追求外观形式的观赏型设计，一个建筑物应该能改造人：对居住者发生作用，有助于控制他们的行为，便于他们恰当地发挥权力。③ 四周环形，中心监视瞭望塔的全景敞视监狱正是这样的建筑。从断头台对身体的暴力摧毁转换到全景敞视监狱对身体的自动化规训，权力以更"文明"的、"人道"的方式稳定地实施霸权，且扩散到整个社会，即福柯宣称的"全景敞视主义"。

对物质文化研究来说，福柯的意义在于他宣称进行的是知识的考古学，对准的是权力—话语机制的运作和转换，同时他的研究为我们呈现了"词"与"物"共谋联动的关系网络。我们看到在福柯这里，

---

① ［法］米歇尔·福柯：《临床医学的诞生》，刘北成译，译林出版社 2011 年版，前言第 7 页。

② ［法］米歇尔·福柯：《规训与惩罚》，刘北成、杨远婴译，生活·读书·新知三联书店 2010 年版，第 71 页。

③ ［法］米歇尔·福柯：《规训与惩罚》，刘北成、杨远婴译，生活·读书·新知三联书店 2010 年版，第 195 页。

物是“权力力学”产生和操演的空间。

在前文中，我们看到在涂尔干、莫斯一脉的人类学这里，物作为象征性的符号重要的是其意义生成。人们通过对人和事物进行分类形成较为稳固的社会结构和持续的文化生活。人在对不同事物的分类中划定群体、阶层的区分和界限，价值、信仰、趣味、习俗随之生成。也就是说，物在文化实践和过程中起着至关重要的作用。

涂尔干和莫斯探究的物的符号分类与社会结构的关系，一方面是符号分类有助于维持相对稳定性和规律性的社会结构和文化秩序，另一方面，社会、文化的复杂性和多样性也决定了符号分类是一个多变的过程。他们强调：“决定事物分类方式的差异性和相似性，在更大程度上取决于情感，而不是理智。事物本性之所以在不同的社会中发生改变，是因为它们对群体情感的影响是不同的。在一个社会中被认为是完全同质的东西，在另一个社会中却可能被表现为具有本质差别的事物。”① 譬如一只沾满泥土的靴子在农田中人们并不觉得它脏，而当它被放在摆满食物的餐桌上就成了污秽之物；再如不同宗教和民族差异化的食物分类和饮食禁忌。

涂尔干、莫斯始终尝试从民族志案例中总结出结构性的东西。无论是涂尔干分析图腾、圣物还是莫斯考察礼物，都是一种“以小见大”式的人类学方法，即特定的事物表现了一定的社会结构，例如圣物与宗教、礼物与交换。这种结构性的意义存在于对事物的定义和分类中（圣物与一般物、礼物与一般物）。也就是说分类是日常生活和文化实践的基础，好坏、美丑、干净肮脏、富贵贫穷等。涂尔干、莫斯的社会人类学聚焦于总体性的社会结构、文化秩序、集体意识。他们对“物—符号”的考察试图说明物作为符号和社会事实的相互解释关系，即涂尔干所说的“以社会事实解释社会事实”。一言以蔽之，物作为符号是社会事实的再现，秩序的建立和维持借助符号的意义

---

① ［法］爱弥尔·涂尔干、马塞尔·莫斯：《原始分类》，汲喆译，上海人民出版社 2000 年版，第 92 页。

生成。

社会人类学在20世纪下半叶转向了文化人类学，主要的变化在于不再拘泥于从民族志案例到结构性规律的方法，而是采取文化的视角，在复杂多元的文化情境中探讨物和人的亲密交会和互动过程。跟随文化人类学的视野回溯涂尔干和莫斯的研究，其被奉为圭臬之重要原因在于揭示了符号物的意义生成过程和人的文化实践、身份建构之间的动态关系。也正因如此，在《理解物质文化》一书中，伊恩·伍德沃德将涂尔干、莫斯引领的方法称为理解物质文化的“文化的路径”[①]。沿着这一路径，我们看到迪克·赫伯迪格的青年亚文化研究探寻物的符号意义与文化实践和社会阶层之间的关系，赋予物以解释和定位某种特定文化的关键性地位。布尔迪厄的趣味理论考察物作为符号标记着文化中特定的阶层惯习、身份地位。正如当代物质文化研究领域著名学者迈克·罗兰指出，如果说“文明”作为一个人生活其中的最大的文化、社会实体，那么可以说这个实体之中的物质文化就是“文明”的一个重要实证。[②]

英国著名学者玛丽·道格拉斯是涂尔干、莫斯的坚定支持者。在早期著作《洁净与危险》中，道格拉斯分析对于物的洁净和肮脏的分类是社会结构和文化秩序建构的结果，她说：“没有哪套特定的分类象征可被孤立地理解，但我们仍然有希望，即在所研究的文化中通过其与总体分类结构的关联来找出这些分类象征的含义。”[③] 符合秩序的物被赋予了洁净的（有序的）意义，在秩序之外，或对秩序有威胁和破坏性的物被视为危险的不洁（无序）之物。转向商品消费研究之后，道格拉斯和贝伦·伊舍伍德（Baron Isherwood）在《物品的世界：迈向消费人类学》中宣称通向一种消费人类学。从消费入手，将物品

---

① Ian Woodward, *Understanding Material Culture*, Los Angeles & London & New Delhi & Singapore: SAGE Publications, 2007, p. 84.

② ［英］迈克·罗兰、卞思梅：《物质文化与人类学——英国人类学家迈克·罗兰专访》，《民族学刊》2014年第1期，第76—81页。

③ ［英］玛丽·道格拉斯：《洁净与危险》，黄剑波、卢忱、柳博赟译，民族出版社2008年版，第1页。

(goods)、符号意义、消费行为、文化结构多维联结起来。商品作为一个信息系统联结着消费者的消费需求、消费行为、物品使用等日常生活实践。《物品的世界：迈向消费人类学》一书的新版导言中，道格拉斯和伊舍伍德明确了自己的主张：“社会生活就是阵营问题，支持或者反对，物品就像阵营里标记信息的旗帜。我们应该探寻仅仅作为信号而非行动者的物品如何被使用。这一切又取决于人如何被组织起来，于是整个共同体成为一个信号箱。”[①] 道格拉斯延续涂尔干、莫斯式的物品作为符号是信息传播媒介的观念，其最终旨归在于通过追寻物品意义来阐释社会结构和文化秩序。在道格拉斯这里，消费被定义为集体化的仪式性活动，物品是仪式的附属品，是使特定的社会结构和文化秩序显现出来的符号媒介。物品作为象征性系统“使文化分类可见化和稳定化”[②]。

20 世纪 70 年代末以降的物质文化研究超越了“物是符号性的文化象征体系”的认识，在跨学科研究的趋势下强调物的能动性，物与人的亲密性，以及物如何参与建构文化体系、塑造文化身份。阿尔君·阿帕杜莱和伊戈尔·科比托夫的“物的社会生命”和“物的文化传记”研究颇具代表性。商品消费研究是“文化的路径”最突出的课题，除阿帕杜莱和科比托夫之外，丹尼尔·米勒作为当代物质文化研究的“领航者”将人类学的“田野”从“他者性”的原始社会、异邦宗教、域外种族、少数族裔扩展至当代的商品消费社会，考察当代在物质丰裕的消费社会人如何与物共生。米勒扬弃了将社会、文化视为整体的宏观结构的观念范式（在他看来，无论是涂尔干还是后期的布尔迪厄、玛丽·道格拉斯都囿于此），指出“社会学中的作者之死概念，却没有带来所谓的‘读者的诞生’”[③]。简言之，米勒的立场是，

---

① Mary Douglas, Baron Isherwood, *The World of Goods: Towards an Anthropology of Consumption*, London & New York: Routledge, 1996, p. xxiv.

② Mary Douglas, Baron Isherwood, *The World of Goods: Towards an Anthropology of Consumption*, London & New York: Routledge, 1996, p. 38.

③ ［英］丹尼尔·米勒：《物的领域、意识形态与利益集团》，载罗钢、王中忱主编《消费文化读本》，中国社会科学出版社 2003 年版，第 90 页。

物质文化研究不是一味地做“简化法”，最终将人归于共同体、物品归于社会结构、实践归于文化秩序；相反，文化极其多样且错综复杂，就消费领域而言，消费者作为个体与物品打交道的消费行为充满创造性。因此，米勒强调消费的积极性和开放性意义。

总的来说，“文化的路径”的基本立场是认为物质文化帮助我们了解特定的文化体系。在此基础上，物质文化研究者逐渐将重心从“社会人类学式”的“以小见大”推进到“文化人类学式”的“体物入微”，考察物、个体、群体在文化中的互动关系和意义生成过程，即从“物生成了什么样的意义”转向“物的这种意义如何生成”。

相较涂尔干、莫斯“结构的”“文化的路径”从研究象征性符号物出发最终落脚于普遍性的社会结构和文化秩序（社会事实），符号学则强调物作为符号被放置于语言系统中。涂尔干的“用社会事实解释社会事实”在列维－斯特劳斯这里转化为“用符号解释符号”。在结构主义和符号学看来，无论是原始的习俗、婚姻、宗教、饮食还是当代的电影、汽车、咖啡机、画报，都是一系列的符号编码，它们并非指向涂尔干式的“自然的”社会事实，而是指涉某种意义。结构主义和符号学研究者的主要工作是阐释、是解码，物质文化在他们看来是表征意义的能指，解码的过程即是追踪意义（所指）的过程。故此，结构主义严格意义上是一种分析方法，具有一套相对固定的模式，“结构”一词也从涂尔干、莫斯的“文化的路径”的社会结构转换为语言结构。

在结构主义的视域中，物质文化通常被视为“一种‘意识形态机器’，其炮制俨如法律的规则，专横统治大众的思想，一如索绪尔专横统治具体言语行为的‘语言’总系统”[①]。这有赖于法国马克思主义学者阿尔都塞结合结构主义构建的意识形态理论的影响力。阿尔都塞

① 陆扬、王毅：《文化研究导论》，复旦大学出版社2006年版，第162页。

将意识形态阐释为“体制化的物质实践”[①]。霍克海默、阿多诺时期的法兰克福学派的文化批判将意识形态视为一种同一性、极权化的控制力量，从而走向了对资本主义文化的严厉批判和浓重的悲观性的消极判断。而阿尔都塞则结合结构主义将意识形态视为非历史性的结构，具有日常性。也就是说，日常生活是意识形态中的日常生活，物质文化是意识形态的物质文化。

阿尔都塞向文化研究贡献的主要方法是：“把所读的文章本身中被掩盖的东西揭示出来并且使之与另一篇文章发生联系，而这另一篇文章作为必然的不出现存在于前一篇文章中。”[②] 这种被阿尔都塞界定为“症候式阅读”的方法总结起来即“见不可见之物”。显而易见，这种挖掘深层结构、阐释隐含意义、揭示意识形态的方法脱胎于能指/所指、外延/内涵的分析模式。

20 世纪 70 年代，解读文化符号成为研究大众流行文化最行之有效的方法。尤其是西方马克思主义和社会人类学双重影响下的英国文化研究逐渐向结构主义靠拢，我们看到在伯明翰学派晚生代学者迪克·赫伯迪格的亚文化研究中马克思主义（尤其是葛兰西的霸权理论）、社会人类学、符号学的多维交叉。

严格意义上的结构主义持续时间并不长，其主要原因是自身在实践中发现索绪尔语言学的严密的语言系统运用到文化分析的时候遭遇了“意义生成”的危机。结构主义的二元对立在列维－斯特劳斯那里大放异彩，也在罗兰·巴特那里遭遇了挑战。巴特提出的符号的外延/内涵指意系统正是后期转向后结构主义文本理论的铺垫。一幅杂志封面画作为一个文化符号在不同语境下生成不同的意义，这取决于读者如何阅读。结构主义的封闭性的符号系统和本质主义的结构走向瓦解，取而代之的是开放性的文本、多元化的语境以及意义的生产。

---

① ［英］弗兰西斯·马尔赫恩：《瓶中信：文学研究中的阿尔都塞》，孟登迎译，《中外文化与文论》2009 年第 2 期。

② ［法］路易·阿尔都塞、艾蒂安·巴里巴尔：《读〈资本论〉》，李其庆、冯文光译，中央编译出版社 2001 年版，第 21 页。

故可以说后结构主义提供的方法是将物质文化作为文本阅读。物质文化作为文本意味着关注的焦点从“物的意义是什么”转向“物的意义如何在不同的语境不断生产”。文本是对话的空间，是意义的发生场，文本的开放性决定了不同的语境下文本不同的意义。结构主义和符号学将物质文化作为符号，挖掘其深层结构和普遍意义，在后结构主义这里，所指在不同的语境中不断生成、延异、撒播……符号不再处于静态的意义系统，取而代之的是动态的意指实践。不同文本之间的交织关系，构成了在自身之外别无指涉的“文本性”（textuality），其中包括了文本符号的“互文性”关系。文本的开放性宣告的是主体的消亡，巴特展示的是不受“作者”控制的文本，福柯展示是不受“人”控制的话语。然而，后结构主义的去本质主义、解中心化却将文本置于中心地位，形成一种极具统治力的“文本主义”，遭到广泛质疑。

对于当代物质文化研究者来说，后结构主义“一个主要的错误是将文本的和物质的合并为本体论的实体。许多从后结构主义那里备受启迪的学者都很轻易地忽视了事物和文本的差异；忽视了物质文化在世界上的构成方式从根本上和语言、文本并不能等同”[①]。朱迪斯·巴特勒将福柯的“权力话语”引入性别研究，试图消解生理性别（sex）和社会性别（gender）的二元对立。文本转向以来，性别是社会建构的结果，身体被权力话语操控的论断成为主流，而生理决定论和社会建构论的对立始终存在。巴特勒认为生理性别的物质性并非实体，而是物质化的过程、权力话语运作的结构，这样生理性别和社会性别都被纳入了话语的范畴。因而物质文化研究所强调的“物质性”若理解为福柯式的话语的物质性则有失偏颇。

当谈论物质文化时，我们似乎无法避免地进入语言分析，这便是从结构主义到后结构主义的吸引力所在。但物质文化显然并不只

---

① Bjornar Olsen, “Scenes from a Troubled Engagement”, in Christopher Tilley, eds., *Handbook of Material Culture*, London & Thousand Oaks & New Delhi: SAGE Publications, 2006, p. 97.

作为符号（文本、话语），我们的身体和与我们朝夕相处的人和物的确实实在在存在着，也就是说，将物质文化视为符号并不意味着要对存在视而不见。面对文本主义的困境，现象学为我们提供了另一条出路。

第 三 章

“物性”与“具身性”视域

现象学为当代物质文化研究提供了关键的理论资源。胡塞尔的口号“面向事物本身”引领了现象学对“存在”“物”“物性”“具身性”等问题的探讨。海德格尔的“物性”分析经历了从“上手物”和“在手物”到后期天、地、神、人的物之“聚集”的转向。梅洛－庞蒂的身体理论探讨了身体间的以及身体与生活世界的可逆性的互联关系。贯穿现象学运动的生活世界理论推动了现象学在物质文化研究领域的发展。物质文化研究继承了现象学突破主体/客体二元论的立场，倡导“回归到物”，重新考察多元的物质文化中人与物的多维互动关系。

作为20世纪最具影响力的思想之一，现象学开辟了与卢卡奇、法兰克福学派的“物化”“文化工业”文化批判截然不同的路径，为当代物质文化研究的多元化发展奠定了基础。现象学的口号（也是基本的方法原则）是那句著名的“面向事物本身”。简单地说，面向事物本身即抛开和去除先入为主的陈规，关注现象的本质显现。“现象学致力于研究人类的经验以及事物如何在这样的经验中并通过这样的经验向我们呈现。”① 这种我们揭示经验的事物的同时也揭示了我们自己的观念是现象学对割裂现象与本质、主体与客体的传统哲学的修正。现象学的代表人物胡塞尔、海德格尔、梅洛－庞蒂从

---

① ［美］罗伯特·索科拉夫斯基：《现象学导论》，高秉江、张建华译，武汉大学出版社2009年版，第2页。

“意向性”“物性”“具身性”等方面为物质文化研究提供了重要的理论观念和方法范式。

第一节 “面向事物本身”

胡塞尔被视为现象学的开创者，事实上，现象学的源头可以追溯至胡塞尔的老师布伦塔诺。布伦塔诺对心理现象和物理现象的区别分析以及对“意向的”概念的阐述都深刻影响了胡塞尔现象学。布伦塔诺所处的时代正值第二次工业革命，科学技术的突破性革新带来机械化工业生产，与此同时，对自然科学的推崇也达到顶峰，在19世纪80年代赫胥黎与阿诺德的“科学与文化”的论争中，赫胥黎甚至宣称文学将被科学取代。在这种背景之下，布伦塔诺致力于建立严肃的科学的哲学，胡塞尔继承了他的这一理想。

布伦塔诺这样分析心理现象的意向特征：“每一心理现象都把某物当作为对象而包容于自身之中，尽管方式可能不同。在表象中总有某物被表象，在判断中总有某物被肯定或否定，在爱中总有某物被爱，在恨中总有某物被恨，在欲望中总有某物被欲求，如此等等。”[①] 他的结论是意向的“内存在”才是心理现象最显著的特征，凭借意向可以将心理现象与物理现象区别开来。布伦塔诺认为他的严肃的心理科学的对象是既“意向的”存在又实际存在的心理现象。布伦塔诺有意用“意向的”分析取代传统哲学“客体的”分析，正是“意向的”把意向主体和对象事物联结起来，而非主客体的对立化。从布伦塔诺对心理现象的分析中可以觉察到我们所熟悉的胡塞尔现象学。布伦塔诺对“意向的”的分析是将人作为意识主体把对象物纳入主体的意识（心理）活动中。到了胡塞尔这里，所谓的物理现象和心理现象的实质性区分并不存在，因为这种区分的观念是

① ［德］布伦塔诺：《心理现象与物理现象的区别》，载倪梁康主编《面对实事本身——现象学经典文选》，东方出版社2000年版，第50页。

被“搁置”起来的。

胡塞尔指出：“在认识批判的开端，整个世界、物理的和心理的自然、最后还有人自身的自我以及所有与上述这些对象有关的科学都必须被打上可疑的标记。它们的存在，它们的有效性始终是被搁置的。”[①] 这也就是胡塞尔所谓的“中止判断”。“搁置”是现象学首要的方法，它的提出是胡塞尔对“自然态度”的排斥。简单地说，“自然态度”一方面是我们日常生活中未经思考的、普遍的对给予的世界事物所持的态度，另一方面是严格的自然科学的态度。胡塞尔认为这两种自然态度都应该被“搁置”，从而“面对事物本身”。现象学态度即排斥一切先入为主的“自然态度”，搁置被“自然态度”规定的事物，让事物真实直观地显现，这个过程也就是胡塞尔所谓的本质还原。当一切事物都被加括号搁置之后，剩余的就是被称为“先验意识”的绝对存在。这样就回到了胡塞尔从布伦塔诺那里承接的意向性的问题。胡塞尔认为意向性是“先验意识”的本质特性，总结起来就是意识是关于某物的意识，“所有的意识活动、所有有意识的活动，包括想象、知觉、回忆、情绪等等，都具有意指功能，意指某个对象的功能”[②]。从某种程度上说，胡塞尔现象学的玄妙之处就在于这个关键的“意向对象”。这个对象既不是外在对象（相当于传统哲学的客体），也不是与之相对的内在对象（相当于传统哲学的主体意识），而是“noema”（“意向对象”，或译“意向相关项”）。胡塞尔认为意向对象作为意识的先验结构，提供了意识和物质世界之间的桥梁。

回到胡塞尔强调的“面向事物本身”，提出这个口号的根源在于传统哲学将现象与本质剥离，过分追求概念而忽视事物实在，另一方面，胡塞尔又认为严格的自然科学对待事物也有问题，那是一种对事物客观实在性的追求而缺少对意识的反思。那么如何把握事物

---

① ［德］埃德蒙德·胡塞尔：《现象学的观念》，倪梁康译，上海译文出版社 1987 年版，第 28 页。

② 张祥龙：《朝向事情本身——现象学导论七讲》，团结出版社 2003 年版，第 58 页。

呢？胡塞尔为我们提供了不同于传统哲学和自然科学看待事物的方法。在胡塞尔这里，对事物本身的把握既包括意识活动又包括意识对象，当“我”在知觉一棵树的时候知觉的对象就是这棵树，在意识活动中这棵树直观地被给予，而并不存在所谓内在的（或本质的）树，可以看出胡塞尔对康德“物自体”的批驳。胡塞尔的这种突破性地对待事物的方式——意向性，催生了现象学的另一个重要概念——“horizon”（“视域”，或译“边缘域”）。视域一定的局限性导致意向对象的边缘模糊，如同拍照时对焦点是清晰可见的而对焦点边缘则为模糊，因而现象学讨论的物质存在并非科学态度的客观事实，而是“一些偶然的东西，一个重要的证明在于，‘事实本身’不能清晰展现出来，我们在某个时刻只能从某个位置看见事实的某一方面，只能得到这种片面的经验直观”①。突破视域局限的方法也是意向性，即不断转换“看”的角度和方式，如同拍照时不断变换角度和切换焦点，因此视域是边缘模糊的、流动的、开放的。

“生活世界”是胡塞尔在晚年时期提出的理论概念，是其现象学理论在后期进行自我反思的产物。纵观胡塞尔的学术生涯，早期作为数学博士却受到心理学的影响，之后转向对心理主义的批判建立现象学方法，确立现象学之后围绕意向性理论和现象学方法（搁置、本质还原、先验还原）将现象学定位于“先验唯心论”。胡塞尔一再地强调拒绝实在论，也必须拒绝与之对立的传统唯心论，因为“唯心论主张唯一存在的东西是内在与心灵的表象，而实在论则主张心灵表象对应于外在于心灵的、独立于心灵的对象”②，胡塞尔试图克服二者的对立，从而认为现象即本质，现象并非意识的一部分，也并非独立于意识的外物，而是在经验主体的意识中直观显现着。胡塞尔后期反思对唯心论和实在论二者克服的效果，加之对现代科学实证主义蔓延导致人性危机的担忧，他最终将现象学引至“生活

① 尚杰：《从胡塞尔到德里达》，江苏人民出版社2008年版，第31页。

② ［丹］丹·扎哈维：《胡塞尔现象学》，李忠伟译，上海世纪出版集团2007年版，第73页。

世界”理论。

胡塞尔的“生活世界”“作为原则上可直观的宇宙”与“‘客观真实’的世界作为原则上非直观的‘逻辑的基础’”[①] 相区别。胡塞尔指出“经验就是一种纯粹在生活世界中进行着的明见性，而作为这样一种东西，它正是科学客观规定的明见性的源泉，但就这些科学本身而言，它们从来都不是关于客观性东西的经验”[②]。也就是说，“生活世界”是直观显现的世界、视域性的世界，而科学世界原则上是非直观的、确定性的真实客观世界，却依旧存在于“生活世界”。正如胡塞尔所说：“假如我们不在沉迷于我们的科学思维，那么我们就会处于这一事实中，即我们作为科学家也同样是人，并且是作为这个始终都是为我们存在着的、总是预先被给予了的生活世界的共同存在者而存在着的，因此整个科学都要随着我们一同进入到这个生活世界中去。”[③] 胡塞尔所说的“生活世界”就是视域性的那些“世界”，是不同的事物在不同的视域中显现的“世界”。虽然胡塞尔晚年对“生活世界”的阐发缺乏全面性和系统性，但可以看出这是其在既反对实证科学的客观性的世界又“不愿意让自己陷入唯我论”[④] 的基础上在后期对现象学方法做出的开放性的尝试。也正是“生活世界”的提出使现象学在物质文化研究领域持续发酵，深刻影响了包括唐·伊德在内的当代研究者。

第二节 物作为“聚集”存在

胡塞尔将现象学传统引向了对“存在”（being）的讨论，海德

① ［德］埃德蒙德·胡塞尔：《生活世界现象学》，倪梁康、张廷国译，上海译文出版社2005年版，第270页。

② ［德］埃德蒙德·胡塞尔：《生活世界现象学》，倪梁康、张廷国译，上海译文出版社2005年版，第272页。

③ ［德］埃德蒙德·胡塞尔：《生活世界现象学》，倪梁康、张廷国译，上海译文出版社2005年版，第274—275页。

④ 杨大春：《梅洛－庞蒂》，生智文化事业有限公司2003年版，第196页。

格尔现象学在其基础上转向“存在—物”（being-thing），这个转变促进了海德格尔现象学与其他领域的联系，尤其对当代物质文化研究来说，海德格尔是最为重要的理论先驱之一。延续了胡塞尔对自然科学的批判视角，海德格尔认为自然科学是寻找和考察那些特殊的物，从这些特殊的物中总结出自然规律和客观真理（值得注意的是，自然科学视这些规律和真理在人认识它们之前就普遍成立）。显然，自然科学对待客体（物）和“真理”与现象学截然不同。

与胡塞尔企图把现象学建立为严格的科学的哲学不同，海德格尔的现象学探讨“存在着的存在和这种存在的意义，变式和衍化物”[①]。在胡塞尔那里，某物的存在是其基于理解和认识的被显现、被揭示。也就是说，任何物质的“存在”都基于它被意向性地指认为“某物”。胡塞尔现象学通过“搁置”将一切事物加括号，只有在意向性过程中事物才会显现它们自身。意识都是关于某物的意识，但事物并不仅仅是意识的对象，而是处在意识与世界之间的复杂关系中，处于居间状态，且由于被“搁置”，某物只能“被意识”。物的本质显现只能存在于先验主体的直观中，这是胡塞尔反复强调的，但海德格尔认为，人之存在无法摆脱与其纠缠的文化传统和社会关系，物也一样。事物与周遭环境和其他事物之间的多元复杂关系是事物存在的基本状况。

胡塞尔现象学过于趋向于意识层面而对于“事物存在于世界”这个议题无法开展下去，即便在后期胡塞尔提出了“生活世界”的理论，但他本人对生活世界的探讨并不明晰，且学界广泛认为“生活世界”的正式提出受到《存在与时间》的影响。[②] 可以明确的是，胡塞尔所说的“生活世界”并非“客观世界”中具体的、朴素的“自然经验”（或“心理经验”），胡塞尔自始至终维持了一种被他称

---

① ［德］海德格尔：《存在与时间》（修订译本），陈嘉映、王庆节译，生活·读书·新知三联书店1999年版，第45页。

② 相关讨论参见朱松峰《胡塞尔和海德格尔谁先影响了谁？——就“生活世界”而言》（《南京社会科学》2014年第1期）。

为“有根基的”“先验经验”（或“意向经验”），是“通过先验悬搁和先验还原而得以可能的先验主体性的自身认识”[①]。海德格尔重新思考了胡塞尔的“面向事物本身”，从而走向了“日常性”。海德格尔的这种转向被胡塞尔批评为未真正理解“先验还原”。而海德格尔本人则毅然与胡塞尔分道扬镳，将“定位在内在意识中的意向性”[②] 解脱出来，可以说海德格尔完成了对“意向性”的改造。海德格尔拒绝身体与精神二分，同时也拒绝胡塞尔的物质现象（即本质）在意识中被给予的意向性分析。

海德格尔认为由于事物与人相互牵连的关系复杂多样，因而事物显现它们自身的方式是多样化的，绝非西方传统哲学认为人在一定距离和去情感化的分析中观察事物。所谓的“日常性”（everydayness），简单地说就是海德格尔认为我们日常生活是整体性的、情境化的、联系的，并非与客体相隔离。海德格尔指出“我们应从平均的日常状态（作为此在的最切近的存在方式）着眼使在世从而也使世界一道成为分析的课题。必须追索日常在世，而只要在现象上执着于日常在世，世界这样的东西就一定会映入眼帘”[③]。无论是从古希腊到笛卡尔—康德模式的传统哲学还是胡塞尔的面向事物的意向性理论都将“世界”的“存在者”归结为认识的对象或意向对象，海德格尔的存在论则指出日常世界的存在（beings）就是物（things）而不是无（nothing），正如在《形而上学导论》开篇海德格尔提出形而上学的根本问题即“为什么存在者在而无反倒不在”[④]。“‘无’

---

① 倪梁康：《胡塞尔现象学概念通释》（修订版），生活·读书·新知三联书店 2007 年版，第 134 页。

② Simon Critchley，“Heidegger for Beginners”，in James E. Faulconer, Mark A. Wrathall eds.，*Appropriating Heidegger*, Cambridge：Cambridge University Press, 2000，p. 102.

③ ［德］海德格尔：《存在与时间》（修订译本），陈嘉映、王庆节译，生活·读书·新知三联书店 1999 年版，第 77—78 页。

④ Martin Heidegger, *Introduction to Metaphysics*, New Haven & London：Yale University Press, 2000，p. 1.

终归要回到‘有’，回到实存或存在。”[①] 海德格尔将现象学从先验现象学（或意识现象学）转向了存在论的现象学（或物的现象学）。相对于胡塞尔的被还原的基本的“内在经验”，海德格尔追问的是“外在的”“旁边的”“居间的”的存在本身，人与物“同在”于“日常生活世界”，并且相互牵连。

在《存在与时间》中，海德格尔对于物之物性的把握在于物之用具性，也就是其著名的“上手物”与“在手物”的分析。海德格尔用锤子举例，当我们“对锤子这物越少瞠目凝视，用它用的越起劲，对它的关系也就变得越原始，它也就越发昭然若揭地作为它所是的东西来照面，作为用具来照面”[②]。这就是物的“上手状态”。当锤子无法使用的时候，它成为一个“在手物”，一个无法使用的客体（物）。“上手”和“在手”的分析说明海德格尔将面向事物本身的方式从意向性转向日常性的存在论，在日常与人“打交道”的状态中，世界（事物）显现出来，成为人可以通达的存在。然而世界并不只由“上手物”组成，还有很多情况物是“在手”的，因此对物的讨论就引入了“关系”，也就是海德格尔所说的“赋予含义”，在赋予含义中存在者对存在状态有所领会。解决了物之器具性的问题，后期海德格尔集中探讨“物之物性”。在《物的追问》中，海德格尔厘清了自然科学的质料性和传统哲学（尤其是康德哲学）的经验思维两条追问“物是什么”的道路，并指出了重新开辟物的追问道路的可能。

在《艺术作品的本源》中，海德格尔提出，当我们发问“物之为物，究竟是什么?”的时候，我们想要认识的是“物之存在”，即“物性”。“对物之物性的各种解释在西方思想进程中起着支配作

---

① 杨大春：《现象性与物性》，《哲学研究》2013 年第 11 期。

② ［德］海德格尔：《存在与时间》（修订译本），陈嘉映、王庆节译，生活·读书·新知三联书店 1999 年版，第 81 页。

用"[①]，似乎成为"不言自明"定式，因此追问物之物性的问题必然遭遇固有的三种对物性的规定：一是具有诸属性的实体，如具有各种自然属性的花岗岩石；二是可感知的感性之物，如人或"听"到的汽车，或"看"到的汽车，或"摸"到的汽车；三是质料与形式形成了物的概念图式，广泛适用于自然物和用具物。同时，这种物的形式与内容区分也成为艺术理论和美学的概念图式，形成了理性/非理性、主体/客体的概念机制。在海德格尔看来，这三种物的解释成为定式对真正的"物之物性"形成了全面的遮蔽，成为一种"先入之见"，阻碍了"存在者之存在的沉思"[②]。因而相对于胡塞尔对"先入之见"（即"自然态度"）的加括号的搁置而进入"意向性"，海德格尔则认为必须拆除这些成为阻碍的"先入之见"而思考"存在的显现"[③]。

与自然物和被使用的器具物不同，艺术作品是"还配置有某种附着于其上的审美价值的器具"[④]。海德格尔对艺术作品本源的追问并没有回到传统美学的追问态度，即传统美学从审美主体（人）的角度确认艺术作品是人性（精神）的表现，但海德格尔认为这并未切近作品的本源。海德格尔的方法是确认艺术作品是世界之存在，从物到作品，"艺术作品以自己的方式开启存在者之存在"[⑤]。艺术作品的这种开启即"去蔽"，乃物之"真理"（当然，值得注意的是海德格尔这里的真理并非认识论之真理，而是存在之真理）。海德格尔以凡·高的《农鞋》为例分析到，并非把一双现实中的农鞋描摹

---

① ［德］马丁·海德格尔：《林中路》（修订本），孙周兴译，上海世纪出版集团 2008 年版，第 6 页。

② ［德］马丁·海德格尔：《林中路》（修订本），孙周兴译，上海世纪出版集团 2008 年版，第 14 页。

③ Ernest B. Koenker, "The Being of the Material and the Immaterial in Heidegger's Thought: Another Perspective", *Philosophy Today*, Vol. 1, 1980, p. 55.

④ ［德］马丁·海德格尔：《林中路》（修订本），孙周兴译，上海世纪出版集团 2008 年版，第 21 页。

⑤ ［德］马丁·海德格尔：《林中路》（修订本），孙周兴译，上海世纪出版集团 2008 年版，第 21 页。

得惟妙惟肖才成为一件作品，也就是说，作品并非对个别存在的再现，而是对普遍的物性的再现。《农鞋》敞开着一个世界，一切与之关联的存在聚集于这一体，物之物性自行显现出来：

> 从鞋具磨损的内部那黑洞洞的敞口中，凝聚着劳动步履的艰辛。这硬邦邦、沉甸甸的破旧农鞋里，聚积着那寒风料峭中迈动在一望无际的永远单调的田垄上的步履的坚韧和滞缓。……在这鞋具里，回想着大地无声的召唤，显示着大地对成熟鼓舞的宁静馈赠，表征着大地在冬闲的荒芜田野里朦胧的冬眠。……这器具属于大地，它在农妇的世界里得到保存。[①]

至此海德格尔对物的分析从“上手物”和“在手物”走向了更加通融的“聚集”。

在晚期的诸多演讲论文中，海德格尔着力解决的问题是：如何通达物之物性？现代日常生活中，许多技术物的诞生缩短了时空的距离，例如飞机、火车等交通工具使我们越来越快速地到达目的地；电视、电影、收音机将遥远距离的影像和声音传送到我们跟前；核武器可以在瞬间毁灭地球任意地域的生命。海德格尔认为，这些技术物带来的“无距离状态”却无法“切近”存在者之存在，无法通达物之物性。之所以无法达到“切近”，是因为视物为“对象”，落入了海德格尔在《艺术作品的本源》中分析的西方思想长期形成的对物“先入为主”的规定当中。

海德格尔以一把壶举例，如果将壶视为眼睛看到的一个表象，或者视为一个器皿（对象）都无法达到“壶之为物”，“壶之物性因素在于：它作为一个容器而存在”[②]。壶作为物并非只在于其质料性

---

① ［德］马丁·海德格尔：《林中路》（修订本），孙周兴译，上海世纪出版集团 2008 年版，第 16 页。

② ［德］马丁·海德格尔：《演讲与论文集》，孙周兴译，生活·读书·新知三联书店 2005 年版，第 176 页。

的泥土和用具性的器皿，这是“实体”方面，还有它一般意义上的“无”的方面，即它的“虚空”，可以容纳和保存美酒饮品、天地馈赠。于是传统意义上的物性之“实体”的概念拓展到物性之“存在”，看似“无”却也是“物”，即“存在者在而无反倒不在”。壶倾注着美酒、馈赠之时也栖留了“大地、天空、诸神和终有一死者”[①]，这四方聚集于一体，此乃壶之物性。

海德格尔由此引出物性之“聚集”的本质。古高地德语里“物”（Ding）的意思即为“聚集”。海德格尔无意将“物”的概念做过多词源学的解释，而是试图指出“物”这个在西方形而上学指“某种方式存在的东西”的概念是变化着的，对“物”的解释也是对“存在者”的解释，无论是“表象”还是“对象”（客体）都是长久以来形成定式的解释，只不过被海德格尔指出都无法通达物之物性，在他看来德语古语中“聚集”的含义道出了物之本质。物之物性是天、地、神、人的四方聚集，也是海德格尔所说的“物物化”。所谓“物物化”，即“物物着”，一种名词动词化的用法，物使疏远中的四方（天地神人）相互趋近，成为四重之整体。至此，在通达物之物性之际，也达到了“切近”之本质。海德格尔这样说：“物化乃是世界之近化。近化乃是切近之本质。”[②]

海德格尔的物性聚集弥合了主体与客体之间的距离，以四重聚集之物化来将世界存在的诸元素并列起来。海德格尔强调“物之为物并非通过人的所作所为而到来。不过，若没有终有一死的人的留神关注，物之为物也不会到来”[③]。这里可以看出海德格尔思想中胡塞尔“意向性”思想和老庄哲学的对话。中国古代思想中的“天人合一”“万物与我为一”的“物化”（《庄子》）与海德格尔的“物

---

① ［德］马丁·海德格尔：《演讲与论文集》，孙周兴译，生活·读书·新知三联书店2005年版，第180—181页。

② ［德］马丁·海德格尔：《演讲与论文集》，孙周兴译，生活·读书·新知三联书店2005年版，第190页。

③ ［德］马丁·海德格尔：《演讲与论文集》，孙周兴译，生活·读书·新知三联书店2005年版，第190页。

物化”的思想会通契合。

海德格尔的物性论试图用“聚集的存在”来将西方思想中长期割裂的人与物“切近”，在物之物性的追问过程中，似乎传达着各方存在物的平等关系。然而，在诸多著作和演讲论文中，却呈现出海德格尔的某种程度上对物的“怀旧感”。在阐释物性论的文章《物》中，海德格尔对现代技术物的消极态度是明确的，现代技术带来的时空距离的缩小在他看来并无多少积极意义，甚至这样评价：“一切都冲入这种千篇一律的无距离状态之中，都搅在一起了。那又怎么样呢？难道把一切都推入无距离状态中，不比把一切都搞得支离破碎更可怕吗？”[①] 在《筑·居·思》中，海德格尔同分析壶一样精彩分析了桥这种“住所”（非狭义上的居家住房）：“桥是这样一种物。由于位置把一个场地安置在诸空间中，它便让天、地、神、人之纯一性进入这个场地中。”[②] 但是在开篇，他举出众多现代化的事物，如体育场、发电厂、火车站、高速公路、水坝、商场，认为它们都是建筑物，而不是天、地、神、人聚集的，诗意栖居的“住所”。在《技术的追问》中，海德格尔认为现代技术起支配作用的是“促逼”，即“向自然提出蛮横要求”[③]，他描述道：

> 农民从前耕作的田野则是另一个样子；那时候，“耕作”还意味着：关心和照料。农民的所作所为并不是促逼耕地。……而现在，就连天地的耕作也已经沦于一种完全不同的摆置着自然的订造的漩涡中了。它在促逼意义上摆置着自然。于是，耕作农业成了机械化的食物工业。

---

① ［德］马丁·海德格尔：《演讲与论文集》，孙周兴译，生活·读书·新知三联书店2005年版，第173页。

② ［德］马丁·海德格尔：《演讲与论文集》，孙周兴译，生活·读书·新知三联书店2005年版，第167页。

③ ［德］马丁·海德格尔：《演讲与论文集》，孙周兴译，生活·读书·新知三联书店2005年版，第12页。

海德格尔的这种明显的对技术物的价值判断趋向遭到当代现象学和科技哲学领域著名学者唐·伊德的批评，指出这是一种“怀旧的浪漫主义”（nostalgic romanticism）[①]，且不单单是海德格尔，主流的观点对于技术、自然、文化的态度都具有“浪漫化”倾向。伊德指出，“不能简单地认为技术是威胁自然的”，文化和技术的相互嵌入使问题更具复杂性，也更具可能性。同时伊德也指出不得不承认海德格尔将现象学引入技术哲学领域的贡献，启发我们重新“评估先前的假设”[②]。

从《存在与时间》中的“上手物”与“在手物”到后期物性论之“聚集”，海德格尔沿着胡塞尔的路径去突破人与物在自然科学和传统哲学中形成的割裂，同时又反胡塞尔式地从意识性转向日常性，为现象学走向文化的层面提供了可能。

第三节　物作为“身体”存在

梅洛-庞蒂是现象学阵地从德国转到法国后最具影响力的思想家。虽然他在世时影响力不及萨特，但他的思想在20世纪80年代引起世界范围的重视。梅洛-庞蒂从胡塞尔现象学（尤其受胡塞尔《观念二》[③] 的启发）中发掘出身体维度致力于发展身体现象学，从而进一步促发了意识哲学的解体。

初期，梅洛-庞蒂将自己的思想定位在人如何在不同的境遇组织自己的行为。在《行为的结构》导论中，他宣告“我们的目标是理解意识与有机的、心理的甚至社会的自然的关系。我们在此把自

---

① Don Ihde, *Postphenomenology: Essays in the Postmodern Context*, Evanston: Northwestern University Press, 1993, p. 111.

② Don Ihde, *Postphenomenology: Essays in the Postmodern Context*, Evanston: Northwestern University Press, 1993, pp. 114 - 115.

③ 指胡塞尔的《现象学的构成研究——纯粹现象学和现象学哲学的观念》（第2卷），简称《观念二》。

然理解为彼此外在并且通过因果关系联接起来的众多事件”①。和海德格尔一样，梅洛－庞蒂拒绝了胡塞尔现象学对意识的先验结构以及现象本质的探讨，某种程度上说，他从文化的角度理解感觉、行为、身体。因为梅洛－庞蒂的现象学主要涉及的是人与世界的关系、人与他人的关系、人自为存在的问题，这些问题都与身体——“意识与自然的交汇点”② ——相连，意识的优先权在梅洛－庞蒂这里彻底瓦解。梅洛－庞蒂在《知觉现象学》中旨在超越笛卡尔理性主义的空洞的“物体”和传统经验主义心理学空洞的“感觉”，对他而言身体不仅是物体，也不仅是意识主体，而是空间性、运动机能、性/性别、表达和言语的综合性的统一体，且归根结底“我们通过我们的身体在世界上存在”，“我们用我们的身体感知世界”，“如果我们用我们的身体感知，那么身体就是一个自然的我和知觉的主体”。③ 实际上胡塞尔在《观念二》中已经对身体的双重性有一定程度的探讨，并试图阐述身体和精神的统一问题，他指出“必须肯定说：躯体作为躯体是一双侧实在”，“是相关于作为直观的物世界的自然的实在，并同时是相关于精神的实在”，并且指出“躯体处于物质自然和精神之间”④。然而对胡塞尔而言无论是对物质自然、动物自然（躯体）还是精神世界都被还原于先验意识的构成。梅洛－庞蒂对胡塞尔的推进是从先验意识转向活生生的身体存在，他“抛弃了意识的形式主义，把身体当作知觉的主体”⑤。

我们从梅洛－庞蒂这里生发出具身（embodiment）的概念。人

① ［法］莫里斯·梅洛－庞蒂：《行为的结构》，杨大春、张尧均译，商务印书馆 2005 年版，第 15 页。

② ［法］雷诺·巴尔巴拉：《梅洛－庞蒂：意识与身体》，张尧均译，《同济大学学报》（社会科学版）2009 年第 1 期。

③ ［法］莫里斯·梅洛－庞蒂：《知觉现象学》，姜志辉译，商务印书馆 2001 年版，第 265 页。

④ ［德］胡塞尔：《现象学的构成研究——纯粹现象学和现象学哲学的观念》（第 2 卷），李幼蒸译，中国人民大学出版社 2013 年版，第 237—238 页。

⑤ ［法］莫里斯·梅洛－庞蒂：《知觉现象学》，姜志辉译，商务印书馆 2001 年版，第 288 页。

的生存经验是具身的，身体能看、能听、能行动、能感知，同时这一切的经验都与事物和他人相关，与世界紧密相连。胡塞尔那种意识总是对某物的意识的意向性到梅洛-庞蒂这里转化为身体性（更准确地说是具身性），没有哪种意识、知觉、行为不与物相关联。同时，身体与世界的关系也栖息于意义当中，每一个知觉事件都既是经验行为的又是理解认知的。梅洛-庞蒂指出："身体是所有物体的共通结构，至少对被感知的世界而言，我的身体是我的'理解力'的一般工具。身体不仅把一种意义给予自然物体，而且也给予文化物体。"① 也就是说世界不是客观的对象物，而是我们生存的环境，与他人、与事物发生互动的场所，我们和其他事物的存在一道构成了世界。梅洛-庞蒂拒绝将身体视为一个"闭合的"感知主体，转而强调处于时空情境中的身体，即身体是人与世界的"接合点"，身体生存于世，改变着时空情境，同时也被时空情境改变。因此，成为身体就是与世界和诸事物发生联系。世界和诸事物并非"主体"认识的对象客体，而是身体感知和体验发生的时空领域和情境。

梅洛-庞蒂后期将身体理论引向了"肉身"（flesh）概念。"肉身"不再是个体的身体，而是世界的"肉身"。"肉身"是具有某种原初的存在意义的维度，而个体的"肉身只不过是此种维度的某种具有特殊地位的模态"，于是"肉身从一个本体概念向一个本体论概念的过渡得以实现"②。梅洛-庞蒂解释道："世界的肉身不是像我的肉身那样自我感知的——它是可感知的而不是能感知的——不过我还是将它称为肉身，以便说它是可能的完形，是世界的可能性，所以它就绝对不是对象，存在的事实方式只不过是对世界的一种局部的和次要的表达。"③ 梅洛-庞蒂的"肉身"概念的关键在于其

① ［法］莫里斯·梅洛-庞蒂：《知觉现象学》，姜志辉译，商务印书馆 2001 年版，第 300 页。

② ［法］雷诺·巴尔巴拉：《梅洛-庞蒂的肉身概念的难点》，邓刚译，《同济大学学报》（社会科学版）2008 年第 5 期。

③ ［法］莫里斯·梅洛-庞蒂：《可见的与不可见的》，罗国祥译，商务印书馆 2008 年版，第 319 页。

“模糊性”，体现了一种近似于中国古代道家的“合一”思想。在帕斯卡尔·杜彭（Pascal Dupond）编著的《梅洛-庞蒂词汇汇编》中这样解释“肉身”：

> “肉身”概念与这个词的通常意义并不冲突，它包含了被现象学所称的“经验的身体”和“有生命的身体”。但它与通常意义下的身体区别之处在于：它所强调的并不是作为主体的身体存在与作为客体的身体存在之间的差别，与此相反，它强调了观看的主体与可见的世界之间的共同质地，两者不可分割、相互孕生，是世界的敞开和“开裂”，是作为观看—可见的存在整体。[①]

将世界称为肉身并不是一种概念化的“万物有生”或“万物有灵”论，而是强调世界是被知觉的存在，同时人通过世界的肉身理解身体——也就是我们自身的存在。实际上这就是梅洛-庞蒂所说的“可逆性”（reversibility），例如握手时“我们在触摸的时候感到被触”[②]，也就是说触摸者同时也是被触摸者，感知的同时也被感知，看的同时被看，在这样的循环的可逆性中，“肉身世界”被确立下来，即“肉身不是物质（matter），不是精神（mind），不是实体（substance）。要定义的话，应该用‘元素’（element）这个古老的术语。这个术语一般用于谈论水、气、土、火。也就是说它是一般事物的意义上的，介于时—空个体（spatio-temporal individual）和观念（idea）之间的，在有着存在的片段的地方带有一种存在方式的

---

① Pascal Dupond, *Le vocabulaire de Merleau-Ponty*, Paris: Ellipses, 2001, p. 5. 中译转引自［法］莫罗·卡波内《图像的肉身——在绘画与电影之间》，曲晓蕊译，华东师范大学出版社2016年版，“译序”第12页。

② ［法］莫里斯·梅洛-庞蒂：《可见的与不可见的》，罗国祥译，商务印书馆2008年版，第175页。

一种肉身化（incarnate）的原则。这个意义上肉身是存在的‘元素’”[①]。肉身是存在的“元素”，因而世界是身体的“交织”，在交织关系中主客体的二项对立被摒弃。

“交织”是梅洛－庞蒂对人与他者、人与世界之间的关系给出的阐释。“我”与他人的关系不仅是隔离或敌对，“而是还有我—他之间的共同起作用。我们像唯一一个身体那样活动”。“交织不仅仅是我他之间的交换（他收到的信息也传给我；我收到的信息也传给他），交织也是我与世界之间的交换，是现象身体和‘客观’身体之间的交换，是知觉者与被知觉者之间的交换：以事物来开始的东西以事物的意识来结束，以‘意识状态’来开始的东西以事物来结束。”[②] 这种交织性体现的正是“身体间性”，“我”、他人、事物都是肉身世界的片断性的身体，在各身体“元素”之间的动态的、交错的、互联的关系中，身体得以理解自身的存在。

现象学作为20世纪最有启发意义的思想之一，深刻影响着当代物质文化研究。现象学的任务是批判近代自然科学的客观化和近代哲学尤其是笛卡尔以来的主客对立，从而重新开辟探究人与物质世界之间关系的路径。克劳斯·赫尔德曾指出现象学（尤其是胡塞尔现象学）的去政治化一定程度上限制了其在当代的发展。现象学是否能介入政治或者文化成为其能否在当代得到推进的关键。当代物质文化研究的基本立场某种程度上就是对现象学立场的重访、继承和发展。

总的来看，现象学的重点“不再放在单子自我上，而是放在被自我和生命所介入的附近的世界所形成的整体性上”[③]。胡塞尔认为现象学提出的“面向事物本身”比自然科学更接近现实事物的本质，

① Maurice Merleau-Ponty, *The Visible and the Invisible*, Evanston: Northwestern University Press, 1968, p. 139.

② ［法］莫里斯·梅洛－庞蒂：《可见的与不可见的》，罗国祥译，商务印书馆2008年版，第272页。

③ ［法］保罗·利科：《论现象学流派》，蒋海燕译，南京大学出版社2010年版，第10页。

因为在他那里自然科学的态度是被搁置的、加括号的。然而在后来的海德格尔、梅洛－庞蒂等人看来，从意向性来“面向事物”很容易将现象学局限于意识层面而无法真正面向错综复杂的生活世界。我们看到现象学从胡塞尔开创以来，由先验意识到生活世界，再到海德格尔的日常性存在，再到梅洛－庞蒂的肉身世界经历了逐渐从寻求抽象本质到审视普遍存在和日常生活的转化过程。

谈到现象学的影响，我们首先想到的可能是其后继者伽达默尔、保罗·利科以及德里达等。虽然说物质文化研究与现象学是两条不同的研究路径，但不可否认现象学对物质文化研究巨大的影响力。一直以来对文化研究的理论回溯都主要基于西方马克思主义、法兰克福学派以及后来的英国伯明翰学派，而当代物质文化研究开启了对“物”的“返魅性”的探赜索隐，致力于削减长期以来附着于“物”的负面判断，重新评估“物”以及物与人的关系，因此现象学成为物质文化研究重要的理论源泉和方法指导。

现象学对自然科学客观性的反驳和对传统哲学主客二分、心物二分的批判在物质文化研究这里得到呼应。法国思想家布鲁诺·拉图尔将爱丁堡学派的“科学事实的社会建构论”引向了“科学事实的文化建构论”，强调科学活动实质上是文化活动，他试图突破自然科学和人文科学的界限，并持续向主客二分的传统哲学开战。在《我们从未现代过》一书中，拉图尔提出了“物的议会”，是对海德格尔物性论的“物之聚集”的批判性的继承。拉图尔认为虽然海德格尔对物的天地神人四方聚集的论述极为精彩，但海德格尔对科学对象的忽略说明他还是受到自身在《存在与时间》中物的“上手”和“在手”论的局限。“物的议会”一方面将一直以来被忽略的科学对象（或称技术物）纳入他所考察的物的阵营，另一方面用“议会”来强调政治的、文化的实践。

20世纪80年代以来，现象学在美国吸引了一批学者，他们将美国实用主义哲学和现象学相结合，开辟出“后现象学”的道路，唐·伊德是其中最有代表性的学者。唐·伊德汲取了胡塞尔的“生活世界”、海德格尔的“在手”与“上手”、梅洛－庞蒂的“具身性”的理论，结合自身技术哲学的研究背景，开展“人与技术”关系的现象学研究。伊德认为，从胡塞尔、海德格尔、梅洛－庞蒂三种现象学分析的历史背景来看，“它们都没有试图契合技术哲学，但是每一种分析都成了这里的关键因素”，他宣称自己“勾画的现象学源于这些公认的导师，但是又跟他们有所不同”。伊德的“人—技术”关系的现象学“就是把技术的角色重新放回到生活世界的各个方面中”[①]。之后，伊德将“人—技术”关系推向“技术—文化”嵌入关系研究，从而走向新的“生活世界”理论的建构。

“身体”是理论界的热点，也是物质文化研究的重要维度。毫无疑问梅洛－庞蒂是当代“身体转向”的领航者之一，在受其启迪的同时，物质文化研究也从自身视域对其思想进行重新发现。梅洛－庞蒂在《知觉的首要地位及其哲学结论》中反思地认为《知觉现象学》只是自己的初步工作，“因为它几乎没有谈到文化与历史”[②]。事实上在《知觉现象学》中梅洛－庞蒂早已给物质文化研究以启发，他指出文化世界的含混性在于人的存在和生活方式是多元的。“人们用烟斗吸烟，用羹匙吃饭，用电铃叫人，对文化世界的知觉只有通过对人的行为和对另一个人的知觉才能得到证实。”[③] 联系肉身世界“可逆性”的分析，我们得到的结论是，在文化世界中，人和他者的行为、知觉、实践共同构成了人和他者的存在，人处在和世界、他人、他物不断对话、共生共在的存在状态。

20 世纪后期到 21 世纪，世界文化的全球化融合加速，物质文化研究关心的问题诸如如何重新审视当前我们的生活世界，如何评估不同文化之间的关系，如何对待人与其他物种（物质）之间的关系以及

---

① ［美］唐·伊德：《技术与生活世界：从伊甸园到尘世》，韩连庆译，北京大学出版社 2012 年版，第 43—44 页。

② ［法］莫里斯·梅洛－庞蒂：《知觉的首要地位及其哲学结论》，王东亮译，生活·读书·新知三联书店 2002 年版，第 32 页。

③ ［法］莫里斯·梅洛－庞蒂：《知觉现象学》，姜志辉译，商务印书馆 2001 年版，第 438 页。

如何处理人类自身差异群体之间的关系，个人或群体如何在物质文化中定位自身，等等。在物质文化研究看来，自然世界与生活世界的二层划分是不可取的，借用克劳斯·黑尔德在《世界现象学》中的话：“作为生活世界的世界彻头彻尾是大自然与文化，它是作为文化的大自然，又是作为大自然的文化。”[①] 物质文化研究借鉴现象学“生活世界”理论，认为生活世界是取消了物质/精神、自然/文化的隔离区分的物质文化世界。于是，胡塞尔提出的“视域”成为关键性的概念。在看似统一的、“聚集”的、无所不包的物质文化生活世界，“视域性”使我们处在既局部又无限、既同一又差异、既定位又动态的居间状况，也就是说，我们与我们正在“看”的事物处于互联的关系中，视域决定了我们与事物的动态的多元关系。总的来说，物质文化研究无论主张突破主客二元对立，还是倡导物的回归，抑或重思人与物的关系，现象学都提供了重要的方法论指导。现象学传统也在物质文化研究这里得以重新发掘和推进。

① ［德］克劳斯·黑尔德：《世界现象学》，倪梁康等译，生活·读书·新知三联书店2003年版，第203页。

第四章

“物的社会生命”与“行动者网络”视域

当代物质文化研究的一个重要趋势是多领域、跨学科研究，这就意味着物质文化研究不能再囿于传统意义上的人文科学领域。如科布所说，“随着时间的推移，每一学科的方法和概念都变得相当封闭，与其他学科毫无共同之处。尽管各学科之间也许会相互发生影响，但这些影响是随意的。每一学科主要是根据臆测内容的实质特征在塑造自己”①。物质文化研究多点开花的态势也促进了各学科之间的界限和壁垒的消解。在物质文化研究的浪潮中大批研究者参与到“物如何参与社会生活”的讨论中来。

以阿尔君·阿帕杜莱和伊戈尔·科比托夫为代表的文化人类学家对现代社会中长期以来被置于与人对立的位置的物（商品）重新进行考察，主张物和人一样拥有社会生命，在文化视野中为物（商品）立传，是跨学科、多领域中“物的转向”思潮和物质文化研究的一个极具启发意义的维度。

在现代制度和现代性的知识领域，自然、社会、文本、存在是互不相容的四种知识，当致使它们互不相容的前提预设被取消，想要区分这四个部分就不那么容易了。布鲁诺·拉图尔的方法是，视物（和人一样）为“行动者”，社会被重组为“行动者网络”。当我

---

① ［美］小约翰·B. 科布：《生态学、科学和宗教：走向一种后现代世界观》，载［美］大卫·格里芬《后现代科学——科学魅力的再现》，马季方译，中央编译出版社 1995 年版，第 140 页。

们追踪一个“行动者”的轨迹，会发现它事实上是联结了自然、社会、文本、存在的不断增殖的杂合体（hybrid）。

第一节 物作为“生命体”

阿尔君·阿帕杜莱主编的《物的社会生命》是当代物质文化研究最具启发意义的编著之一，其中“物的社会生命”的论题开启了物质文化研究的重要方法：融合并超越人类学传统和马克思主义商品分析的文化人类学的物品研究。由此我们定位当代物质文化研究的一个重要维度——文化人类学视角的商品研究。

一 继承与批判

首先我们需要澄清的是为什么说阿帕杜莱等人的“物的社会生命”研究是人类学和经典马克思的融合。人类学作为现代学科在19世纪晚期到20世纪早期由弗朗茨·博厄斯和布罗尼斯拉夫·马林诺夫斯基等人基本确立下来。受涂尔干和马林诺夫斯基双重影响的马塞尔·莫斯的“礼物研究”代表了传统人类学的研究范式：以民族志材料为根据的物的社会性分析。人类学传统中的物一般意义上指与人生活密切相关的器物，反映某一时期某一氏族社会生活的遗迹，而且早期人类学的方法是将物分成圣物和一般物或者特殊物和寻常物，关注圣物、特殊物在人类社会中发挥的作用，在这种观念下，物品是载体，承载着人类某一群体的集体意识。当然，莫斯之所以在当代物质文化研究者这里备受追捧是因为其《礼物：古式社会中交换的形式与理由》中展现的他对“物之灵力”的发掘，他一方面受涂尔干的影响认为礼物是集体意识的载体，礼物交换是总体性的社会事实，一方面又不断地挖掘有关“物之灵力”的民族志材料，强调物在社会关系构成中特殊的能动作用。物的能动性正是当代“物的转向”以来各领域研究者（尤其是广泛的人类学领域）所关注的课题。马克思有关商品的生产/消费、价值/使用价值、商品拜物教的理论直接影响了之后西方马克思主义的理论路径，卢卡奇、法兰克福学派的物化理论、“文化工业”批判理论、英国的伯明翰学派的大众文化研究，以及鲍德里亚马克思主义与符号学的结合，都在关注一个话题：商品。在西方马克思主义的路径中，商品从政治经济学领域扩展到文化批评领域，这个趋势发生的背景是进入20世纪（尤其是第二次世界大战后）西方资本主义工业社会迅速发展，而战争和经济危机的阴影挥之不去，这一定程度上引发理论家们的集体反思，将现代社会的工业化、商品化视为批判的对象。20世纪70年代，随着解构主义对逻各斯中心主义的批判和解构，后现代主义将矛头指向主客体二元对立和以人为中心的启蒙现代性，理论界开始重新对商品进行评估。阿帕杜莱等文化人类学家融合了自身的学科传统和马克思主义的理论资源，反思和批判三个方面：传统人类学重视特殊物（如礼物）、忽视一般物（日常商品），马克思对生产的单向度强调，以及西方马克思主义赋予商品物的消极含义。在此基础上“物的社会生命”（the social life of things）的课题被提出来，即认为物和人一样拥有社会生命，商品是物的生命历程的一个阶段。

“商品和人一样拥有社会生命”的提出建立于阿帕杜莱对现代西方社会常识中人与物对立观念的质疑，他这样说：“建立在哲学、法律和自然科学的多种历史传统之上的现代西方常识具有一种强烈的倾向，即将‘词’（words）与‘物’（things）对立起来。”[①] 这种观念下，物是惰性的、沉默的，只有通过人和人的语言它们才得以富有活力。阿帕杜莱认为传统人类学的问题在于“认为物除了人赋予它们的事务、属性、动力之外毫无意义，这种观念使其无法阐释具体的，历史的流通中的物”[②]。理论上说人类行为赋予物以意义，而

---

① Arjun Appadurai, “Introduction: Commodities and the Politics of Value”, in Arjun Appadurai, ed., *The Social Life of Things: Commodities in Cultural Perspective*, Cambridge: Cambridge University Press, 1986, p. 4.

② Arjun Appadurai, “Introduction: Commodities and the Politics of Value”, in Arjun Appadurai, ed., *The Social Life of Things: Commodities in Cultural Perspective*, Cambridge: Cambridge University Press, 1986, p. 5.

从方法论的角度则恰恰相反，动态的物阐释了人和社会的语境。阿帕杜莱认为事实上没有一种对物的社会分析（无论是经济学的、历史学的还是人类学的）能够避免“方法论的拜物教”（methodological fetishism）。而正是这种“方法论的拜物教”修正了莫斯的那种过分用社会学方法对物进行分析的趋向，使我们重新将注意力转向物（它们自身）。如何理解“方法论的拜物教”呢？拿莫斯来说，他的《礼物：古式社会中交换的形式与理由》的目的是通过考察礼物这种特殊的物来说明人赋予物一种特殊的社会关系——交换。物承载的交换关系是一种总体的社会事实，没有这种交换关系，物品毫无意义，这就是物的社会性分析。而在方法论的层面，莫斯不可避免地分析大量的民族志中有关物品为何成为礼物，礼物如何参与交换关系的建立的案例。也就是说，阿帕杜莱认为不论哪种有关物的社会分析的理论，都必须通过跟随物本身，追踪物的轨迹来确立，在这个层面上，物解释了社会，并非人赋予物意义。

重新考察商品意味着视野和范畴的转变。对于商品的经典分析来自马克思，而在消费研究转向中，包括鲍德里亚在内的许多学者指出马克思的问题在于19世纪的特定语境限制其只能在政治经济学的范畴谈论商品，并只重视历史性的商品生产。阿帕杜莱指出虽然马克思将有关商品的讨论限定在了当时他所处的现代资本主义经济状况中，但马克思提供了一个非常关键的分析角度：商品的交换价值。无论是物物交换还是货币出现之后的商品交换都是以物为中心的社会关联。从交换价值的角度定义商品的价值是西美尔的观念，阿帕杜莱认为从“商品是任何可以交换的物”这个观念出发，可以避免过分强调生产和生产者意图（意识形态）的偏狭。可以看到从生产角度延伸出来的西方马克思主义走上了物化理论、文化工业批判、意识形态批判的路径。

从交换的角度定义商品即倡导这样一种研究方法：“将商品视为一种特定情境下的物，情境可以界定各种不同种类的物在它们的社会生命的不同节点的特性。这就意味着关注所有事物的商品潜质，而不是徒劳地寻找区分商品与其他种类的物之间的魔力。这也意味着聚焦商品从生产出发，通过交换/分配，再到消费各个环节的完整轨迹，突破相当数量的马克思主义者一贯的以生产为主导的视角来审视商品的方法。”[①] 据此，阿帕杜莱分析了“商品情境”（commodity situation）的三个方面：一是商品是任何物的社会生命的一个阶段；二是商品是任何物的候选状态；三是任何物可以被放置在商品语境中。也就是说，物品的可交换性使得物在社会关系网中不断流动，转变状态。

二 商品的“路径”与“偏移”

无论是马克思的商品分析还是涂尔干的圣物和一般物分析都展现了一种观念：商品是和其他种类的物区分开来的某一种类的物。阿帕杜莱和科比托夫等当代物质文化研究者反对这一观念，指出商品是物的存在的特定的阶段。受科比托夫“为物立传”的启发，我们认识到物作为商品它的“生命历程”并不止于购买行为完成，很大程度上说，其“生命历程”从购买行为完成之时才刚刚开始。阿帕杜莱声称自己并不十分赞同科比托夫在《物的文化传记》中显露出来的对商品化和特殊化的区分与对立，因此他将科比托夫那里的商品化和特殊化发展为商品的路径（path）和偏移（diversion）。需要指出的是科比托夫并非将商品化和特殊化对立起来，相反他自始至终试图论证商品化和特殊化是互相转变和交织的，但是科比托夫的问题是为了论证便于操作而将商品化和特殊化区分讨论，举出的案例过多地倾向于特殊物品或暂时或永久性地商品化，这致使其无法避免地被误解。阿帕杜莱提出商品的路径和偏移是对该问题的缓解和延伸。

---

① Arjun Appadurai, “Introduction: Commodities and the Politics of Value”, in Arjun Appadurai ed., *The Social Life of Things: Commodities in Cultural Perspective*, Cambridge: Cambridge University Press, 1986, p. 13.

“路径”和“偏移”的概念源自南希·穆恩（Nancy Munn）分析噶瓦（Gawan）人的库拉[1]（kula）系统的文章。南希指出，虽然在库拉系统中，物品的流通有其相对稳定的路径（这个路径既包括不同种类的贝壳从地理上的一个岛屿到另一个岛屿之间的方向，也包括它们在相对稳定的群体之间的流通，即与人构成相对稳固的关系），但库拉是行动的系统，在行动的过程中发生着偏移。偏移意味着新路径的产生，新路径不断产生，不断从既定的路径中发生偏移，例如具体的贝壳在不同人看来价值不同，在交换时形成的关系也不同。事实上，库拉系统中的人必须有能力寻求一种平衡，他必须不断地通过交换贝壳来保持既定路径，但又不得不不断地面对偏移。因此在南希看来，库拉系统中物品交换的路径和偏移过程中人对物（贝壳）不断进行分类，赋予其价值，同时，物也不断对人进行界定。[2] 南希对库拉系统的路径和偏移的描述对理解阿帕杜莱的商品流通机制的分析有很大帮助。

在商品生产的角度，某种商品从生产到消费是一条既定的路径。无论是从具体的实用性还是从文化秩序的操控上，都规定了商品在社会中的位置和它们面向的消费群体，在这种状况下，商品和消费者都被意识形态权力话语操控。这很大程度上也是西方马克思主义的观点。而在文化的视野中，从物的角度、消费的角度看，商品则经历着短期的和长期的过程。在阿帕杜莱看来，短期内的偏移策略可能引发在消费领域内的变化，从而逐渐改变商品长期的流通模式。

---

① “库拉”（kula）西太平洋一些岛屿氏族、部落的跨部落的交换体系。这些岛屿、地域形成一个地理上的圈，两种物在这个循环圈内相向交换流通，一种是红色贝壳连缀的项链，一种是白色贝壳加工成的臂镯。这两种物品在各自的轨道上流通，因此“库拉”系统通常被称为“库拉圈”。“库拉”体系包含了贸易、赠礼、仪式、宴请等众多社会活动。对库拉的经典分析来自马林诺夫斯基的《西太平洋的航海者》，在此之后“库拉”成为文化人类学领域的重要课题。

② 参见 Nancy D. Munn，“Gawan kula：spatiotemporal control and the symbolism of influence”，in E. Leach and J. Leach，eds.，*The Kula*：*New Perspectives on Massim Exchange*，Cambridge：Cambridge University Press，1983，pp. 277 – 308。

现代社会最经典的偏移是商品变为展览品、收藏品或者成为某种时尚的一部分。阿帕杜莱认为这是商品的审美化。例如陶瓷盘子从餐具成为家庭摆件、军队制服成为大众时尚服装。从商品流通模式的再生产的角度来看，消费长期建立起来的模式受到既定的商品流通路径的限制。也就是说陶瓷盘子成为家庭摆件成为长期的需求，必定在再生产中形成既定的路径。由此可以看出阿帕杜莱认为消费是社会性的、主动性的，而非个体性的、被动的。

社会性和主动性是看似难以调和的概念范畴。阿帕杜莱的观念是：消费既发送社会信息，也接受社会信息。[①] 也就是说，消费被经济的、社会的力量操控和决定（西方马克思主义的观点），另外，更重要的是消费在一定的社会性限制之内又反作用、反操控了经济的、社会的力量。

三 价值的政治

当代物质文化研究在商品领域主要聚焦于商品的流通与消费研究，在复杂多元的文化中，研究者们越来越意识到从生产的角度理解和分析商品片面而不准确。“商品体现了复杂的社会形式和知识分布。”[②] 显然生产知识中的商品和消费知识中的商品大相径庭。因此将商品视为有社会生命的、将商品化视为过程性的观念有利于多角度地对商品流通过程进行考察和分析，而不是囿于传统的生产的角度视商品为静态的客体（物）。

带着这样的观点，阿帕杜莱所谓的“价值的政治”变得容易理解。资本主义不仅仅是经济体制，而是复杂的文化体系。商品的价

---

① Arjun Appadurai, "Introduction: Commodities and the Politics of Value", in Arjun Appadurai, ed., *The Social Life of Things: Commodities in Cultural Perspective*, Cambridge: Cambridge University Press, 1986, p. 31.

② Arjun Appadurai, "Introduction: Commodities and the Politics of Value", in Arjun Appadurai, ed., *The Social Life of Things: Commodities in Cultural Perspective*, Cambridge: Cambridge University Press, 1986, p. 41.

值也并非在经济贸易和货币交换领域中体现，在文化体系中，商品的价值恰恰在其“生命历程”中得以彰显，可以说在远离生产者、交易者的情境中，商品的文化价值才越发凸显。

从前文的考察中，我们已经看到突破生产角度之后的商品分析的可能的维度。以前两者为基础通向一种“价值的政治”在于阿帕杜莱试图将探索的触角伸向商品流通过程中的社会能量的碰撞之地。“政治（广义上与权力有关的关系、假设、争夺）连接了商品的社会生命中的价值与交换。”[①] 在不断地交换流通和价值协商的过程中，特权与社会控制之间的关系被反映出来，同时也被建构起来，而政治就形成于既有的路径与商品对这一路径的不断偏移之间的张力。带着这样的观点重新审视商品的收藏、特殊物的本真性、广告等商品研究领域的主题则会得出不同以往的结论，为当代物质文化研究开辟新的维度。

1. 物的收藏

进入收藏路径的物品拥有不进入一般商品路径的特权。普遍的观点是，它们如同涂尔干所说的圣物，被区分、隔离出来，反映了特定时期特定情境下某个群体的意识。再如鲍德里亚的“符号—物”的观点，被收藏的物本质上是某个符号体系中的符号，它之所以被从一般功能物分离出来是因为意识形态赋予其某种意义。而在物的社会生命历程的理论视域中，物品成为收藏只是它从既定商品路径上偏移为“准商品”。在当代复杂多元的资本主义文化体系中，藏品进入估价机制，虽然有些藏品被广泛认为是无价的，但在拍卖、保险等相关范畴中，藏品被估值，成为“准商品”，它可能永远不会成为交易物，但也可能在拍卖成功和被盗窃后重新进入交换流通路径。物的“准商品”和“商品”的身份交替突破了商品/非商品的二元偏见，在不同的情境中联结了不同的文化力量和社会关系。

---

① Arjun Appadurai, “Introduction: Commodities and the Politics of Value”, in Arjun Appadurai, ed., *The Social Life of Things: Commodities in Cultural Perspective*, Cambridge: Cambridge University Press, 1986, p. 57.

2. 物品的本真性

本雅明在其《机械复制时代的艺术作品》中分析了与艺术作品的独创性紧密相关的本真性“光晕”在现代复制技术中失灵。我们看到在本雅明之后，法兰克福学派对在技术变革诞生的“文化工业”的强力批判。然而值得注意的是，在一个注释中本雅明提到：“一幅中世纪的圣母玛利亚画像，在它被创造出来的那个时候，还不能算作是‘真品’，只是在以后几个世纪里，它才成了‘真品’。”① “真品”是个相对的概念，一件特殊物品，在偏移了既定一般商品领域后具有“圣物”的特质，在收藏者那里，它体现了某种拜物价值，而在复制技术影响下的艺术世俗化之后，这种拜物价值很大程度上被本真性价值取代。本雅明的这个注释颇有启迪意义，但是本雅明只关注了技术作为核心的革新力量作用于物引发的转变，从物的生命历程的角度看，这些转变都具有文化的维度。在变革产生的地带凝聚了政治的张力，各种社会能量在此相互抗衡和协商。物品成为具有本真性的特殊物的过程体现了生产者和消费者在审美、品味、价值评估等方面的多样性。例如一件限量生产的商品进入流通领域后不断增值，成为纪念品、藏品，在生产者这里是商业化的策略，而在消费者这里并不仅仅意味着受这种商业策略的迷惑，更重要的是通过拥有这个物品来体现和构建自己的身份。再如，波普艺术家安迪·沃霍尔通过不断复制，重复印刷、拓印、投影的方法进行“反本真性”创作，他将画作批量印刷生产，甚至签名都由其助手或母亲代签。从生产的角度，安迪·霍沃尔的画作并无“本真性”原作可言，而进入流通领域，受到文化情境、审美趋向、商业策略的影响，这些产品却成为紧俏藏品、高价拍卖品。

3. 广告

广告一直被认为通过运用诱惑机制来操控消费者，从而获得更

---

① ［德］瓦尔特·本雅明：《机械复制时代的艺术作品》，王才勇译，中国城市出版社2002年版，第134页。

多的经济效益。这种极有说服力的分析过于将问题简单化。事实上，就广告作为物本身来说，它的图像、文案、设计与文学和审美有关，它的内容和表现形式体现了某一时期的生活方式。诱惑机制只是广告策略的一部分，整体上看，广告涵盖了社会文化的多个方面，占主导地位的不一定是策略实施方，不同的受众群和消费者需求都影响着广告策略的制定。广告本身影响着消费者的消费心理和消费活动，同时它也汇聚了生产者和消费者之间不断操控和抵抗的力量。

阿帕杜莱说：“政治联结了价值机制和商品的特殊流通。”[①] 视物有社会生命从商品化的过程性的角度探讨物品在不同的阶段的价值机制，从各种社会力量介入物的价值机制和流通以及物同时也不断介入人的社会生活，建构社会关系两方面的张力中形成一种商品的政治（或物的政治）。这样，物既是社会力量的汇聚空间，也是文化体系中的行动者和实践者。

第二节 物作为“行动者”

从第二次世界大战后到21世纪，伴随着科学技术的革新，世界政治、经济、文化秩序在不断的危机中重新建立，又不断面临新的挑战，多元复杂的世界状况促使人文科学和自然科学领域针对当下世界的重要议题开展对话。然而，更多的学者认为仅对话无益于解决问题，反而走向了两方阵营各说各话的局面，在后现代主义思潮的影响下，世界范围的人文科学和自然科学领域都倾向于在反思和转换自身研究范式的同时主张突破旧的学科体制，寻求跨学科、跨文化的研究。法国学者布鲁诺·拉图尔就是其中极具代表性和影响力的一位。如果对拉图尔进行定位，可以说他立足于科学哲学领域，同时他的研究在人类学、文化研究领域具有持续的影响力。拉图尔

---

① Arjun Appadurai, "Introduction: Commodities and the Politics of Value", in Arjun Appadurai, ed., *The Social Life of Things: Commodities in Cultural Perspective*, Cambridge: Cambridge University Press, 1986, p. 57.

的总体理论基调是既抗拒事物先在于人，也抗拒人先在于事物的立场，从而设立全新的标准。行动者网络（Actor-Network）的关键词是“行动者”和“网络”，前者突破的是主体/客体二元结构，后者突破的则是自然/社会二元结构。

一 科学事实的社会建构

启蒙运动以来西方知识体系中，对事物的认识、事实的发现、真理的判定都依赖于客观性的自然科学。在自然科学领域，科学研究者是“谦卑的见证者”。谦卑的见证者这一概念缘起于英国化学家罗伯特·波义耳。1661 年波义耳的《怀疑派化学家》出版，开启了近代化学。波义耳认为观察和实验是科学的基础，观察者和实验者是不可见的。也就是说，认知主体见证者与客观成果是分开的，他将科学成果呈现出来，自己则隐匿在科学事实和真理背后，是“谦卑的”、不可见的，这最终确保了知识的客观性。20 世纪 50 年代，英国学者 C. P. 斯诺就对现代西方社会的人文科学和自然科学两种知识割裂开的状况进行了批判。他认为整个西方社会的智力生活已日益分裂为两个极端的集团。一极是文学知识分子，另一极是科学家。[①] 这两个集团之间互不理解甚至相互厌恶，这两个集团受到的专业化教育不同，研究的方法和态度都不同，两个集团从事不同的知识生产进而形成了对立的两种文化。整个西方教育和科研体系则默认了这两种文化，并从制度、机制上加深了二者之间的鸿沟。到了 70 年代，在托马斯·库恩的影响下，以大卫·布鲁尔为代表的“科学知识社会学”（Sociology of Scientific Knowledge，SSK）挑战科学知识的客观实在性，从社会学的立场指出科学知识的成因是社会建构。在此影响下，布鲁诺·拉图尔和史蒂夫·伍尔加合著的《实验室生活：科学事实的建构过程》运用人类学田野调查的方法对科学实验

① ［英］C. P. 斯诺：《两种文化》，纪树立译，生活·读书·新知三联书店 1994 年版，第 3—4 页。

室进行考察，从而得出科学事实的产生是一个建构过程的结论。

“两种文化”的长期分隔致使文化人类学家的考察对象对准了最有原始风情和异国情调的部落和氏族，完全忽略了自己容身其中的现代科学、工业以及技术。拉图尔（和伍尔加）指出他们的工作是“编纂实验室的第一部人类文化学志”[①]。拉图尔进入实验室，观察科学研究员的日常工作（包括仪器操作、记录数据、交谈、座谈）和实验室各项机制的运行，目的在于考察一个科学事实是如何产生的。拉图尔的实验室生活考察是一种微观的研究，相比已成固定模式的对科学规模、科研经费、科学发展与分布等情况的宏观描述，拉图尔深入科学活动的中心，研究科学事实建构的微观过程。

考察科学事实的产生的过程并非和科学研究者一样做实验、记录数据、填写报告、总结结论，而是观察实验室的实践活动，拉图尔主要考察这几个方面：研究人员之间的谈话，研究经费的分配和奖励机制，不同研究者的思维过程以及实验室的物质因素（地点、空间、设备），等等。这几个方面也作为不同的因素影响着科学事实的产生，但这些因素在传统的实证科学那里是被排除在外的。如拉图尔所言：“我们的世界观使我们坚持认为事物都是有秩序的，秩序是规则，而对于无序，无论在何处，只要可能就应加以消除。”[②] 这种观念必须予以转变。福柯的知识考古学向我们呈现了历史的“事件化”，以巴里·巴恩斯和大卫·布鲁尔等人为代表的“科学知识社会学”指出“知识与社会之间存在着密切的和必然的关系”[③]，同时结合对实验室的“田野调查”所了解到的科研活动中的精力浪费、经费分配和奖励刺激、研究人员之间的辩论甚至立场观点不同引发的附加了某种“政治激情”的论争，拉图尔宣称：科学事实不是被

---

① ［法］布鲁诺·拉图尔、［英］史蒂夫·伍尔加：《实验室生活：科学事实的建构过程》，张伯霖、刁小英译，东方出版社2004年版，第9页。

② ［法］布鲁诺·拉图尔、［英］史蒂夫·伍尔加：《实验室生活：科学事实的建构过程》，张伯霖、刁小英译，东方出版社2004年版，第245页。

③ ［英］巴里·巴恩斯：《科学知识与社会学理论》，鲁旭东译，东方出版社2001年版，第202页。

发现的，而是被建构的。

1986 年，《实验室生活》再版，拉图尔将副标题“科学事实的社会建构”改为“科学事实的建构过程”。“社会”一词的取消也意味着拉图尔的思想较 70 年代末发生了转向，他开始反思并脱离“科学知识社会学”阵营，转向的标志是 1992 年的论文《社会转型之后的进一步转向：让科学研究融入非现代世界》。拉图尔指出“科学知识社会学”当初突破性地用社会学解释科学知识的产生恰恰成为其“病征”，这使其和主导自然科学界的实证主义研究一样走向了“单向度的科学”（One-dimensional Science）。问题的核心是自然和社会的两极对立，拉图尔认为必须克服这种建立在康德哲学为基座的固定模式。拉图尔这样分析问题的根源：“从康德以来，物自身（或译‘物自体’）确实被留给了它们自己，毫无主动性和活力，消极地被各种模式型构，或者被各种范畴覆盖。它们唯一的任务是确保我们知识中先验的非人类的角色，以避免极端唯心主义的结果。悖论的是，哥白尼革命被康德的‘批判’用来描述一种以人类为中心的（或者社会中心论的，或逻各斯中心的）事业。”[①] 因此，要摆脱“单向度的科学”必须避免落入单一立场的“自然的”或“社会的”困境，突破“客体—极”（object-pole）或“主体—极”（subject-pole）的引力。

拉图尔对“科学知识社会学”的批评引发了他与大卫·布鲁尔的论战。布鲁尔以《反拉图尔论》澄清他的对科学知识的成因进行社会学解释的“强纲领”理论并非拉图尔所说的走向“社会的”一极，相反，“强纲领属于自然主义和因果性的系统。强纲领的出发点是社会本身，而社会本身也属于自然”[②]。布鲁尔认为拉图尔误解了“强纲领”。另外，拉图尔则以《答复 D. 布鲁尔的〈反拉图尔论〉》

① Bruno Latour, “One More Turn After the Social Turn: Easing Science Studies into the Non-Modern World”, in Ernan McMullin ed., *The Social Dimensions of Science*, Notre Dame: Notre Dame University Press, 1992, pp. 272 – 292.

② ［英］D. 布鲁尔：《反拉图尔论》，张敦敏译，《世界哲学》2008 年第 3 期。

进行回击。拉图尔认为布鲁尔对“强纲领”澄清却暴露了他思想上的“绝对的相对主义”的矛盾，由于不肯脱离康德的自然/社会、主体/客体图式，布鲁尔虽然持建构主义立场，肯定科学事实的相对性，最终却不得不偏向或自然或社会的一极。拉图尔的立场是反绝对论，从基础上寻求突破，正如他所说：“我们应该创新的地方正是大卫所说的我们应该舒适地就座而不加任何审查的地方，如果我们先入为主地相信，自然是我们所有关于自然的设定之不言而喻的根据的话，我们就不可能对自然进行任何考察。”① 与布鲁尔的论战坚定了拉图尔从“科学知识社会学”的社会建构论转向行动者网络理论。

二 行动者网络

20 世纪 90 年代，社会建构论在文化研究、女性主义、后殖民主义获得了广泛支持。尤其在性别研究领域，社会决定论在与生理决定论的论争中逐渐占据上风。建构主义一时间成为不可动摇的立场。拉图尔却无意再做一个建构主义者，而是试图从束缚了现代西方几百年的自然/社会、主体/客体的二元架构中脱离出来，拉图尔的理论出路是“行动者网络”理论。

1. 行动者

从字面意思上理解，行动者似乎应被理解为行动的发出者，但在行动者网络理论中，这个理解过于片面，对此拉图尔解释道：“在行动者网络的表达式中，‘行动者’不是行动的源头，而是活动着的目标，聚集了大批的存在涌向它。”② 拉图尔用“行动者”的概念替代主体或客体的二元区分，在表述的过程中，他用 actor 指行动者，用 actant 指“无形的”（no figuration）行动元，有时也用 agent，用

① ［法］B. 拉图尔：《答复 D. 布鲁尔的〈反拉图尔论〉》，张敦敏译，《世界哲学》2008 年第 4 期。

② Bruno Latour, *Reassembling the Social: An Introduction to Actor-Network-Theory*, New York: Oxford University Press, 2005, p. 46.

法基本和 actant 相同，总体上看三者含义基本相同。事实上拉图尔曾在较早著作《法国的巴氏杀菌法》的一个注释中解释他受到格雷马斯“行动元”的启发，“使用‘actor’，‘agent’，或者‘actant’并非假设它们是谁或者赋予它们特性。相较一般意义的‘性格’或者‘戏剧角色’，它们的关键特征则是角色的自主性。它们可以是任何事物——个人的（‘皮特’）或者集体的（‘人群’），形象的（‘人形的或者动物形的’）或者无形的（‘命运’）”[①]。行动者是拉图尔用来对抗主体/客体、人/非人、人/物这样的二元模式的概念。在此之前，无论是自然领域将客体（物）视为客观“在那儿”的、等待被人发现的东西，还是社会领域将客体（物）视为外在于人的、反映人的意识和情感的东西，客体（物）在知识中都是被动、消极的。行动者的提出首先将物和人置于同等地位，消除人与物的界限和等级制。其次，行动者之间相互联结、相互作用，在这个关系中呈现出各自的主动性和积极性。因此，必须引入网络的概念。

2. 网络

网络的概念是对自然/社会二元对立的替代。自然与社会既代表某种立场也是知识形成的语境（或环境），于是形成了“单向度的科学”。网络概念的提出是为了考察行动者的状态，将行动者们纳入了一种动态关系中。在网络中，行动者是行动的，并且相互联结，每一个行动者都是这个动态网络中的节点，他接收信息也编写信息，接收能量也形成能量，主动行动也带动其他行动者行动。

仅从概念上很难把握行动者网络理论，我们需要认识到行动者也是转义者（mediator），而网络则体现了一种关系主义。转义相对中介而提出，中介者的任务是接收信息和传递信息，中介者自身不会对经过他的信息或者能量做任何改变。在主客二分的观念中，如果说主体的人是行动者似乎无异议，而客体往往扮演着中介者的角

---

① Bruno Latour, *The Pasteurization of France*, Cambridge: Harvard University Press, 1988, p. 252.

色。于是我们看到在文学分析中，作品承载着作家主体的创造力和灵感，它将作家的意图传达给读者；在社会学分析中，图腾传达了某种特殊的集体意识，礼物传达了某种特殊的社会关系；在文化批判中，商品传达了文化秩序和意识形态；等等。客体是中介者，更是沉默的、被宰制的物。转义者则模糊了主体/客体的界限，行动不再只是人的专利，建构性不再只是社会的专权。强调转义则是承认行动者对信息进行转译（translation）和修改（modify）的能力和合法性。转义得以成功的条件是行动者之间的联系、交流、合作、协商、互动，总而言之，就是建立关系，形成动态的行动之网。

正如拉图尔强调“网络是一个概念，不是外在的物。它是有助于描述某事物的工具，而非正在被描述的东西”[①]。必须说明的是，“行动者网络理论”并非提出一个理论，这个理论重新定义了社会——一种行动者网络；“行动者网络”是工具、是方法，用它来分析和追踪事物以及它们之间的关系。在《法国的巴氏杀菌法》中，拉图尔追踪了“巴氏杀菌法”的发明过程。“巴氏杀菌法”不是巴斯德一个行动者所为，而是在包括其他科学家、医生、结核病、黄热病、瘟疫、实验室、微生物、生病的牲畜等在内的行动者组成的关系网络中生成的。

行动者网络理论的目的是重组“社会”。“社会”从一个涂尔干那里结构性的，与人以及人的活动有关的总体性的事实过渡到拉图尔这里的行动者不断联结、转义的网络。因此拉图尔用“集体”（collective）一词代替“社会”（society），用“联结的社会学”（sociology of associations）代替“社会的社会学”（sociology of the social）。

① Bruno Latour, *Reassembling the Social: An Introduction to Actor-Network-Theory*, New York: Oxford University Press, 2005, p. 131.

三 从现代性到非现代性

与大多数批判现代性的后现代主义思想家不同，拉图尔明确指出自己不属于后现代主义，甚至对后现代主义能否被视为一种理论和方法持怀疑态度。在他那部著名的论集《我们从未现代过》中说："后现代主义是一个症候，并非一个新鲜的解决方案。"[①] 从拉图尔众多的著作和论文中可以看出他针对问题的基本出发点和解决问题的方法不是走向"后—"的理论，而是一种"非—"的理论。例如他对主客二元论的批判绝非走向更通融的被普遍讨论和接受的"主体间性"，而是用行动者取代之。行动者的提出背后的逻辑立场不是"后—主客关系"而是"非—主客关系"。当然，这也不是文字或者文学上的换个词表述，而是意味着观念上的转变和方法上的范式转换。后现代主义批判现代性或者反现代性，而拉图尔却下定论道："我们从未现代过。"

从福柯那里我们已经认识到"知识型"的更替并非如达尔文进化论一般从低级到高级线性发展。被视为人类社会的高级模式的现代化秉承着现代之前的世界是未开化的，现代化之后则是文明先进的新世界的理念开疆扩土，最终，现代化的结果是祛魅地将客观的自然定律和文明的社会制度区分开来。这个被现代人引以为傲的现代化进程却被拉图尔称作一劳永逸的"推土机操作"[②]。现代化是一个不断分界的过程，是不断做排除法和提纯的过程，也是不断对立的过程。这个过程从现代大学的学科建制中可见一斑，每一学科领域都不断细分，不断建立自己的体制机制、操作程序和话语体系。在拉图尔看来，当代弥漫的后现代主义是一种否定现代主义的症候：万物都无价值；一切都是幻象，是流动的符号；并且寄希望于这种否

---

① Bruno Latour, *We Have Never Been Modern*, Cambridge: Harvard University Press, 1993, p. 46.

② Bruno Latour, *We Have Never Been Modern*, Cambridge: Harvard University Press, 1993, p. 130.

定将人从技术、科学和理性的入侵中摆脱出来。拉图尔一语中的地指出后现代主义之所以不是一种解决问题的方法是因为其矛盾性——既分享着现代制度却又试图将之抛弃和摧毁。揭示了“后—”的路径的虚幻性，拉图尔强调自己的“非—”的路径，即指出实际上现代性在现实领域是失败的，我们从未现代过。

拉图尔通过日常生活中一个看报纸的场景来说明现实的状况并非区分与对立，而是联系与杂糅：

> 当我们拿起一份报纸，从测量数据了解到南极洲臭氧层空洞不断扩大。针对这个状况，化学家们指责罪魁祸首阿托化学公司和孟山都公司生产的大量含氟氯烃的产品。气象学家和化学家观点产生分歧，相关行业和公司的实业家们和政府决策者不知如何制定对策。第三世界国家和生态学家也介入其中，共同探讨生态环境保护、国际政策以及发展权的问题。臭氧层空洞使科学问题与社会问题联系在一起，科学家、实业家、政治家、民众联系在一起，工厂车间、工人、公司董事会、国际科学研讨会、选举、股票、政治政策等都通过一个事件联结起来。①

现代性的知识告诫我们不要将自然与社会、科学与权力混合起来，不要将人与机器、动植物混合起来，于是有关客体事物的知识被放在一边，有关主体人的知识被放到另外一边。拉图尔认为这是一种假设联系不存在的知识，而在实践中，联系一直都存在，这就是现代性的悖论。拉图尔所做的就是重新连接被现代性“斩断”的“戈尔迪之结”，揭示我们实际上一直生活在“非现代”的世界。

拉图尔不仅反复指出传统的自然的实在论和社会的建构论偏向

---

① 参见 Bruno Latour, *We Have Never Been Modern*, Cambridge: Harvard University Press, 1993, pp. 1 - 3。

单一维度的问题，同时也考察了20世纪最重要的，试图突破现代性的二元对立两个转向：一是符号学；一是存在论。在拉图尔看来，这两个资源都无法从根本上逃脱现代性的范式。

符号学的策略是视话语独立于自然与社会。话语是一个独立的意指体系。为了确保语言的自治，符号学必须一方面排除实在的自然世界，另一方面宣告言说主体的死亡。语言形成自治，万事万物都是符号、文本。然而这种排除和搁置自然意义上的指示对象（referent，并非signified——笔者注）和社会意义上的言说主体的策略在拉图尔看来恰恰使它们之间的联系变得更加困难。在文学、文化领域运用得得心应手的符号学如果用来处理科学与技术却显得举步维艰。如拉图尔所说："将整个宇宙还原为一个宏大的叙事、将亚原子粒子物理学还原成一个文本、将地铁系统还原为一堆修辞手段、将所有的社会结构还原为一段话语并非易事。"① 为了"符号帝国"（罗兰·巴特语）的合理性和稳固性，符号学不得不求助于旧的社会学或者自然实在的世界，于是我们看到鲍德里亚、布尔迪厄的身份和品位分析，以及福柯的全景敞视监狱分析。第三条道路则是像德里达那样走向了对符号体系自身的解构。在拉图尔看来，符号学过于将自身限定在文本、话语领域，似乎处于自然和社会的中间地带，却无法将它们联结起来，反而使自身独立于自然和社会两极之外，形成第三极。

海德格尔的存在论现象学以突破现代哲学主客二元结构为主旨。物（thing）之物性是天、地、神、人的四方聚集。然而海德格尔用来分析"物之聚集"的壶是汇聚了神性的壶、成为艺术品的壶、诗化的壶。拉图尔认为海德格尔这样的哲学家的问题是无法将精彩的"物之聚集"的分析也运用到当代日常生活、科学技术、经济政治等领域的物。在著名的"在手物"与"上手物"的分析中，海德格尔

① Bruno Latour, *We Have Never Been Modern*, Cambridge: Harvard University Press, 1993, p. 64.

向我们呈现了只有“上手物”才能成为天地神人的聚集之“存在”（being），而“在手物”则丧失了神性，是被认识的对象客体（物）。对此拉图尔指出，莱茵河岸的水力发电车间、亚原子粒子、阿迪达斯运动鞋、古老的手工木鞋、农业综合企业、陈旧的风景画、店主的记账簿、荷尔德林的悲情诗句也是存在之物，而哲学家们却拒绝承认它们。[①] 因此，海德格尔的追问的确极具启发性，他的问题在于设立了存在物（thing）与对象物（object）的区分，将现代工业、科学技术以及现代日常生活中的物品排除在“存在”之外，用拉图尔的话说：“海德格尔对现代世界充满了蔑视。”[②]

拉图尔认为自然、社会、文本（符号）、存在是现代性的四个重要资源，且它们中的任何一个都无法走出现代性的阴影，拉图尔的解决方案是联合这四种资源。通过对现代社会的四种资源的联结和行动者网络的重组，拉图尔宣称“非现代制度”（non-modern constitution）的生成。“非现代制度”的由杂合体组成的“物的议会”（the parliament of things）确保了“物的民主”。

第三节 追踪物的行动轨迹

总体来看，“物的社会生命”和“行动者网络”都采取了一种“追踪物的行动轨迹”的方法。尤其在文化人类学领域引发了研究范式演变。这里我们引入在物质文化研究领域极有影响力的伊戈尔·科比托夫的“物的文化传记研究”。

“物的文化传记研究”的范畴中“传记”并非一种文体研究，而倾向于一种比喻，即像为物立传一样研究物在文化情境中的流动过程。英文 Biography（传记）的前缀 bio 意味着“有生命的”，在词

① Bruno Latour, *We Have Never Been Modern*, Cambridge: Harvard University Press, 1993, p. 66.

② Bruno Latour, *We Have Never Been Modern*, Cambridge: Harvard University Press, 1993, p. 66.

典里该词的意思是"记录某个人的经历的文体"。因此"物的文化传记研究"的前提是认为物和人一样拥有社会生命。从阿帕杜莱那里我们看到商品情境中物要么是商品要么处于商品的"候选"状态，因此在文化的视野中，科比托夫的"物的文化传记研究"的实质是考察物的商品化过程。为什么要突破马克思主义的商品生产的研究视角而进入物的商品化过程的研究，科比托夫做出如此解释："在文化的视野中，商品的生产也是文化的和认知的过程：商品一定既作为物质上被生产的物，也是文化上被标记的某种物。"[①] 不同的文化情境中物的状态不同，例如同一物品在某一阶段是商品，在某一阶段则可能不是；有人认为是商品的物在他人看来则可能不是，"物的文化传记研究"就是揭示物在文化中不断被标记，不断转换身份，呈现不同的"生命状态"的过程。

科比托夫介绍他的研究源于奴隶制下人的商品化过程的启发。对奴隶制的传统看法认为奴隶是财产（物），而这逐渐被一种过程性的观念取代。在这种过程性的观念中，奴隶的社会身份的转变过程被揭示出来。如果给一个奴隶写一部传记，他（她）的被奴役过程应该是这样的：奴隶在被交易的时候是经济意义上的商品，而一旦被主人购买而进入新的环境中，奴隶获得了新的身份。也就是说，奴隶经历了商品化到再社会化、再人化的过程。同时，再人化的奴隶也是潜在的商品，因为其随时可能再度商品化。这个过程对于其他物来说也适用，因此科比托夫的"物的文化传记研究"强调的第一点是：商品化并非"是或非"的判断，而应被看作动态转换的过程。

科比托夫强调的第二点是：考察特殊性。商品的特殊性从两方面考察：文化的和个体的。商品化使价值同质化，相关论述在法兰克福学派的论著中比比皆是，而把商品化看作"生产的过程"就会

---

① Igor Kopytoff, "The Cultural Biography of Things: Commoditization as Process", in Arjun Appadurai, ed., *The Social Life of Things: Commodities in Cultural Perspective*, Cambridge: Cambridge University Press, 1986, p. 64.

发现在文化中商品的同质化和特殊化相互交织。"文化确保一些物品保持其明确的特殊性，来抵抗商品化；有时也会把已商品化的物品再特殊化。"[①] 在这个意义上文化是商品化的对立面，必须确保某些物的特殊化来抵抗同质性的商品化。另外，长久以来被忽视的个体的角度同样至关重要。物在文化中建立的秩序可能在个体这里发生不同程度的变化。"在任何社会中，个体通常都身陷商品化的文化结构和他个人的赋予物的世界以价值秩序的尝试之间。"[②] 尽管文化和个体通常是矛盾的、对抗的，但正是文化和个体的共同作用才使物的世界丰富多样。

通过以上两个方面的考察，科比托夫指出西方传统的看待世界的方式亟须进行改变。传统的倾向是从概念上划分人和物，人是特殊化（具有个体性和自主性）的，物是商品化的（被动的、同质化的），这种划分在启蒙后的西方现代性文化中占据主导地位。而在当代大规模的商业化和货币化社会中，这种观念的问题也日益凸显。虽然在譬如运动员转会、演员签约等交易从自愿和契约的角度规范，使其不被视为人的商品化；从法律和道德对儿童领养制度进行双重规范使其不被视为人口买卖等事务中，文化设立壁垒防止"人的领地"不被商品化。但是在科技不断革新的当代，这些壁垒效力很难继续发挥下去。尤其在人与物界限交叉的领域，如"冷冻卵子、精子""器官移植""代孕母亲"这样的现实议题中，商品化和特殊化的交织已成事实。

媒介、信息与人之间是文化性的能量互动关系，我们需要打破物质实体/精神意识、形式/内容的界限划分，认识到物质性并不等同于物质实体。从媒介的角度引入"物的社会传记"，旨在警惕将物

---

① Igor Kopytoff, "The Cultural Biography of Things: Commoditization as Process", in Arjun Appadurai, ed., *The Social Life of Things: Commodities in Cultural Perspective*, Cambridge: Cambridge University Press, 1986, p. 73.

② Igor Kopytoff, "The Cultural Biography of Things: Commoditization as Process", in Arjun Appadurai, ed., *The Social Life of Things: Commodities in Cultural Perspective*, Cambridge: Cambridge University Press, 1986, p. 76.

质性等同于物质实体的偏至，并揭示媒介本身所承载的信息的流动。科比托夫认为在文化的视野考察物的传记需要历时性地从两种不同规模的社会入手。一是小规模的非商品化社会，一是大规模的商品化和货币化社会。

机械化复制设备的大规模使用是物品流通的一个转折点。从此，商品得以大量复制，批量生产。物品从此从小规模的非商品化社会过渡到了大规模的商品化社会。在这种社会里，物的大规模的商品化意味着物的交换行为和方式越来越多样化和复杂化，而且交换并不意味着消费行为的结束，反而是消费过程的开始。技术飞速发展使得原本明确的交换领域变得复杂而多样。物的社会生活传记的考察从社会历史、技术等领域过渡到多维的文化领域，并把视角聚焦于消费文化。“现代社会中社会环境与个人的品位之间的关系较之小国寡民的、非货币的、前工业社会的时代之中要更为紧密些。”[①] 在现代化的工业社会里，商品化与社会、政治、技术、传媒、消费者个人趣味、社会心理等因素相互作用，物品呈现出“商品化—去商品化—再商品化”的复杂过程性。

大规模机械复制技术的成熟和经济体系的完善促进了商品化，在消费的过程中商品必然会发生“商品的偏移”（阿帕杜莱语）。所谓偏移（diversions）就是商品脱离了其原本的社会商品语境，进入了意义流动、价值附加、身份建构的消费文化语境。消费将商品化的物带入了更广阔的文化语境，使物从一般的商品化走向特殊化。最直观的例子即物成为收藏品、成为展览品、成为礼物等。交换行为发生之后，物品便开始了去商品化过程，不同时代、不同地域的文化意识形态、消费者的阶层区分、消费者的群体性消费心理、消费者的个人趣味互相作用，赋予了物品更多元的意义和价值。物品进入了人的日常生活，被人赋予某类特殊意义、价值、身份的同时

① ［美］阿尔君·阿帕杜莱：《商品与价值的政治》，载孟悦、罗钢主编《物质文化读本》，北京大学出版社 2008 年版，第 23—24 页。

参与了人的身份的建构，他们通过消费某物进行自我表达和评估，从这种意义上说，消费即是文化实践。去商品化的偏移路径终将导致再商品化。走向特殊化的物又会经历再次商品化的过程，去商品化使再商品化成为可能，正如丹尼尔·米勒所说：“一旦货物不再仅仅被理解为商品，而是看作现代文化的主要成分，消费的可能性就出现了。”① 去商品化过程是意义的再生产，并引发新的消费需求，因此重新语境化的物便会经历又一次商品化过程。

综上所述，在复杂的高度商业化的社会中进行物的文化传记强调的是物（和人一样）的身份的不确定性，考察物的商品化和特殊化的动态转化和交织，物如何在文化和个体的双重秩序化中重组，又如何对社会文化和个体进行反作用。正如科比托夫在结论中所说的，物的文化传记表明了他对涂尔干的观点的修正。涂尔干认为，人的社会的普遍结构模式规定了物的秩序，而科比托夫则认为人和物在社会中是以同样的方式共同建构。因此，物的文化传记研究“使我们能够避免视对象为一系列既定形式中某一结构获得真实性的结果，同时保证我们关注物如何具体运动、如何在多种状态之间‘过渡’，以及作为具有时间性和节奏性的形态或连贯行为的物如何受到（自我）管理等问题”②。

在《物的社会生命》一书中的其他章节中，当代人类学家为我们呈现了物的视角的丰富的民族志研究案例。从中可以看出与传统的人类学聚焦于物是为了再现一定地域、一定族群的社会生活状况和分析其社会结构和社会关系不同，“物的转向”中的“物的人类学”聚焦于物则既重视物在社会文化变迁过程中的“命运”流转，也重视物的生命历程中对社会的影响，换句话说，社会建构物和物构成社会是双向互动、相互交织的。回到阿帕杜莱的结论，走向物

---

① ［英］丹尼尔·米勒：《物质文化与大众消费》，费文明、朱晓宁译，江苏美术出版社2010年版，第185页。

② ［英］斯科特·拉什、西莉亚·卢瑞：《全球文化工业：物的媒介化》，要新乐译，社会科学文献出版社2010年版，第29页。

的“价值的政治”。借用雅克·朗西埃对政治这个术语的核心解释——介入和对抗,[①] 物的“价值的政治”关涉文化秩序的建立和被突破对抗关系中物的介入。物在不断商品化（路径）和去商品化（偏移）的流通过程中拥有不同的价值，价值的转换也意味着物作为行动者对文化秩序和人的社会生活的介入。

20 世纪 80 年代的文化人类学将自己的学科看作文化实践，而非科学工具。而人类学的基本立场并未改变，因为，人类学毕竟是基于人的学科，社会是人的社会，社会性是其宗旨。文化人类学所谈的物虽然在民族志案例中是某一种或某一个物（糖、布料或一块毛毯），但参与建构了社会、历史、宗教、文化的意义。因此，“物的社会生命”范式中的物是社会性的、主动的。

我们有关“追踪物的行动轨迹”方法的论述似乎要在这里结束，但过于关注阿帕杜莱和科比托夫等人的具体的考察物的方法容易忽视对文化语境和基本立场的把握。因此有必要进一步探索文化人类学领域展开“物的社会生命”的研究转向的动因。1973 年，文化人类学家格尔兹在《文化的解释》中指出：“对于文化分析而言，永远存在这样一种危险：在寻找深伏在底层的乌龟时，它会迷失表层的现实生活——使人们在方方面面受到制约的政治、经济和分层的现实——和这些表层的现实生活建立其上的生物和物质的必要因素。……首先要使文化分析的目标对准这样的现实和这样的必要因素。”[②] 姑且不论后结构主义之后“表层”与“深层”的说法是否恰当，格尔兹指出的文化分析的危机可谓一针见血。阿帕杜莱也在《消散的现代性：全球化的文化维度》中指出：“宏大的西方社会科学（奥古斯特·康德、卡尔·马克思、费迪南德·滕尼斯、马克斯·韦伯和埃米尔·涂尔干）所留下的最成问题的遗产之一，是它不断地强化我们对某些特定时刻的感受——姑且称之为现代时

① ［法］雅克·朗西埃：《文学的政治》，张新木译，南京大学出版社 2014 年版，第 4 页。

② ［美］克利福德·格尔兹：《文化的解释》，纳日碧力戈等译，上海人民出版社 1999 年版，第 34 页。

刻——仿佛正是这些时刻的出现在过去与现在之间制造出了巨大的、前所未有的断裂。”[①] 这种观念生成了传统与现代性的断裂。然而，在阿帕杜莱看来，在当今世界，现代性是散逸（at large）的，基于欧洲中心主义的现代性在全球化视野下变得含混、模糊。“自涂尔干以及《社会学年鉴》团体的著作问世以来，人类学家们便学会了将集体表象视为社会事实——也就是说，认为它们超越个体意志、承载着社会道德的重量，是客观的社会现实。”[②] 然而，20 世纪后期随着科技迅速发展，社会状况也发生了变化。人类学领域，在本尼克特·安德森的《想象的共同体》影响下，“想象已成为一种集体性的社会事实。这一发展转而为想象世界的多元性奠定了基础”[③]。这个转变带来的是人类学的研究对象从某一社会（尤其是原始社会）的艺术、神话、仪式扩展到普通的日常社会生活，同时人类学研究不再强调总体性的客观的社会事实，转而强调地方性知识。阿帕杜莱的观点是，全球化背景下的人类学无须再运用之前的“观察未开化的人”的方法，而需要尝试为文化研究做出贡献，以其对日常生活体验的独特把握更广泛且跨学科地研究全球化进程。

我们看到在马克斯·韦伯和法兰克福学派那里被视为商品化、标准化、组织化、世俗化的同质性的资本主义世界在阿帕杜莱这里被视为差异性的全球化世界。因此，当代文化人类学领域对商品（物）、消费、技术的研究致力于从文化的差异性出发发掘其中的积极性和能动性，以及探讨事物与人在日常生活中的互相塑造的动态关系。

与阿帕杜莱、科比托夫等人倾向于“历时性”地考察具象的物在社会文化中的流转过程不同，拉图尔更倾向于“共时性”地考察

---

① ［美］阿尔君·阿帕杜莱：《消散的现代性：全球化的文化维度》，刘冉译，上海三联书店 2012 年版，第 4 页。

② ［美］阿尔君·阿帕杜莱：《消散的现代性：全球化的文化维度》，刘冉译，上海三联书店 2012 年版，第 7 页。

③ ［美］阿尔君·阿帕杜莱：《消散的现代性：全球化的文化维度》，刘冉译，上海三联书店 2012 年版，第 7 页。

同一事件中众多作为行动者的物如何行动和联结。有别于“事实之物”（matters of fact），拉图尔提出了“关涉之物”（matters of concern）。“关涉之物指对事实之物增加整体透视的视角，就像把注意力从舞台转向剧院的整体装置。”[①] 也就是说关涉物是整体的、联系的、经验的，物与人、与其他物、与周围环境息息相关并互相影响，重要的不是物是什么，而是物所处的整体，物之间的关系以及物如何发挥作用。

相比海德格尔的“门槛颇高”的“物之聚集”，拉图尔则通过定义一种“物的议会”来确立一种无差别的民主。在物的议会中，过去在现代制度中被遮蔽和忽视的杂合体和网络有了一席之地。拉图尔回到“臭氧层空洞扩大”事件的例子来解释物的议会：有关臭氧层空洞的议题，让不同的代表讲话，有的代表孟山都的化学工业，有的是孟山都化学工厂的工人，有的是新罕布什尔州的选民，有的是极地地区的气象学者，有的是以国家名义的代表。他们谈论的是同一件事情。[②] 拉图尔澄清，所谓物的议会并非倡导一场革命来创造一个物的议会，而是反思现代制度的存在的根本性的问题，联结和重组现代制度中被割裂的部分。因此可以说物的议会是一个象征，通过这一象征勾画出一幅物的政治图景，确立聚集所有行动者（杂合体）的行动纲领。

总而言之，拉图尔有关反思现代性、克服主客二元论的见解颇为深刻，“行动者网络”“物的议会”的提出引领当代“物的观念”的转变，但在方法论的角度上看则呈现出一定的局限性。正如唐娜·哈拉维所说：“与其从认识论角度、政治角度以及带有强烈感情色彩地去看人与非人在科学技术中的杂合体的状况，不如去追问杂

① Bruno Latour, *What Is the Style of Matters of Concern?*, Assen: Van Gorcum, 2008, p. 39.

② Bruno Latour, *We Have Never Been Modern*, Cambridge: Harvard University Press, 1993, p. 144.

合体是如何行动的。”① 也就是说，哈拉维批评拉图尔对于行动者如何开展行动并未清晰指明。即便如此，拉图尔依旧为当代物质文化研究领域提供了极为深刻的洞见和极具冲击力的思想。

① Donna J. Haraway, *Modest_Witness@Second_Millennium. FemaleMan©_Meets_OncoMouse™: Feminism and Technoscience*, New York: Routledge, 1997, p. 280.

第五章

“技术物”与“杂合性”视域

本章讨论的消费的创造性、数码的物质性，以及技术与人的关系等议题和相关研究方法都在“技术物”与“杂合性”的视域中展开。物质文化研究探讨人与物的复杂关系以及人与物共存的日常生活状况和生存境遇，消费和技术研究是不可或缺的维度。丹尼尔·米勒从消费的创造性、物品与人的亲密关系、数码与人的关系三个方面开展其物质文化研究，旨在突破主客二元系统，扭转物的次级地位，从人性的视角转向物性的视角。融合了大众消费和数码技术领域，米勒的研究体现出较强的跨学科性，对国内开展物质文化研究深有裨益。

技术是当代哲学、艺术、文化领域关注的核心语词。如何分析和评估当前的技术与文化状况？唐·伊德、唐娜·哈拉维、贝尔纳·斯蒂格勒等学者为我们提供了方法与启发。伊德分析了技术与人的多重关系并强调“技术—文化”的“嵌入性”；哈拉维的赛博格理论突破了人/非人的界限，指出技术的“杂合性”，认为技术带来的身体跨界为人类开启新的可能性；斯蒂格勒指出技术的“药性”一方面毁坏文化的社会性，另一方面则催生了社会联系和人的多样化存在。以上几位学者对技术的探讨为物质文化研究提供了开放性的视角和深刻的理论启发。

总而言之，我们在“技术物”和“杂合性”的视域中的考察呈现出以下两种路径。其一是以广泛的人类学领域开展的对日常生活的具体物品的考察，其二是科学哲学领域开展的对技术本身的研究。路径一是人类学以及与之相关的考古学、博物学的传统研究路径，将之纳入技术的视角予以重审的重要原因是以丹尼尔·米勒为代表的学者从聚焦传统意义上的日常物品转而以数码科技、电子产品等“高科技”[①] 物为研究对象。路径二是科学哲学领域面对当前科技飞速发展对现代意义上的“人”的本质的挑战做出的回应。

第一节 消费与数码社会

丹尼尔·米勒是物质文化研究领域的领军人物，他的著作《物质文化与大众消费》（1987）、《舒适物》（2008）、《物品》（2009）、《消费及其后果》（2012）在该领域极具影响力。由他主编的《认知消费》（1995）、《物质文化：为何有些事物如此重要》（1998）、《物质性》（2005）、《人类学与个体：物质文化的视角》（2009）、《数码人类学》（2012）等一系列论文集汇集了物质文化研究领域最新最优秀的研究成果。

一 消费者社会：消费的创造性

为什么要从消费入手？米勒认为主要原因有两点：一是当代社会的物质比以前任何一个时期都复杂多样；二是学界长期以来对物质多样化和消费的负面构想。在马克思那里，社会生产是由生产、分配、交换、消费四个环节组成的系统，“消费是不仅被看成终点而且被看成最后目的的结束行为”[②]。生产、消费是辩证的、互相依存的、作用和反作用的关系，具有同一性，也就是生产直接是消费，

① 从本质上看，科学技术并无高低之分，本书中所指的“高科技”相对于传统的技术而言之，尤其指20世纪到21世纪以来对人类生活具有极大影响力和冲击力的科学技术，譬如计算机、互联网、信息技术、生物技术、人工智能等。

② ［德］马克思：《〈政治经济学批判〉序言、导言》，中共中央马克思恩格斯列宁斯大林著作编译局译，人民出版社1971年版，第12页。

消费直接是生产，但马克思旨在论证生产关系，且强调生产处于决定性地位。在鲍德里亚、米勒这样的当代学者看来，马克思并没有真正关注作为人类活动的消费，而是将消费纳入社会生产系统中，从经济学的角度证明社会生产的整体性、逻辑性，忽略了消费在社会生活、文化建构中的重要性。进入 20 世纪，技术的进步，机械化生产的规模化、标准化带来了巨大的社会变革，一批延续了马克思传统的理论家们加入了批判现代社会大工业生产的阵营。如果说马克思对消费的态度只是不重视，那么到了卢卡奇就演变为负面与消极。卢卡奇的物化理论聚焦在人作为主体的客体化上，认为人在资本主义社会中丧失了主体意识。卢卡奇认为："商品拜物教问题是我们这个时代，即现代资本主义的一个特有的问题。"现代资本主义社会是"一个商品形式占支配地位、对所有生活形式都有决定性影响的社会"[①]。法兰克福学派提出资本主义"文化工业"的概念，开辟了资本主义大众文化批判领域。文化工业呈现的是工具理性对人的驯化，而这种驯化是潜移默化的，通过消费标准化、同质化的大众文化商品来完成。法兰克福学派这种超出了生存需要的消费就是异化消费的论调建立在人性、人文精神的设定上，因此马尔库塞会指出现代人成为被虚假需求操控的、丧失创造性的"单面人"。到了鲍德里亚，人的主体性完全让位于客体的主体性，现代人处在"'消费'控制着整个生活的境地"[②]，无休止的消费成为现代人想要摆脱却无法摆脱的宿命。米勒认为，学界对大众消费的负面论调长期占据主导地位，鲍德里亚对现代消费社会符号消费的分析太过精彩，以至于某种程度上成为消费研究的"真理"。以米勒为代表的物质文化研究者们试图从不同群体和个人日常生活的消费行为出发，发掘被忽略的积极性与创造性。

---

① ［匈］卢卡奇：《历史与阶级意识——关于马克思主义辩证法的研究》，杜章智等译，商务印书馆 1996 年版，第 144 页。

② ［法］让·鲍德里亚：《消费社会》，刘成富、全志钢译，南京大学出版社 2001 年版，第 5 页。

米勒明确指出自己拒绝前人“将消费缩减到商品本质、消费者缩减到以获得商品的过程为前提的研究方法”[①]。相反，他的物质文化和大众消费研究更看重商品购买和分配之后的时期。米勒认为，看待商品不应该只关注一般性（经济意义的购买行为），而应该聚焦其特殊性。这种特殊性体现在物品与消费者的特殊关系中，个体消费者的购买行为不是消费的终点，而是一个漫长而复杂的过程的开始。这个过程米勒称其为“重新语境化”，通过这个过程商品与消费者开始互动，商品参与个体消费者的社会生活，成为其中不可分离的一部分。米勒对“重新语境化”的提法很大程度上归功于布尔迪厄经典的《区隔：品味判断的社会批判》。布尔迪厄指出“艺术和文化消费天生就倾向于，有意无意地实现使社会差别合法化的社会功能”[②]。也就是说，不同阶层的消费者在消费的同时对自己阶层区分进行了强化，不断指认自己的身份。但是，米勒并不认同将消费这种文化实践简化为纯粹的社会差别的看法，在他看来，在文化网络中的消费者日常生活中的消费行为极为复杂。不同群体或个体的消费者都在购买行为发生后对物品进行着创造性的使用，相同的商品可能在多种不同的群体或多个个体那里进行了再语境化，而且这种多样性是无限制的。米勒举出欧洲工人阶级住宅内部布置的例子来说明这一点。英国工人阶级的住宅虽然空间有限，但都留有一部分空间用作会客，这个会客空间的布置集中于物品展示。在房屋布置上，物品陈列与展示似乎比居住的舒适度更为重要。这“与布尔迪厄将‘真正的’工人表现为仅仅对非常直接性质、与基本需求直接相关的消费感兴趣这一点正好相反”[③]。米勒的这种观念暗含着意识形态操纵与抵抗的关系。

---

① ［英］丹尼尔·米勒：《物质文化与大众消费》，费文明、朱晓宁译，江苏美术出版社2010年版，第183页。

② Pierre Bourdieu, *Distinction: A Social Critique of the Judgement of Taste*, London: Routledge and Kegan Paul, 1984, p. 7.

③ ［英］丹尼尔·米勒：《物质文化与大众消费》，费文明、朱晓宁译，江苏美术出版社2010年版，第190页。

主导意识形态通过一整套文化工业操控着不同阶层的消费，产生了相对稳定的不平等关系，这种观念伴随着对物质主义商品拜物教的批判。然而对米勒来说，对主导意识形态操控的抵抗才真正值得关注。大众消费者并不单单是法兰克福学派精英主义者眼里的盲目的疯狂者，而很大程度上是通过再语境化的过程创造性地将一般消费品延伸至小群体的、个人化的文化构架中的战术家。米勒论述的消费者社会体现出消费者极大的积极性和创造性，这与米歇尔·德·塞托的“策略—战术”论不谋而合。塞托指出“策略”（strategy）是政治、经济、科学等所依托的强力模型，也就是主导意识形态。而大众在日常生活中绝不是甘愿受主导“策略”操控的弱者，而是善于运用“战术”（tactic）的抵抗者。“许多日常生活实践（会话、阅读、行走、购物、烹饪等）都具有战术特性。”[①] 米勒认为，在我们当前的消费者社会，“商品越来越多地被用来表达这个社会的核心价值，同时也变成了人们看待、认同和理解这些价值的主要形式”[②]。比起劳动生产，消费才是当代人创造自己专属的私人的生活的主要方式。这种创造是“小写”的创造（creativities）而非“大写”的创造（creativity），“与科学发现、艺术，或社会变革这种大写的创造不同，小写的创造是人类活动的必要特性，因为我们不得不使用有限的认知、身体、物质资源来应对动态的环境”[③]。

米勒说：“长久以来，我的一个愿望就是将对消费的研究从道德审判或政治立场的束缚中解救出来。而我所写的内容在很大程度上是想为消费的研究提供一个学术的基础，来研究消费本身究竟是什么，而不是我们以自己的意愿强加给它的定义。”[④] 可见米勒并不想

---

① Michel de Certeau, *The Practice of Everyday Life*, Berkeley & Los Angeles: University of California Press, 1988, p. XIX.

② ［英］丹尼尔·米勒：《消费：疯狂还是理智》，张松萍译，经济科学出版社 2013 年版，第 45 页。

③ Beth Preston, *A Philosophy of Material Culture*, New York & London: Routledge, 2013, p. 8.

④ ［英］丹尼尔·米勒：《消费：疯狂还是理智》，张松萍译，经济科学出版社 2013 年版，第 4 页。

为消费者社会激烈辩护，从而摆脱精英主义现代性传统所坚持的大众消费是文化之缺失、人性本质之丧失的论调，而是强调消费文化就是我们当代的文化本身，文化有差异性但不应有等级制。也就是说，米勒并不主张消费就一定是有益的，但至少不应该被认为低级。

二 物质性：为何事物至关重要？

作为一个人类学家，米勒深知物是人类学、考古学、博物学的传统研究对象，那么为什么又要重新呼吁开展所谓的物质文化研究呢？这与20世纪80年代“回归到物”（return to things）的思潮有直接联系。笛卡尔、康德以来建立的近现代哲学将人的理性置于至高无上的位置，人的主体性和物的客体性成为坚不可摧的二项对立。在此基础之上产生了身/心、人/物、自然/文化、自然科学/人文科学、生理性别/社会性别等对立关系系统。“新的”物质文化研究首先要做的就是打破人与物的二元对立，打破基于主客分裂的现代学科体系。米勒认为物质文化研究经历了两个阶段，具体如下。第一个阶段是以他的《物质文化与大众消费》和阿尔君·阿帕杜莱的《物的社会生命》，以及布尔迪厄的《实践理论大纲》为代表的阶段。这一阶段的研究旨在声明事物和其他的社会组成部分一样，都非常“重要”（important）。第二个阶段是20世纪90年代到21世纪，用“matter”替换“importance”的阶段。米勒指出“matter”这个概念意在“拒绝简单或直接的价值评判标准”[①]，利用“matter”一词的复杂含义（作为名词既指物质实体，又指事情；作为不及物动词又趋向至关重要的、要紧的关系）强调物质文化研究将物既视为一般的、不分等级制的物，又视为与人、其他物息息相关的至关重要之物。借用福柯的权力话语理论，我们可以认识到，长久以来，无论是学校教育还是家庭教育，社会准则还是广告营销，都在传输

---

① Daniel Miller, “Why Some Things Matter”, in Daniel Miller, ed., *Material Cultures: Why Some Things Matter*, London: UCL Press, 1998, p. 11.

一套话语，即对日常生活中和我们相关联的物的判断标准，例如哪些物是高级的，哪些是值得占有的。米勒认为，这种评判的标准对物质文化研究产生了毁坏性的影响，因此，物质文化研究首先要做的就是不设标准，观照寻常物，聚焦被忽略之物。

在2005年的长篇论文《物质性》（“Materiality”）中，米勒称自己试图“从两个方面对‘物质性’进行理论化：一是一种仅仅将物作为人工制品的通俗理论；二是完全超越主体和客体二元论的理论”[①]。“物质”一词的含义需要既包含通俗意义也包含哲学意义。通俗意义上的物质即人工制品，在这个意义上谈论物质可能会涉及创造、改造、制造、生产、消费、分配、交换、使用等。在哲学层面上，物质就是存在，就是我们的文化本身，也就是不承认有“非物质”的存在，也不采取自然科学的对物质的性质进行的分类和描述方法。因此，一个物质文化研究者可能会问出这样的问题：如果可感知的才叫作物质，那么暗物质这样占据宇宙总量百分之九十多的东西是什么？难道一个坚硬的东西（例如石头）会比一个脆弱的东西（例如泡沫）更具有物质性？虽然物质的两方面含义获得了普遍性的认可——普通的人工制品毫无疑问被当作物质，哲学上的物质含义在本质上是唯物主义的——但物质文化研究还需要面对的阻力则是“主体的暴政”（tyranny of the subject）。“主体的暴政”造就了米勒所说的“事物的卑微”（the humility of things）。无论是佛教、印度教等宗教摆脱物质、肉身束缚，追求精神超脱的教义，还是人文主义传统下的现代科学理性至上，物乃人性之对立的律条，或是语言论外物乃人性之表征、意义之载体的法则，都将事物推向了人的对立面。物质文化研究所做的就是改变我们对事物“视而不见”的状态。米勒认为，事实上我们越是对物质视而不见，它们“越是

① Daniel Miller, “Materiality”, in Daniel Miller, ed., *Materiality*, Durham and London: Duke University Press, 2005, p. 3.

强有力地决定着场域设置和行为准则”[1]。米勒的这个观点在布尔迪厄、阿尔君·阿帕杜莱、布鲁诺·拉图尔那里都可以找到印证。布尔迪厄的情境化的实践理论强调人对客体（物）的分类、消费、使用、摆放等实践秩序对应并增强了相应的阶级、性别、身份、地位等社会秩序，而这些实践正是我们的日常生活中不容易觉察到的习惯成自然的行为（惯习）。阿帕杜莱说：“我们不得不跟随着物本身，因为它们的意义就蕴涵于它们的形式、用途以及轨迹之中。只有通过对这些轨迹的分析，我们才能解释人用以激活物的存在的人的活动及其计划。由此，甚至在理论上说，是人的行为给予物以意义，但从方法论的视域下，却是运动中的物，说明了人以及社会的内涵。”[2] 拉图尔和伍尔加在《实验室生活：科学事实的建构过程》中将目光投向科学实验室并聚焦于被忽略的物，从实验室的区域设置到办公物品的摆放，从仪器设备到数据记录本，无一不参与着科学“事实”的建构。拉图尔扭转了科学研究是人的行为的固有观念，指出那些被忽略的物也是重要的行动元。

在《舒适物》一书中，米勒用典型的人类学的方法（田野调查）研究非典型的人类学研究对象。在研究开展之前米勒对结论做出两个假设：一是当代人所处的物质泛滥的社会只会让人更加肤浅，更加丧失人性本质；二是人与事物的关系比我们想象的更加亲密，甚至超越了人与人的关系。书中描述了位于伦敦南部的一条街上的三十个人的日常生活，他们各自通过自己的个人物品表达自己。米勒认为考察物与人的关系应该摒弃那种以人为主体的归类研究（男性/女性、亚洲人、同性恋者、工人阶级等），而是关注普通人如何与物互动，考察他们对物的购买、使用、摆放、改造；物如何表现人的思想、情感、记忆、经历；人与物如何互相成就彼此。可以看

---

① Daniel Miller, “Materiality”, in Daniel Miller, ed., *Materiality*, Durham and London: Duke University Press, 2005, p. 5.

② ［美］阿尔君·阿帕杜莱：《商品与价值的政治》，载孟悦、罗钢主编《物质文化读本》，北京大学出版社2008年版，第13页。

出米勒迫切地试图突破主客对立的二元论、人被物化的异化论、文化的一切都是文本的文本主义等律令，转而强调物质文化研究的规则（discipline）就是不设规则。从小群体或个体的日常生活出发，考察人与物的亲密的互构关系是米勒物质文化研究的方法和主旨。米勒以人类学田野调查的方法进行研究，不过他的“田野”不是有色人种被殖民地、少数族裔聚集地、边缘群体居住区，而是普通大众的生活、工作、休闲场所。米勒希望通过物质文化研究在人类学内部以及整个自然科学与人文科学掀起一场变革，他指出“传统的人类学通过考察日常生活的细微之处来理解人类作为一个整体如何成为人类。物质文化研究却旨在探寻和确认现代世界的本质是微小的事物和亲密的关系充实着普通人的生活”[①]。最后，我们回到米勒的那两个假设结论，显然他的那些从人类学角度运用“参与观察法”进行的研究都作为论据来证明他得到的是第二个结论。

三　数码的物质性

近几年米勒和他所在的伦敦大学学院物质文化研究中心的研究员将研究重心转向了数码社会，并提出了“数码人类学”这个新方向。米勒主编的《数码人类学》成为该中心的研究生教材。对数码科技的研究实质上是米勒物质文化研究的延伸，在米勒看来，数码科技在短短十几年的时间进入普通大众的日常生活，随之带来的是人类生存方式的巨大变革，但学术界依然充斥着数码（和其他“泛滥的”物质一样）使人类丧失人性的论调。与之相反，米勒和希瑟·A. 霍斯特合著的《数码人类学》导论中明确写道：“我们认为，在数码的世界里，不仅人还是人，而且，数码为人类学提供了新途径来理解人何以为人。”[②] 一言以蔽之，物质不是给人性做减法而是

① Daniel Miller, *The Comfort of Things*, Cambridge: Polity Press, 2008, pp. 6 – 7.

② ［英］丹尼尔·米勒、［澳］希瑟·霍斯特：《数码人类学》，王心远译，人民出版社2014年版，第5页。

做加法。

首先需要确定的是数码的定义。数码人类学给出数码的定义是：所有由 1 和 0 的二进制发展而来，或可化约为二进制的事物。数码是二进制为基准的事物，那么同样的可以反思人类此前建立的是十进制为基准的事物系统，这个系统最典型的就是货币系统。在黑格尔那里，主体经历的是“异化—复归”的过程，被简化为货币的物既是人性的威胁又帮助确保了人性。在马克思和西美尔基础下的法兰克福学派认为货币化的物质世界就是对人性的威胁。同样，在数码时代我们又听到了人性受到威胁的警告，而且这一次他们声称人类面临的是技术、信息失控的局面。对此，米勒的态度是，数码化仅仅是巨大变革的开端，它提供了新的大众文化模式，延伸了物质文化的空间，为人类提供了更多的可能性。可以看出，和许多反本质主义的学者一样，米勒也不认同存在“纯粹的人类”“原本的自然”，转而强调科技和工具一样使人成为人，而不是令人恐惧之物。

米勒基于他和数码人类学其他学者的研究成果提出了该领域的六大基本原则。一是数码本身加剧了文化的辩证属性（数码既是可化约为二进制的事物又具有无限的增殖性，在这种信息增殖中，普遍性与特殊性之间的关系是辩证的，它们带来的积极和消极的影响也是辩证的）。二是数码科技的发展丝毫没有使人性被中介（mediate）和干涉（所谓的“前数码时代”不会比数码时代更真实更自然，数码时代的人也不会比“前数码时代”的人更丧失人性）。三是从整体上把握人性（人类学研究的宗旨，虽然研究焦点可能是群体、个体，但人类学从整体上把握人类的全部生活经验，包括与之相关的一切因素）。四是文化相对主义的立场以及从全球的角度考察数码（否认数码等同于全球同质化的观点，相反数码推动了多元化和差异性，为边缘人群提供了更多可能性）。五是数码文化存在根本的不确定性（数码的开放性与封闭性的矛盾特质会引发更多的议题，不应过早下消极结论）。六是数码的物质性（物质性是现象背后的机制，数码和其他物质文化一样成为人的组成部分）。[①]

我们重点关注数码的物质性。物质性体现在三个方面：设备、载体的物质性；语境的物质性；内容的物质性。在设备的物质性方面，米勒指出我们应该关注诸如数码垃圾这样的议题。对数码的非物质的错觉往往使我们只注意到文字、影像、声音等信息的数码化带来的物质损耗的削减，而忽略了载体的不断更新换代导致的数量庞大的数码垃圾。在语境的物质性方面，语境“不仅指空间与时间，同时还包括了人们在使用数码科技时的不同情境与维度，这也正是物质实践的一部分”[②]。数码科技提供的虚拟空间并不意味着非物质空间或不存在空间，它是非实体的但却依然是物质性的。例如，基于 GPS 定位系统的软件重新定义了空间和距离；社交网络、个人博客不仅仅是一个沟通平台，更是重新塑造了人与人的关系以及人们对会客室、对家的定义和认知；《数码人类学》中巴特·拜伦芮特（Bart Barendregt）对以印度尼西亚为代表的伊斯兰人口国家的社交网络的研究案例体现了非西方语境下数码化对当地人生活的重塑。在内容的物质性方面，米勒认为从根本上讲，成为物质就是成为意义的存在。联系雷蒙德·威廉斯的文化唯物主义，语言是与社会相连的表意符号系统，具有物质实践性，文本内容的表意行为“既是一种与众不同的物质过程，即符号制作，又在其特有的核心性质上是一种实践意识，因而从一开始它就牵涉进人类所有其他的社会活动和物质活动之中”[③]。数码世界生产、再生产的内容和其他文化文本一样指向社会性。数码科技融入日常生活的后果是我们往往无法意识到它们的物质性存在，只有它们无法运行或满足需求的时候我们才意识到其重要性。海德格尔关于“上手物”与“在手物”的分

① ［英］丹尼尔·米勒、［澳］希瑟·霍斯特：《数码人类学》，王心远译，人民出版社 2014 年版，第 4—5 页。

② ［英］丹尼尔·米勒、［澳］希瑟·霍斯特：《数码人类学》，王心远译，人民出版社 2014 年版，第 37 页。

③ ［英］雷蒙德·威廉斯：《马克思主义与文学》，王尔勃、周莉译，河南大学出版社 2008 年版，第 40 页。

析指出“上手物”是使用中的物，这时我们处于人与物互动的关系中，对物本身关注最少，“在手物”则为不可操作的对象物、客体（物）。与海德格尔偏向上手物不同，米勒并不在意这种区分，正是因为物无法达到人的需求的时候才更凸显其对人的作用。强调物质性实质上是理论视角的转变，即从人性的视角转向物性的视角。

在米勒看来，物质文化研究最关注的就是物是如何融入人的生活并使人无法意识到它的存在，在这个过程中物如何建立起秩序。这也是米勒所在的物质文化研究中心建立数码人类学这门学科的缘由，数码科技融入日常生活，形成社会秩序的速度可谓惊异。与认为数码科技对人的“入侵”造成人性丧失完整性的立场不同，米勒的物质文化研究认为人类的定义本身就是动态文化的秩序化和反秩序化过程，数码科技推动了人类走向更多元化、复杂化的局面。

第二节 技术物与人

相较于古代“人—技艺—工具”的如庖丁解牛那样的技术附魅模式，现代技术则是祛魅的技术。伴随着祛魅过程的是现代科学体系下诞生的技术决定论与社会决定论的持久论争。科学技术在20世纪后半叶飞速在各领域取得突破的同时随着全球化进程而改变了之前相对专业化、区域化的局面，转而趋向大众化、全球化。到21世纪，技术与人的日常生活愈加密切的同时技术带来的负面后果的想象也愈演愈烈，物质文化研究试图用多维的视角和多元的观念取而代之，在“自然—技术—人”之间寻求协商性的共生关系。

一 技术的嵌入性

唐·伊德是美国著名的科技哲学学者，他借鉴现象学的传统，将自己的研究定义为后现象学。伊德概括道：“现象学可以描述为一种哲学风格，它强调的是对人类经验的特定解释，特别是有关知觉和身体活动的解释。"[①] 然而现象学容易被误解为纯粹的主观性分析，因此伊德特别强调现象学所讲的"经验"不该被理解为通常意义的主观经验，而应从知觉、行为、情境的综合角度理解。现象学"面向事情本身"的原则致力于摆脱笛卡尔、康德体系哲学的外在/内在、现象/本质、客观/主观、物质/精神的对立模式，强调意识活动和事物显现并非主客两极，研究事物如何在意识中显现才是关键。正是现象学的这种企图突破传统哲学的独特性使其在当代探讨技术的理论以及物质文化研究中发挥了强大的影响力，开辟出不同于西方马克思主义、法兰克福学派的理论路径。

伊德延续了现象学对身体的关注，与客体他物不同，身体似乎是独特的存在。物性身体的客体性是身心二分的哲学传统律令和某些宗教（如佛教）教条。现象学以来尤其是梅洛-庞蒂的身体理论，再到福柯，以及当代的女性主义、文化研究都在重新发掘身体。伊德将技术引入身体理论，在《技术中的身体》中，他着重谈论了三种身体维度。质料性存在的，同时又行动的、感知的、体验的身体是为身体一；文化意义的身体为身体二。在前两者的基础上，伊德引入了第三种身体维度即技术的身体，也是具身性的身体。伊德指出"身体三包裹（envelop）了身体一与身体二，并且引入技术的维度，形成一种综合的，通融的身体维度"[②]。伊德强调自己的现象学总体上是"人—技术"关系的现象学。当代在讨论技术这种"我们在环境中以各种方式使用的那些物质文化的人工物"[③] 时，要摒弃卢克莱修式的哲学视角，在伊德看来，这种视角是一种卫星的视角。相反，我们应该采取航海的视角，所谓航海视角即领航员置身船中，船置身海中，同时都处于运动状态，也就是说领航员采取的是动态的、情境式的视角。从身体

① ［美］唐·伊德：《技术与生活世界》，韩连庆译，北京大学出版社 2012 年版，第 23 页。

② Don Ihde, *Bodies in Technology*, London: University of Minnesota Press, 2002, p. xviii.

③ ［美］唐·伊德：《技术与生活世界》，韩连庆译，北京大学出版社 2012 年版，第 23 页。

出发探讨技术现象学一方面有效回击视现象学为纯粹“主观性”学说的误解与偏见。人的身体本身就是知觉、经验、质料、行为、文化的混合体。另一方面，从身体出发考察人与技术的关系源自“没有技术人是否能生存”的拷问。从远古至今，人类生存的方方面面都与技术相关，这种关系是具身性的。

身体既与知觉牵连又与实践结合，而技术是人开发和使用的人工物，与人紧密相关。技术现象学的实质是全面探讨人与技术的关系，即伊德总结的：具身关系（embodiment relations）、诠释学关系（hermeneutic relations）、它异关系（alterity relations）、背景关系（background relations）。第一种具身关系实质上是对异化理论开辟的技术使人与人、人与世界疏离判断的反拨。人以特殊的方式将技术融入自身的经验中，这时人与世界体现为“（人—人工物）—世界”的关系。技术的具身性即技术在这种关系中呈现出“透明性”，仿佛融入人的经验系统当中，在经验行为中几乎不被注意到，例如眼镜、助听器、轮椅、汽车等的使用情境，相当于海德格尔所分析的使用中的锤子，即“上手”状态。在人与技术的具身关系中，身体得以扩展或转化，与世界发生多态的日常实践关系。诠释学关系是第二种人与技术关系的理解。伊德认为正是海德格尔关于客体（物）“在手”状态的负面分析使其无法从诠释学关系的角度理解人与物的生存关系。借助诠释学的文本阅读与解释，伊德指出技术情境中人的另一种行为和认知模式。简单地说即人借助技术进行阅读与解释行为，这个情境下，技术是可读的文本。例如借助温度计或者其他仪器我们可以足不出户知道室外的温度，这个认识不是亲身体验而是通过阅读文本把握被文本指示的世界。因此诠释学关系体现的是“人—（技术—世界）”的关系形式。伊德指出，“具身关系和诠释学关系的一个根本区别是知觉的位置，但是在更广泛的意义上，解释先于具身活动和诠释学活动”①，

① ［美］唐·伊德：《技术与生活世界》，韩连庆译，北京大学出版社 2012 年版，第 99 页。

这两者的关系在生活实践中往往相互融合。技术的物质性使其很容易被放置到客体的位置上，然而人对技术一直有一种矛盾的态度，既希望技术不是客体（物），而与人融为一体（如具身关系分析的那样），又希望技术跟人划清界限。因此第三种技术与人的关系为它异关系，技术作为它者与人产生联系。技术的它异性更准确地说应该为“准它者性”（quasi-otherness），技术的自动化和智能化使其似乎要成为一个有机体，但实质上并未成为动物或人。也就是说技术弱于他人和动物的它者性，但比单纯的对象性强。它异关系可总结为“人—技术—（世界）”。引入它异关系是因为伊德认为将技术视为外在于人的客体（物）（对象物）并非关系论的角度，也就无法阐释清楚技术对人发挥的作用。第四种是背景关系，所谓背景关系是指技术似乎在人的生活中“不在场”，成为环境的一部分。例如日常居所、交通工具、交通管理系统、自动化家电。伊德拿宇宙空间站为例，这完全是靠技术构建的一个相对完善的人工环境，该情况下技术成为背景，调节着人的生活。如果说前面三种关系都是聚焦型关系，那么背景关系是失焦的，技术参与构造了环境，成为“自然”的一部分，也正因为这样，这些技术对人的影响范围更广，往往起到潜移默化的效果。

人的技术经验必然与文化相关，于是伊德将视角转向了所谓的“文化诠释学”。在伊德那里，技术广义上等同于物质文化的一个方面，技术与文化紧密相连、互相嵌入，被称为“技术—文化”的嵌入性。在不同的文化情境中，技术发挥着不同的效用。一方面，技术作为工具，参与构建了较为稳定的物质文化，例如某一地区或民族对某种技术的特殊的运用形成了特有的生活方式与价值观念；另一方面，技术如同催化剂，加速了动态的、多元化的物质文化交流，在这个过程中甚至催生了技术殖民主义和技术控制。例如西方高新技术对第三世界国家的冲击引发了社会文化的剧烈变革。总体上讲，当代技术—文化的本质趋向一种复合文化（pluri-cultural）的模式，之所以用“技术—文化”来表示，旨在强调技术与文化的双向互动关系。

从人与技术的关系演绎到“技术—文化”的嵌入性分析，伊德都未对技术人工物做明确的价值论判断，在他看来重要的是将技术置于人与世界的居间位置，考察人—技术人工物—世界的多元开放关系，以及技术人工物对物质文化的调节作用。

二 技术的杂合性

唐娜·哈拉维从女性主义的角度赋予人与技术的议题更具冲击力的文化含义。1985 年，哈拉维发表了论文《赛博格宣言》，该文后来被收入《类人猿、赛博格和女人——自然的重塑》一书。在《赛博格宣言》当中，针对 20 世纪下半叶以来飞速发展的科学技术状况（尤其是计算机时代的来临），哈拉维大胆地提出了赛博格理论。所谓赛博格（Cyborg）即为“一种控制生物体，一种机器和生物体的混合体，是社会现实的产物，同时也是虚构的创造物”①。这种人机结合的产物既是虚构的文学作品中的形象，又实实在在存在于当今世界。赛博格不仅仅是简单的医学领域的安装义肢或者心脏起搏器的人，更是人通过技术突破自身界限，从认知、体验、行动上获得拓展，生物机能和机械系统相互融合后的新主体。相比将这种状况描述为技术“入侵”人的身体，哈拉维更愿意使用“渗透”这个词。与伊德从广义上分析技术—人工物不同，哈拉维将视角聚焦于那些与人的身体密切相关，甚至渗透进人身体的技术物。

哈拉维用赛博格这个“新形象”来抵抗传统的主体/客体的二分法，她敏锐地觉察到 20 世纪末到 21 世纪，科学技术突飞猛进引发人的身体、实践乃至社会文化的变革，我们也迎来了观念范式转换的机遇。女性主义成为她最主要的突破口。西方经历的几次女性主义浪潮都不可避免地趋向对“女性”范畴的本质主义追求，因为一旦触及对“女性”的重构就必然从语言、逻辑、实践上区分生理性别/社会性别和男性/女性。因此哈拉维用赛博格这一模糊了性别、阶级、种族等一

① Donna J. Haraway, *Simians, Cyborgs, and Women: The Reinvention of Nature*, New York: Routledge, 1991, p. 149.

切文化身份的杂合体来抵抗传统的二元论。哈拉维关注信息技术与生物技术，正是这些技术突破了“身体止于皮肤，或者最多包括包裹在皮肤下的其他存在物”[①] 的窠臼。女性由于生育功能和所谓的生理、身体特质在日常生活、工作中长期处于受迫地位，这是持社会决定论的女性主义批评家难以撼动的状况。无论是生理决定论还是社会决定论都无法给女性带来新的局面，哈拉维引入技术维度来拓展女性主义。在女性主义实践中，哈拉维的赛博格理论鼓励女性运用技术拓展生存与抵抗的空间，例如在依托信息技术的互联网空间中表达、创造，与其他信息元更广泛地联结在一起；生物技术则逐渐卸下女性身体上肩负的生殖与哺育重任，这也为改变女性在家庭、社会中的根本命运提供可能。

哈拉维带动了女性主义理论从建构主义女性主义向物质女性主义转向。语言学转向引导下的建构主义女性主义浪潮对话语、文化建构的依赖加深了话语/物质的裂痕，虽然后现代主义一再声称拒绝二元论，但在自然/文化、语言/现实等二元结构面前显然对策不多。物质女性主义的“物质性”主要指身体的物质性、世界的物质性以及技术对身体与世界的改造。在物质女性主义理论中，“物质被多元化地视为物质—符号学（material-semiotic）的，身体交互（inter-corporeal）的，述行的，中介的，甚至文学的”[②]。哈拉维等理论家试图重新定义“物质性”，长期与主体分离的物（尤其是技术物）与主体共生于物质世界，并时刻处于相互影响与改变的动态情境中。

显然哈拉维并不将理论停留在女性主义领域，赛博格背后的逻辑是人与物的平等互生，从而进一步模糊人与物的边界区分。技术带动了人/动物、有机体/机器的互相渗透与融合，世界各信息元之间界限

---

① Donna J. Haraway, *Simians, Cyborgs, and Women: The Reinvention of Nature*, New York: Routledge, 1991, p. 178.

② Stacy Alaimo, “Trans-Corporeal Feminisms and The Ethical Space of Nature”, in Stacy Alaimo, Susan Hekman, ed., *Material Feminisms*, Bloomington & Indianapolis: Indiana University Press, 2008, p. 244.

的模糊与弥合。在《谦卑的见证者》一书中，哈拉维例举并分析了几种新的合成物（synthetic）：尼龙、超铀元素、转基因番茄。技术合成物改变了原有的物质结构，突破了传统上定义的“自然”，哈拉维认为正是这些新物质击碎了被认为稳固的自然秩序。她希望世界成为“集合了技术科学世界里所有种类合成物（肿瘤鼠、模糊性别的雌雄同体人），所有物种生存在没有区分的、多维的生态空间里”的大家庭。[①] 哈拉维构建的这个复杂家庭消除了成员之间的种类区分，每个成员都存在无限可能，都可能通过科学技术得以再造和再生。可以看出哈拉维一再地为我们呈现技术对包括人类在内的世界上不同种类事物的合成改造早已成为现实状况，而不仅仅是科学幻想小说中的情节。在技术世界里，那些被认为客观的、自然的归类遭到质疑，事物间的动态转换、重组再生才是常态。而人的身体跨越了通常意义的肉身、性别、身份局限，取而代之的是在不同的情境中不断编码和信息转换的多元合成体。人不再是人文主义视角下的“万物之灵”，而在技术世界中不断获得新的物质实体和文化身份，又不断突破它。

哈拉维对科学技术的推崇并不意味着她是一位唯科学主义者。在《灵长类视觉》《伴生物种宣言》《当物种相遇》等跨生物学领域的研究著作中，哈拉维考察了社会文化因素对科学史的影响，指出自然科学的客观性只不过是研究人员一厢情愿的假设。自然科学内部知识的生产过程和人文科学一样处在不同的文化情境中，哈拉维称之为“情境化知识”。正如桑德拉·哈丁所说：“不同的文化要素归结起来构成任何社会和政治条件下任何关于物质世界的系统知识的认识核心。”[②] 事实上纵观哈拉维的思想历程，她并不是一个彻底的建构主义者，她追求的是物质实体与文本话语、生活实践与文化表征的相互融合渗透。

---

① Donna J. Haraway, *Modest_Witness@ Second_Millennium. FemaleMan ©_Meets_OncoMouse™: Feminism and Technoscience*, New York & London: Routledge, 1997, p. 119.

② ［美］桑德拉·哈丁：《科学的文化多元性：后殖民主义、女性主义和认识论》，夏侯炳、谭兆民译，江西教育出版社2002年版，第83页。

三　技术的“药性”

相较伊德、哈拉维等英语体系学者，法语体系的思想家进入其他语言体系学界的视野或多或少经历着传播层面的困难，斯蒂格勒就是近几年才受到国内格外关注的学者。贝尔纳·斯蒂格勒是法国当代著名哲学家，他的著作《技术与时间：爱比米修斯的过失》是近年来对技术讨论最系统也最多元的著作之一。斯蒂格勒对技术的探讨主要受法国国内技术进化论传统（贝特兰·吉尔、安德烈·勒鲁瓦－古兰、吉尔伯特·西蒙栋为代表）和现象学传统（主要是海德格尔的生存论以及后期对物、技术的追问）的影响和启发。

斯蒂格勒在《技术与时间：爱比米修斯的过失》的前言开门见山地指出他的探讨对象是技术，“它被理解为代表着一切即将来临的可能性和未来的可能性之前景”[①]。斯蒂格勒的工作以系统分析技术在思想史上的不同地位为开端。在哲学创立早期——古希腊时代，技术与知识分离，技术物体被认为毫无自身动力。这种对技术的本体论判断导致技术物在哲学中长期处于不在场状态。到了拉马克的《动物哲学》，物被分离成生存的有机物与无生命的无机物，而在这之间技术物顶多被认为印证了某种生命的进化，但本质上仍然不属于生存物。吉尔、勒鲁瓦－古兰、西蒙栋等人认为技术必须从社会学、人类学等学科中独立出来，建立起技术体系。工业的发展促进了技术在哲学领域取得一席之地，两次世界大战成为技术被推向前沿的催化剂。海德格尔认为古代技术的本质是去蔽，是将自然的迷之遮蔽显现出来，而现代技术的本质则是座架，是在去蔽的基础上对自然施加暴力，在座架体系中，人并没有依靠技术主宰自然，然而作为自然的一部分受制于技术。海德格尔对技术的态度模糊不清，但普遍被认为其持消极态度，也正是对技术的消极态度才向我们提供了解救之路——诗与思。

---

① ［法］贝尔纳·斯蒂格勒：《技术与时间：爱比米修斯的过失》，裴程译，译林出版社1999年版，第1页。

不同于海德格尔，他的学生马尔库塞引入西方马克思主义和法兰克福学派的观念，连同哈贝马斯一起走向了技术的意识形态霸权分析。在斯蒂格勒看来，以上这些传统知识已经无法全部适用于当下技术的突飞猛进和社会的剧烈变革。

斯蒂格勒引入普罗米修斯与爱比米修斯的神话来阐释技术的性质以及人与技术的关系。所谓爱比米修斯的过失即人的缺陷性，人的自然属性和其他物种相比并无优势。而普罗米修斯带来的火种则帮助人弥补缺陷，使人成为人，火种即技术。因此，技术具有代具性，人是代具性的存在。斯蒂格勒引入德里达的“延异”概念来抵抗人本主义的逻各斯。传统哲学假设并追寻的确定性的人性本质在生命的历史中并不存在，“人性”是不断地延迟与差异中的不确定结构。“技术发明人，人也发明技术，二者互为主体和客体。”[1] 人与技术的这种模糊关系体现在技术非人却因人而生，人与技术既互相联系又充满差异。斯蒂格勒认同并总结了勒鲁瓦-古兰的观点：人在发明工具的同时在技术中自我发明。认识到技术的代具性就理解了斯蒂格勒所说的“存在于自身之外”。技术物这种被认为外在的存在恰恰构成了人的存在，那么人就存在于自身之外，也正是普罗米修斯对人类的馈赠：代具性的存在。

明确了技术的代具性之后，斯蒂格勒继续揭示技术性如何开启不确定性。到目前为止，人类属性最为确定的是死亡，而使人向死而生的则是记忆。文字是记忆的代具，使人通达过去的时间——我们称之为历史。在文字拼写的时代，读一部书时人们毫不犹豫地认为这些文字即当时的历史，这就是文字即记忆辅助。而德里达通过延异的概念揭示了文本的延迟和差异性，对文本的阅读是无限的，文字成了记忆本身。技术成为不可忽视的关键，借助它人们得以通达历史，生产知识。当代技术机械自动化使持工具的人的局面转变为持工具的机器，

---

① ［法］贝尔纳·斯蒂格勒：《技术与时间：爱比米修斯的过失》，裴程译，译林出版社1999年版，第162页。

人的个性化发展随之被中断。这个判断法兰克福学派早已指出，然而斯蒂格勒认为法兰克福学派对“文化工业”的描述既清晰明白但又存在错误，没有达到深入领会和真正的批判。面对人的“存在之痛”或者人本主义所谓的“精神灾难”的问题，斯蒂格勒引入了他的“中断性”概念，即“指将某一时代所特有的、处于运作中的各种程序悬置起来，同时开启某一新时代的各种条件的事物所具有的性质”①。技术发展到一定时代引发技术革命，这就出现了一个时间上的中断，形成了第一次程序悬置。技术的断裂（或称技术革命）使新的程序得以构成，带来了第二次悬置，借助它，“一种新的时空单位、一种新的心理层面和集体层面上的个性化过程得以构成之时，一个时代才会完全地构成”②。但斯蒂格勒认为这第二个阶段形成的条件并未备齐，他给出的路径是建立一种“技术的政治”，针对技术科学的状况制定出一些实践的理念。这个过程困难、复杂并可能极为漫长，但斯蒂格勒认为这同时又是令人振奋的，至少与科学技术本身一样令人振奋。

本雅明在 20 世纪指出世界进入了机械复制的时代，而 21 世纪，借助数码信息技术形成了“超复制”时代。数码化成为全球性的进程，引发出一系列新的议题。斯蒂格勒指出：“所有种类的自动化，正是被数码自动化技术整合到一起。”③ “数码自动化”取代“文化工业”形成了新的控制术。正如德勒兹分析福柯所定位的惩戒的社会已经转变为控制的社会，所用的工具是信息机器和电脑，至关重要的控制口令是数字信息。数码自动化强大的控制力逐渐形成了一个封闭的熵系统，因而斯蒂格勒认为需要“逆熵”（negentropy）的实践才能给人类的未来增添可能性。斯蒂格勒用药（pharmakon）的特性来解释数码技术：“药，是人工制品，是人变成人的条件；人成为人，是人工

① ［法］贝尔纳·斯蒂格勒：《技术与时间 3：电影的时间与存在之痛的问题》，方尔平译，译林出版社 2012 年版，第 8 页。

② ［法］贝尔纳·斯蒂格勒：《技术与时间 3：电影的时间与存在之痛的问题》，方尔平译，译林出版社 2012 年版，第 8 页。

③ ［法］贝尔纳·斯蒂格勒：《自动化社会里的超控制艺术》，《新美术》2015 年第 6 期。

器官和组织的源发于器官的过程，但这一人通过人工制品或药来变成人的过程，总是既生产出熵，也生产出逆熵，因而它总是对人变成为人的过程的威胁。”[①] 解数码自动化的“毒性”的方式不是寻求“脱—自动化”的观念或方式，而是利用这些技术去积极实践，克服、逆转其施加于人的控制力。可以看出斯蒂格勒力求将长期聚集在“技术”一词的或过于消极或过于积极的内涵同时向中间平衡。

第三节　探究人与物的互动

技术伴随着人类从古至今的生存、发展及演变，同时也是人类社会、文化的构成部分，然而可以说直到现代技术革命和工业社会的诞生才使人真正体悟到技术的重要性。机械自动化带动了人的工作和生活方式的改变，继承了启蒙传统的西方思想界迅速认识到“天赋人权”出现了前所未有的危机。20 世纪早期的哲学、艺术分支不约而同走向了对技术和工业社会批判，以法兰克福学派最为激烈。与此同时，冯·诺依曼式计算机的发明开启了信息技术革命，到了 20 世纪后期依托信息技术的人工智能设备开始广泛应用于日常生活。传统上将技术视为对象物或忽视或批判都无法阻挡技术发展也并未给人类指出更有效出路，于是各领域学者寻求从观念范式转换的角度重新把握技术。无论是从消费角度考察作为消费品的技术物在消费过程中与人的关系，还是直接从技术角度探讨人与技术的关系都旨在探究人与物的互动。

人类生活在物的世界中。如果考虑技术因素，那么我们可以将物分为自然物和技术物（artefacts）。在考古学、人类学领域，工具的制作和使用是判断远古人类的标准。[②] 这甚至成为人之所以为人的常识性标准。从钻木取火、制造打猎工具、种植农作物、建造房屋到我们

---

① ［法］贝尔纳·斯蒂格勒：《为一个逆熵的未来》，陆兴华译，《新美术》2016 年第 6 期。

② ［以色列］尤瓦尔·赫拉利：《人类简史：从动物到上帝》，林俊宏译，中信出版社 2014 年版，第 9 页。

熟知的“四大发明”，再到现代工业体系的建立，每一次技术的关键革新都会引发人类命运的转折。无论从人类整体的“生存”意义还是个体的日常“生活”意义上看，我们都依赖于技术而活。在物质文化研究的视域中，“‘物质生活’的概念实际上是多余的，因为无法想象一种非物质的人类生活”①。人的方方面面都与物紧密相连。“技术物不仅仅只是使人类生存的工具，相反，技术物的制造、使用、丢弃和重新使用都是生成文化的‘基本过程’。”②

我们对于“技术物”和“杂合性”视域的物质文化研究的两种路径的考察意在平衡对于特殊性和普适性的关注。在具体的研究中，我们可以考察某一种特殊性的物（例如智能手机、社交网站、空气净化器、新能源汽车等）如何参与和改变人（个体或群体）的生活，与人互动，塑造（shape）文化。也可以总体上探讨“杂合性”的技术与人的互动关系对“人”作为一个本质性范畴的挑战。无论从哪个维度切入，进行哪一方面的研究，物质文化研究都具有一定程度的解释力。

这里引入法耶·金斯伯格（Faye Ginsburg）的《数码时代的身心障碍》③ 中的案例研究。金斯伯格关注数码科技如何帮助身心障碍者④拥有和正常人一样的生活。案例一聚焦一位自闭症患者发布在视频网站上的对自己日常生活的纪实：

> 视频的第一部分，展示了阿曼达如何与她公寓中的物品，用一种重复的方式互动——玩项链，敲击键盘，坐在沙发上，在窗

---

① Kacy L. Hollenback, Michael Brian Schiffer, “Technology and Material Life”, in Dan Hicks, Mary C. Beaudry, eds., *The Oxford Handbook of Material Culture Studies*, Oxford: Oxford University Press, 2010, p. 314.

② Kacy L. Hollenback, Michael Brian Schiffer, “Technology and Material Life”, in Dan Hicks, Mary C. Beaudry, eds., *The Oxford Handbook of Material Culture Studies*, Oxford: Oxford University Press, 2010, p. 314.

③ 具体案例描述参见《数码人类学》第五章。

④ “身心障碍者”综合了生理障碍和心理障碍的角度，对目前中文语境中普遍对“残疾人”的理解倾向生理残疾的单一维度进行修正，笔者赞同该文章译者观点，采取中性的表达。

> 前一前一后不停地挥手，所有的这一切，都伴随着阿曼达不停歇的轻声低吟。……阿曼达在刚到 20 岁的时候停止了口语表达，在这段视频的后半段中……她说话的声音通过 DynaVox Vmax 电脑合成。①

自闭症患者无法开口说话，被认为无法与人进行正常的语言沟通，然而他们通过电脑连入互联网，使用键盘和发声软件与他人交流沟通，甚至展现出惊人的表达能力。这个案例的经典性在于与数码科技的互动使得身心障碍者（尤其是语言障碍者）以第一人称表达自己。

案例二中举例失去双腿的身障人士如何在虚拟世界中“正常生活”：

> 现实中 Olson 离不开轮椅，而在“第二人生”的游戏中，她的游戏角色是一个名为 Klate 的年轻黑人，在社区经营着一家夜总会。“在那我有会不完的朋友，我行走自如，轻舞飞扬，如果没有这个游戏，我简直无法想象自己的生活，难道要我每日盯着墙壁发呆么？……”②

面对这样的案例，虚拟和现实世界的区分变得模糊。被认为“虚拟”的网络世界恰恰向人们提供了多元化的“现实”生活体验。

正如法耶·金斯伯格所呈现于我们的那样，在“路径一”——特殊性的维度，这些案例是呈现人与物互动、物改变人的生活的例证。在“路径二”——普适性的维度，这些案例体现了技术与人的互动互生的“杂合性”。这种杂合也成为研究技术物与人的关系，重审现代“人”的范畴界限的经典例证。可以说，互联网社交媒体使自闭症人

---

① ［英］丹尼尔·米勒、［澳］希瑟·霍斯特：《数码人类学》，王心远译，人民出版社 2014 年版，第 118—119 页。

② ［英］丹尼尔·米勒、［澳］希瑟·霍斯特：《数码人类学》，王心远译，人民出版社 2014 年版，第 118—130 页。

士像所谓的“正常人”一样用语言表达，在数码世界里他们成为现实世界里无法成为的“正常人”；虚拟软件使肢体“不健全”的人重回“健全”，在数码世界里他们可以漫步、跑跳。这些案例说明技术物反而使人活得更像“人”。

故总的来说，丹尼尔·米勒代表的是从消费和使用的向度对技术物进行人类学的微观式调查的路径。正如杜克大学教授约翰·威尔逊（John Wilson）在对《物质文化与大众消费》的书评中所说：“不是所有人都认同米勒这种对现代社会和大众消费的后果的积极性解析，但米勒的著作绝对值得阅读。”① 米勒的物质文化研究无论是对消费领域物与人关系的讨论还是近几年积极从事数码人类学学科的建设，都挑战着长期占据学术界主导地位的学术观念。在严肃的学术界，只要一谈到物质、消费就极容易偏向对物质主义、拜物教的批判，米勒运用人类学的研究方法将那些极具说服力的案例摆在我们面前，使我们不得不重新思考人类生存的物质世界和那些我们常常忽略却至关重要的物。但由于米勒基于人类学的领域进行物质文化研究，因此他的研究（尤其近十年的研究）倾向使用“参与观察法”进行案例调查和研究，欠缺理论层面的系统性。

而伊德、哈拉维、斯蒂格勒则是从宏观上总体性地探讨人与技术的关系。总的来看，伊德与哈拉维都对技术带来的人本身的“杂合性”和文化上的“杂合性”后果予以积极的回应。斯蒂格勒辩证指出技术的“药学”特性或许更具启发意义。当前数码化技术一定程度上消除了固有的地区、种族、阶级之间的隔阂，却又建造起新型的壁垒。如何应对技术的副作用才是焦点。讨论如何摆脱技术恶果和如何迎接技术改变都过于片面，应一边利用技术一边批判它，寻求协商与制衡。

在物质文化研究视域下谈论技术，首先需要明确技术与文化并不是两个不同的领域。彼得·科斯洛夫斯基（P. Koslowski）指出“技术属于广义的人类文化。科学技术的发展是文化的发展，因为它是体现

① John Wilson, “Reviews”, *Contemporary Sociology*, Vol. 18, No. 1, 1989, p. 113.

语言及社会行为的结果。科学与技术的发展必然以相应的社会文化发展作为条件和结果”。[①] 那种技术人工物属于物质领域、文化社会属于精神领域的二分法亟须纠正。如果将文化视为精神性的，那前提必然是存在令人信服的精神的本质。而后现代主义以来大批思想家指出稳固确切的人性或人之精神的假设性，转而倾向于人之本质的动态构成性。物质文化研究基于确立人和生活世界的物质性存在，探讨多元文化系统中各环节之间嵌入的、开放的关系，克服笛卡尔式物质/精神二元论。

从古希腊的“技艺”的独特性附魅（技术是应用艺术）到现代技术的祛魅（技术脱离艺术，走向了科学），技术与艺术逐渐对立，从而导致了技术物在人文学科领域受到广泛批判。当前“物的转向”的思潮影响下，物质文化研究对技术的讨论趋向技术（物）的返魅。“当我们集中在任何人造物的可重复部分的时候，我们认为它是科学技术的产物；当我们聚焦其独特性的时候，我们认为它是一件艺术品。有时它对我们来说具有情感价值，有时它的价值在于美。”[②] 也就是说技术（物）的返魅即技术（物）作为文化而非“冰冷的”客体（物）。文化研究不能停留在对“文化工业”无休止的控诉中。人不可能从根本上摆脱和压制技术（物），我们应该认识到与物共存是人类长期的生存状态。作为文化研究的转型（或内部的范式转换），物质文化研究需要从多个视域探讨人与物共存的境遇协调可持续的方法，技术是不可或缺的维度。

在我国，物质文化研究才刚刚开始。虽然“物质文化”并不是一个新词，但凝结在这个词上的含义实际上局限于文物、博物研究，而这种物质文化研究实际上和非物质文化研究相对，因此有必要区分 tangible/intangible culture（实体/非实体文化）研究和 material culture

---

① ［德］彼得·科斯洛夫斯基：《后现代文化：技术发展的社会文化后果》，毛怡红译，中央编译出版社 2011 年版，第 10 页。

② ［美］约瑟夫·阿伽西：《科学与文化》，邬晓燕译，中国人民大学出版社 2006 年版，第 32 页。

（物质文化）研究。在国内的学术语境里，“物质”“物化”“消费”等词一般包含负面语义，而在物质文化研究这里，这些关键词都是中性语义，因此在国内开展物质文化研究肩负着为“物质文化”正名的使命。正如米勒在《数码人类学》一书的中文版序言里提到的，相比其他国家，数码科技（尤其是互联网）在中国引发的变革或许更大。显然国内的学术界（尤其是人文学科）对这种变革的关注度远远不够，而数码科技早已参与着中国社会的发展。就文学研究领域而言，譬如网络文学、手机文学若仅仅停留在传统的基于严肃文学/通俗文学二元模式的形式、内容研究就丧失了从物质性、社会性入手带来的可能性，米勒的物质文化研究给我们开展相关研究提供了独特的研究视角和丰富的理论资源。

第六章

“与物共生”与“身体重塑”视域

物质文化研究的理论脉络和方法论谱系呈现出两条线索：物从人的对立面逐渐向人靠近，人则从高位逐渐下降。从启蒙运动以来，人的主体地位不断走高，科学理性逐渐占据绝对统治。20 世纪上半叶的世界大战、经济危机、工业化大生产促使思想界开始对人作为世界主宰、万物尺度的主体地位重新评估和全面反思。我们看到西方马克思主义经历了从批判资本主义文化的立场上强调人与物关系颠倒和人性的失落，到“文化转向”以来聚焦物如何参与人的身份建构。语言学转向中受益的结构主义从积极拥抱主客体二元对立走向了宣告“作者之死”“人之死”的后结构主义（解构主义）。现象学从一诞生就试图弥补主体与客体之间的裂痕，胡塞尔用“意向性”做出尝试，到了海德格尔存在论的现象学用“存在”将人与物相互之间的关系统摄起来，可以说一直以来现象学都在呼唤一种“间性”，缓解主体与客体对立紧张的关系。直到 20 世纪七八十年代，各方思想都将批判的矛头指向了以人文主义为核心的启蒙现代性。另外，以冷战为催化剂，科学技术飞速发展，尤其是航空航天、计算机、生物技术、医学领域都取得突破性进展。自然科学领域也用一项又一项技术突破不断挑战“完满的人”的权威，太空和外星人探索质疑人的万物灵长的形象，人工智能模糊人与机器的界限，医学仿生重塑人的身体，等等。如其他“后学”特征一样，随着人文主义遭遇前所未有的危机，后人文主义这一联结了人文科学和自然科学的理论集合体诞生。因此，通过理论脉络和方法谱系梳理，在后人文主义的语境中，物质文化研究走向了“人—物”关系的重塑，探讨“与物共生”（living with things）的议题。当我们思考人与物的关系时，无论结论是物与人对立还是物与人互动共生，我们的视线都是“向外”的。正如当代艺术理论家杰弗里·戴奇所说“大概没有任何事物比人本身对人更具有吸引力”。[①] 当我们将视线转向我们自身，一个“身体的领域”便向我们敞开。在“后人类”状况下，物质文化研究走向了探讨“身体重塑”的议题。

第一节 “后人文主义”与“后人类”

21 世纪以来，众多关于“后人文主义”的议题被推到前沿，联合了自然科学和社会科学的大批学者参与讨论，也激发了跨学科的激烈争论。爱娃·多曼斯卡这样描述和解释这一态势：“后人文主义的问题非常复杂，因为没有与这一术语相联系的突出的、相同的趋势，思考方式或哲学研究。这种视角涵盖的范围广阔，从讨论对待动物的伦理方式、打破物种界限、转基因、物种杂交，到生物测定学。然而，所有这些趋势的共同基础，是对人类中心主义的质疑和批评反对。”[②] 在西方语境中“后人文主义”具有多元复杂的特性，在国内，“后人文主义”则首先在语词使用上遭遇了混杂性。“后人文主义”对应的英文“posthumanism”在中文语境中被译为“后人文主义”或“后人类主义”，与之相关的“posthuman”被译为“后人类”。“后人文主义”相关议题在21 世纪以来逐渐受到国内理论界的关注，但在语词的翻译和使用上面始终无法做到统一，这种状况也说明了“后人文主义”范畴的复杂性。

以“后人文主义”和“后人类主义”为关键词，我们可以看到

---

① ［美］杰弗里·戴奇：《后人类》，许明清译，《世界美术》1993 年第 3 期。

② ［波兰］爱娃·多曼斯卡：《历史学的未来：后人文主义的挑战》，张作成译，《北方论丛》2011 年第 3 期。

国内一些相关的讨论。王宁在《“后理论时代”的理论风云：走向后人文主义》[①] 一文中讨论了“人文主义的危机”与“后人文主义”的兴起。也就是说，所谓“后”人文主义是建立在对人文主义的反思和批判的基础上的。蒋怡在《西方学界的“后人文主义”理论探析》[②] 中考察了“后人文主义”理论的缘起与争议。同时，孙绍谊的《当代西方后人类主义思潮与电影》[③]、冉聃和蔡仲的《赛博与后人类主义》[④]、杨一铎的《后人类主义：人文主义的消解和技术主义建构》[⑤] 中都使用了“后人类主义”一词。其中孙绍谊这样解释使用“后人类”而非“后人文”：“将‘后人文主义’诠释理解为‘后人类主义’，突出了该思潮在技术和科学进步前提下对人类物种本身的反省，也彰显了人类日益技术化和技术日益人格化的当代发展趋势。”[⑥] 考察采取“后人类主义”用法的研究者的学科背景和论文论述，我们看到他们大多身处科技哲学领域，讨论的议题是科学技术对人的本质的挑战，容纳了信息技术、生物技术、仿生学、人工智能、基因工程、生态学、伦理学等领域的话题。也就是说，支持使用“后人类主义”的学者格外突出技术发展和人身体的改变引发的对人文主义以来“人的本质”的质疑和批判。

鉴于以上分析，本书倾向于使用“后人文主义”一词。事实上“后人文主义”与“后人类主义”的区别在于是“后—人文主义”（post-humanism）还是“后人类—主义”（posthouman-ism）。就“后人文主义”来说，旨在质疑、反思、批判西方启蒙理性和人文精神，

---

① 参见王宁《“后理论时代”的理论风云：走向后人文主义》，《文艺理论研究》2013年第6期；王宁《后人文主义与文学理论的未来》，《文艺争鸣》2013年第9期。

② 参见蒋怡《西方学界的“后人文主义”理论探析》，《外国文学》2014年第6期。蒋怡辨析了“Posthumanism”一词的不同翻译，并倾向于使用“后人文主义”，认为“后人文主义”的涵盖面更广，“后人类”仅是其中的一个方面。本书赞同这种观点。

③ 孙绍谊：《当代西方后人类主义思潮与电影》，《文艺研究》2011年第9期。

④ 冉聃、蔡仲：《赛博与后人类主义》，《自然辩证法研究》2012年第10期。

⑤ 杨一铎：《后人类主义：人文主义的消解和技术主义建构》，《社会科学家》2012年第11期。

⑥ 孙绍谊：《当代西方后人类主义思潮与电影》，《文艺研究》2011年第9期。

消解长期占据主导地位的人类中心主义。因此，后人文主义与其他诞生于20世纪下半叶的“后学”（后结构主义、后现代主义）思潮在理论立场和批评方法上相互重叠与融合。对“后人类主义”来说，就字面意思更倾向对“后人类”的概念范畴进行理论化的建构。参照卡里·沃尔夫（Cary Wolfe）在《什么是后人文主义?》（*What is Posthumanism?*）中所说：“当我们谈论后人文主义的时候，我们不仅仅停留在有关人类的进化的、生物的、技术的坐标上（尽管我们常常以此为话题的开头，也常常以此结束），更重要的是我们也在谈论如何思考这些话题，面对这些挑战，思想何为?”[①] 因此，本书倾向于使用“后人类”（posthuman）指一种人类生存的状况（尤其涉及身体研究），对由包括后人类状况在内的相关议题引发的反思和批判的思潮称为后人文主义，也就是说，后人文主义可能始于后人类，但绝不止于后人类。

早在1977年，伊哈布·哈桑（Ihab Hassan）在《作为表演者的普罗米修斯：通向一种后人文主义的文化》中指出（当前的）后人文主义或许在一定程度上是个含混的新词、时髦的口号，或是频繁出现的人类自我仇恨的表征。但是，后人文主义也暗示了当代文化中的某种潜质。正是这种潜质使其超越了沦为时髦新词的趋势。人类的生存图景发生了剧烈的变化，这也启示我们文艺复兴以来五百余年的人文主义传统或许走向了尽头，并转型为不得不称其为后人文主义的东西。[②] 的确，在哈桑的这篇文章所处的时代，后现代、后人文等以“后”冠之的词语或许被普遍质疑为仅仅是学术用词上的标新立异，然而时至今日，我们再提出“通向一种后人文主义的文化”的时候，句子结尾的“问号”可能要换作“句号”了。

然而，澄清了“后人文主义”与“后人类”的区别和不同的侧

---

① Cary Wolfe, *What Is Posthumanism*?, Minneapolis: University of Minnesota Press, 2010, p. xiv.

② Ihab Hassan, “Prometheus as Performer: Toward a Posthumanist Culture”, *The Georgia Review*, Vol. 31, No. 4, 1977, pp. 830 – 850.

重点，并不意味着我们可以轻易进入后人文主义与物质文化研究的相关议题讨论。后人文主义在当前的复杂性还表现在与之既观念重叠又判然不同的几个范畴的同时出现。主要有“反人文主义”（anti-humanism）、“新人文主义”（neo-humanism）、“超人文主义”（trans-humanism）[①] 等。这些范畴代表着普遍的人文主义危机之后，不同立场的学者对该危机予以的不同回应。

“反人文主义”是人文主义的反向结果。对“妄自尊大”的“人类是万物之灵长，世界之尺度”观念的批判似乎早已成为陈词滥调，尤其在福柯的影响下被广泛接受。20 世纪现代和后现代、结构和后结构的裂变始终围绕着一个话题——“人类中心主义”。反人文主义的矛盾性在于对人类中心主义深恶痛绝，指出的往往是人文主义被认为是“恶”的一面，而追求的却往往也是人文主义“善”的一面。最典型的例子或许来自后殖民主义批评和女性主义批评，他们激烈批判人文主义，最终倡导的却是从更包容、更多样化的角度审视“人性”，召唤更广泛的自由、平等——这恰恰是人文主义所宣扬的。“新人文主义”并不批判人文主义，而是试图达到一种更理想的适度的人文主义。[②] 当代的“新人文主义”立场和方法在生态批评那里得到支撑。随着环境保护、动物保护等议题成为社会焦点，新人文主义的局限性也暴露出来。譬如动物保护并不能从根本上解决人类霸权问题，反而导致不平等。人为地大规模保护某一种动物可能带来另一种动物的加速消亡，受保护的动物是一种通过人授权的人格化动物。新人文主义本质上依旧是“傲慢的”人类中心主义。“超人文主义”是一种设想：人的精神、意识脱离肉身存在。超人文主义的例证在大量的科幻文本中出现。在大量声称“后人类”的科

---

① 相关词参见 *The Posthuman* 一书索引：Rosi Braidotti, *The Posthuman*, Cambridge: Polity Press, 2013, pp. 212－229。在该书中，罗西·布拉伊多蒂对“后人文主义”和“后人类”问题的探讨伴随着对其他相关概念和立场的辨析和批判。

② 新人文主义的代表一般被认为是欧文·白璧德，此处不展开讨论。相关研究参见朱寿桐《新人文主义：西方背景及中国场域的概念论辩》，《中国比较文学》2008 年第 4 期。

幻文本中，人借助技术达到的是突破物质性肉身限制的意识、精神永存，经典的例子是系列漫画《攻壳机动队》及其改编电影，从其英文名称“Ghost in the Shell”（直译为“灵在壳中”）可见一斑。超人文主义文本中的人类形象并非“后人类”而是“超人类”，某种程度上体现的是极端的身心二元论。

总而言之，后人文主义语境中的“后人类”强调的是人与非人的动态共生关系，共生关系的关键是双方都是对方身份的形成要素。考察后人文主义语境中的物质文化研究，无意盲目追随“后理论”的浪潮，也并非自造新词，更非“反人文主义”，而是从审视、反思和展望的角度对物质文化研究进行评估和拓展。我们无论是谈论后人文与人—物关系的重塑还是后人类与身体研究，都不能一味地停留在对人类中心主义范式的控诉，而是面对当前的物质文化状况做出思考和回应。

第二节 “人—物”关系的重塑

从人文主义到后人文主义，核心语词都是“人”，人终究不可能脱离自身而体验他物。因而我们谈论物的能动性和连通性最终走向人与物的关系重塑。所谓重塑，即从人文主义的人与物的二元对立的等级制到后人文主义的人的“让位”，走向“与物共生”的“人—物”关系。

一 物的能动性

在启蒙以来的人文世界，“能动性”似乎是主体人的专属特性，是人区别于物的主要特征。主体意志的主观能动性作用于世界，世界作为外物是被动的客体（或对象）。这种人与物区分对立的支配关系也“支配”了西方观念系统数百年。进入 20 世纪，观念系统中人/物的割裂产生的问题与现实的生活世界的危机状况相结合，越来越多的理论家们重思人性、人之精神、人之存在，并寻找所谓“人的出路”，这是西方马克思主义一派法兰克福“学院”派的方法。他们认为人的主观能动性地位失位于物，人的全面物化是资本主义文化产生的负面效应。但是这并不意味着物拥有了主动性，批判理论强调物支配人的现象本质上源于资本主义意识形态和文化霸权的操控。另一派理论家认为人文主义的核心问题在于人类中心主义为我们预设了一种完满健全的本真人性，而这种本真人性的能动性在物面前极为脆弱，必须求助精神性的文学艺术才得以解救。解构主义以来，批判人类中心主义并不令我们感到陌生。人类中心消解的同时，作为人的对立面的“客体（物）”“浮出历史地表”。物质文化研究在此基础上的推进即强调物的能动性。提出物的能动性并不意味着“非此即彼”式的人的能动性的让位，而是在人与物的互构互生的动态的行动关系中显现出物的能动性（agency）。

所谓“人与物互构互生的动态行动关系”涉及的是“人生产或使用物”和“物的生产或使用”。一直以来对于人的能动性的强调导致侧重于人的生产实践而遮蔽了物的一面。近年来“行动理论”加入物质文化研究领域[①]启发我们重新从行动的角度考察亚里士多德的“行动”和马克思的“生产”。

亚里士多德在《形而上学》中将广义的知识（或科学）分为三类：理论（或思辨）的科学，实践（以下使用“行动”一词）[②] 的科学，制作（以下使用“生产”一词）[③] 的科学。在亚里士多德这里，三者从高到低有等级之分。亚里士多德区分了行动和生产，指

---

① 参见 Beth Preston, *A Philosophy of Material Culture*, New York & London: Routledge, 2013。

② “实践”一词在希腊文中是 praxis，古代拉丁译者将亚里士多德实践哲学中的 praxis 译为 actus，现代英译者将之译为“action”（行动）。从词源来看，“praxis”应对应“practice”（实践），但由于英译经历了“praxis”到“actus”再到“action”的转译路径，在英语语境中，尤其在行动哲学这里，“action”和“practice”无本质区分。这也致使在汉语语境中，“实践”与“行动”也不加区分地翻译和使用。参见刘宇《论实践与行动的存在论差异——从亚里士多德实践哲学的视角看》，《马克思主义与现实》2016 年第 2 期。

③ 希腊文“poiēsis”，对应英文“production”，当代语境中，尤其在马克思的生产理论之后，多译为“生产”。

出事物包括被行动的事物和被生产的事物，“行动不是一种生产，生产也不是一种行动”[1]。在亚里士多德看来，二者的本质区别在于是否具有功利的目的性。我们看到亚里士多德将政治学、伦理学归为行动科学，是无条件追寻的德行、道德（善）实现的活动，而诗歌、艺术则是生产科学，属于一种技艺。行动之所以高于生产是因为行动是自为自足的，而生产则是具有目的性的。“生产的目的外在于生产活动，而行动的目的就是行动本身。”[2] 譬如明智的人追求无痛苦，而非快乐，也可看作行动和生产的区别。也就是说，生产的目的是产品，而行动的目的则是行动本身。

亚里士多德的行动和生产的区分对物质文化研究颇具启迪意义。一方面，需要指出，物质文化研究摒弃亚里士多德这种附有价值判断的区分；另一方面，这个区分的意义则在于使我们重新思考长久以来被忽视或者陷于沉默的维度。因此物质文化不仅关注物的生产，同时也聚焦物的使用，正是在物的使用中“黏合”了亚里士多德所区分的行动和生产。

物质生产是人类活动的基本形式。这是马克思对生产的经典表述。生产是区别人与动物的根本性的活动：“一当人们开始生产他们所必需的生活资料的时候（这一步是由他们的肉体组织所决定的），他们就开始把自己与动物区别开来。人们生产他们所必需的生活资料，同时也就间接地生产着他们的物质生活本身。”[3] 在马克思这里，“生产”是一个集体性的概念，也就是说他从社会关系的角度对生产活动进行评估。马克思将社会关系定义为“许多个人的合作”。“一定的生产方式或一定的工业阶段始终是与一定的共同活动的方式或一定的社会阶段联系着的，而这种共同活动方式本身就是‘生产

---

① ［古希腊］亚里士多德：《尼各马可伦理学》，廖申白译注，商务印书馆 2003 年版，第 171 页。

② ［古希腊］亚里士多德：《尼各马可伦理学》，廖申白译注，商务印书馆 2003 年版，第 173 页。

③ 《马克思恩格斯全集》（第 3 卷），人民出版社 1960 年版，第 24 页。

力’；由此可见，人们所达到的生产力的总和决定着社会状况。”[①]在《资本论》中，马克思专辟一章，论述“合作是资本主义生产方式的基本形式”[②]。在当代的物质文化研究者看来，马克思的生产理论是经典，但并非完备，因为他缺乏对个体活动的重视，虽然马克思认为在共产主义社会，生产活动既会维持集体性的合作，同时也不会剥夺个体活动的自由，但这毕竟是一种理想状态。[③]

综合亚里士多德和马克思关于生产和行动的分析，这里引出物质文化研究中物作为商品的维度的两个主要观点：既考察物的生产，也重视物的消费（使用）；在消费研究中既考察作为集体行为的消费，也重视作为个体行为的消费。简言之，强调在互动共生的层面重新把握人与物的关系。

虽然马克思的唯物辩证法指出生产决定消费，消费反作用于生产，但是需要注意的是：一方面，马克思确立了生产的决定性地位；另一方面，马克思主要在政治经济学领域讨论生产与消费，并非文化的范畴。在后来的西方马克思主义那里，基于生产角度考察“文化工业”和“意识形态霸权”对消费的“诱导”和“操控”，商品（物）是生产的结果，是主导控制模式的物质载体，是对立于人的对象物。即便鲍德里亚在《物体系》《消费社会》《符号政治经济学批判》中引入符号学来阐释消费社会，试图脱离经典马克思主义，视商品为符号，也并未缓解这种紧张的对立关系，反而用一种“符码化”的概念增强了“可操控性”。鲍德里亚并未摆脱“批判理论”的逻辑，消费需求依然是被批判的对象，他说道：“需求并不是主体动机的表达，也不能表征主体的一种本真状态。”[④] 因此某种程度上说，鲍德里亚判断了一种消费社会，却未将消费作为“行动”进行考察。

---

① 《马克思恩格斯全集》（第3卷），人民出版社1960年版，第33页。

② ［德］卡尔·马克思：《资本论（第一卷）》，人民出版社2004年版，第372页。

③ Beth Preston, *A Philosophy of Material Culture*, New York & London: Routledge, 2013, pp. 25－27.

④ ［法］让·鲍德里亚：《符号政治经济学批判》，夏莹译，南京大学出版社2008年版，第152页。

将消费视为行动，意味着消除人与物割裂对立的模式，将二者连接进动态的行动中。布尔迪厄关于“趣味、消费、区分”的理论启发我们在动态的关系中考察消费。对布尔迪厄而言，趣味既不是康德那里的人类天生的感受力，也非美学上的审美判断，而是一个社会性的概念，展现为人们在日常生活中的行动偏好和文化倾向。布尔迪厄指出，确立关于趣味和文化消费的科学通过违反趣味的审美特征展开，“消除将合法文化变为一个孤立空间的神圣界限，以便发现一些明白易懂的关系，这些关系将表面上无法比较的‘选择’：如音乐和饮食、绘画和运动、文学和发式方面的偏好联系在一起”[①]。所谓“明白易懂的关系”，即取消传统意义上的审美消费和普通消费之间的对立，将它们整合到动态的文化“生产场”中。“经由文化消费活动，人们在各方面将彼此区分开来，也使得原本简单的社会—经济的阶级结构复杂化。”[②] 趣味实质上是一个分类系统，“支配着与被客观化的资本、与这个被划分等级的和能够划分等级的物品的世界的关系，而这些物品有助于确定趣味，允许趣味通过专门化得到实现”[③]。换句话说，趣味支配着物品的消费，物品同时也帮助某一种趣味的确立。

布尔迪厄关注的是社会阶层结构的生成和变化以及阶层的相互斗争关系，严格意义上说，这是文化生产场域，并非消费的场域，消费的概念在他的理论中是用来讨论包含各种活动以及行动方式的文化秩序。然而，在物质文化研究的视域中，布尔迪厄的研究暗示了物品的能动属性。人作为“显性”的行动者消费，物则作为“隐性”的行动者参与人的“群体身份”（阶层/习性/趣味）的确立和改变。另外，虽然布尔迪厄忽视了物质文化研究极为关注的个体日常生活中对物品的消费（使用）的经验领域，但强调了消费活动中形成的生活方式对

---

① ［法］皮埃尔·布尔迪厄：《区分——判断力的社会批判》（上册），刘晖译，商务印书馆 2015 年版，第 9—10 页。

② Tim Dant, *Material Culture in the Social World*, Buckingham: Open University Press, 1999, p. 20.

③ ［法］皮埃尔·布尔迪厄：《区分——判断力的社会批判》（上册），刘晖译，商务印书馆 2015 年版，第 359 页。

个体习性的形成和维持的重要性，这很大程度上促使“消费研究”成为物质文化研究的重要课题。

从“消费研究”的代表学者丹尼尔·米勒那里我们看到，消费不应该仅被视为一种购买行为，还应包含购买商品之后把它们带进人们的日常生活中，使用它们，改变它们，送出、交换甚至转让它们，与它们共同生活的状况。这样，消费研究就进入了考察个体行为的层面。几代学者围绕商品议题进行的探讨凸显了商品消费被视为集体行为，具有社会属性，是某种社会关系或社会结构的表征。因此，无论相关分析的核心语词是“意识形态的霸权”还是“主导文化的权力话语”，抑或“阶层的区分与习性的生成”，“大众”（“消费者”）、“消费”、“商品”都作为“大写的”词汇加入理论书写和方法演绎。伯明翰学派的文化理论中，电视话语的“编码—解码”（斯图亚特·霍尔）和亚文化的“抵抗—收编”（迪克·赫伯迪格）的研究呈现出文化秩序的生成和突破的动态关系，启发我们关注主导文化秩序“下”的协商和抵抗的行动。在物质文化研究者看来，正是“小写的”的个体行动在日常生活实践中不断地突破文化秩序，大众并非“乌合之众”，消费者也绝非“丧失心智”，他们是行动的个体，个性化的生活方式的创造者。在个体丰富多样的日常生活中，物品参与其中，它们不断地塑造人，人不断地赋予它们价值，人与物在互动中生活在一起。

站在这样的立场上，法国思想家米歇尔·德·塞托的日常生活实践研究进入我们的视野。与同时代的福柯和布尔迪厄不同，塞托主张真正聚焦作为个体的使用者（消费者、日常生活实践者）的行动。福柯的“规训社会”和布尔迪厄的“区分社会”都认为（个体）使用者处于受规训、受支配的被动地位。塞托认为这种结论的得出源自将日常实践或实践的方式作为社会性的活动，这样日常实践就成为一种“模糊的背景”，塞托的目的是穿越“背景”，发掘使用者被遮蔽在“受控制的消费者”的称呼之下的独特的“行动图式”。之所以论述“行动图式”而非“行动”是因为将视角转向个体意味着研究工作不可避免变得“零碎”，塞托声称自己进行的是“鸟瞰全貌”的论证。

简而言之，塞托采取的是一种整体的视角，但绝非传统社会学、人类学的“总体性”视角。

塞托的“行动图式”（或“实践的方式”）提出的是与福柯著作中论述的问题相似却又相反的问题。相似性在于它们都是一种“微观图式”，考察细节的运作机制，在福柯那里是监狱、学校、军队、医院等，在塞托这里是阅读、交谈、居住、烹饪等。而相反之处则是福柯辨认出的是规训的技术，而塞托则发掘出了“反规训”的战术。塞托这样解释：“我的目的并非直接指向一门符号学的构建。而在于通过在一开始就假定消费者的日常实践属于战术的范畴，从而提出一些对它们进行思考的方式。居住、交通、言说、阅读、购物或烹饪，这些活动似乎与战术的计策和意外（surprises）的特征相符：‘弱者’在‘强者’建立的秩序中运用的花招，一种在他自己地盘上对对手略施小计的艺术，猎人的诡计，机动多变的迁移，令人惊喜的、诗意的、颇具挑战性的新点子。”①

“战术”概念相对于“策略”提出。所谓“策略”（strategy）是权力关系的演算，开辟出一个“专有”空间。政治、经济、科学的合理性都建立在策略模型之上。② 因此，主导意识形态、权力话语、社会结构、阶级区分都是基于策略这一“强力模型”的分析。塞托认为“无论如何将一个社会的运行简化成一类占主导地位的方法是不可能的”③。“战术”（tactic）则是渗透在“策略”的“专有”空间中的小计策，是“弱者”（个体）在“强者”建立的秩序中行动所运用的方式。在塞托看来，日常实践（如塞托关注的交谈、阅读、行走、购物、烹饪等）大都属于战术类别。事实上，“策略”和“战术”并非两个区分隔离的话语和行动空间，而是相互渗透和力量争夺的“战

① Michel de Certeau, *The Practice of Everyday Life*, Berkeley & Los Angeles: University of California Press, 1988, pp. 39 – 40.

② Michel de Certeau, *The Practice of Everyday Life*, Berkeley & Los Angeles: University of California Press, 1988, p. XIX.

③ Michel de Certeau, *The Practice of Everyday Life*, Berkeley & Los Angeles: University of California Press, 1988, p. 48.

场”，“战术”的使用者在“策略”的“专有”空间中“穿越游走”，在这个过程中形成对抗性的、个性化的实践方式。正如塞托所说：“弱者必须不断地借助于异己的力量。”[①] 个体在日常生活中无时无刻不在与异己的物联动起来，这时，物的能动性便凸显出来。例如一个家庭主妇在购物时根据不同的情境选择商品：当天需要食用的食材，需要冰箱储藏的食材，客人的口味，食材的新鲜程度，甚至卖场的灯光、温度、音乐，顾客的人数，当天的天气，交通状况，等等。将这些可能性的因素组合起来的正是个体的行动方式。

“我”和异己的人和物一样，都是行动者。“我”不断地被这样的东西定义：新买的符合人体力学的沙发，每周播出的电视剧，电子游戏中的道具和装备，超市大卖场里的有机蔬菜、非转基因食用油，社交网站和软件中的群组、朋友圈。人文主义者的问题是他们被困在“我”之中了，后人文主义并非“反人文主义”，而是一种对人文主义的反思、修正、纠错，是观念范式的更替。从“我”的困境中解救出来，从行动的角度探讨物的能动性以及人与物动态共存的关系是后人文语境中物质文化研究的一个重要维度。

二 物的连通性

礼物研究是物质文化研究的另一个重要课题。与消费研究基于生产与消费的关系体系不同，礼物研究从人类学、社会学的领域生发出来，早期的研究中体现了物在社会关系构建中扮演着重要角色。礼物研究启发物质文化研究探讨物的连通性。从社会性的角度来说，礼物交换是“总体性”的社会事实，体现了某种社会结构，这是涂尔干、莫斯、列维－斯特劳斯的观念。然而如果聚焦礼物交换过程物的“轨迹”，则会发现物连通了情感、道德、认知、记忆，这种连通性展现出人与物的亲密纠缠而非区分隔离的关系。“轨迹”意味着

---

① Michel de Certeau, *The Practice of Everyday Life*, Berkeley & Los Angeles: University of California Press, 1988, p. XIX.

一种运动，强调运动的过程中不同“轨道”的连通交会。考察物的连通性，我们需要“迂回”至怀特海和加斯东·巴什拉的研究中来。

英国哲学家怀特海向我们提供了一种事物的“过程性”的观念。怀特海的过程哲学建立在对机械唯物论的彻底反思和批判的基础上。“启蒙运动把机器当作最基本的实在模式，甚至有生命的东西也被理解成了复杂的机械。”[①] 在机械论指导下的自然科学对物质进行分类、隔离的研究成效显著，人们不断地在数学、物理学、化学、生物学等基础科学研究中认识物质的“客观属性”。在人文科学，笛卡尔对二元论的贡献受到广泛的文化上的认可。科学和形而上学的隔离使世界处于既是唯物主义的，却又认可超越外在物质的人的精神的混沌复杂状态。怀特海致力于用从唯物论转向“有机实在论”来解除这种混沌状态，他认为这种新的观点“是用流动的能量概念取代静止的材料概念”[②]。怀特海主张从物质实体转向事件过程，一旦物质被视为实体（substance）就难免落入二元论的泥沼。转向“实际存在物”（actual entity）是走向非二元论的事件理论，强调事物的动态关联性。由此怀特海引入了“摄入”（prehension）概念。“实际存在物是一个过程”[③]，任何“实际存在物”都通过“摄入”关系相互“联结”（nexus）、相互作用、共生互为，“都感受着其他实际存在物”[④]。怀特海接受了柏格森的“绵延”概念（柏格森指出“宇宙在绵延”，“绵延意味着创造、生产”[⑤]），认为宇宙事物都是未完成的，都处在不断“生成”的际遇中。概括地说，怀特海的过程哲学

---

① ［美］J. B. 科布：《怀特海哲学和建设性的后现代主义》，邵刚、杨金颖译，《世界哲学》2003 年第 1 期。

② ［英］阿尔弗雷德·诺思·怀特海：《过程与实在》，杨富斌译，中国城市出版社 2003 年版，第 564 页。

③ ［英］阿尔弗雷德·诺思·怀特海：《过程与实在》，杨富斌译，中国城市出版社 2003 年版，第 402 页。

④ ［英］阿尔弗雷德·诺思·怀特海：《过程与实在》，杨富斌译，中国城市出版社 2003 年版，第 414 页。

⑤ ［法］柏格森：《创造进化论》，姜志辉译，商务印书馆 2004 年版，第 16 页。

（或被他称作有机实在论）认为事物即过程，过程即事物，宇宙的任何事物都是有机联结、相互关涉的，“这种有机体学说试图把世界描述为那些个体的实际存在物的产生过程，每一种实际存在物都有其自身绝对的自我造就能力”[①]。

法国思想家加斯东·巴什拉致力于在长期被分隔的科学和诗学，物质与意识之间寻求一种居间的制衡与调和的关系。正如乔治·布莱所评价的，在巴什拉之前，“至少对一种非精神分析的（以及非马克思主义的）批评来说，意识是一种最少物质性的东西”。但自巴什拉开始，便“不可能再谈论意识的非物质性”，“也很难不通过相迭的形象层来感知意识了”。[②] 在对世界四元素水、火、土、气的分析中，巴什拉揭示了物质与人的经验、感知的关系。与胡塞尔现象学借助“意向性”面向事物本身不同，巴什拉侧重“生活在物质中”的感知经验，同时，对物的观照并非在客观主义的理性认知层面上进行，而是强调“具身性”的与物相连的通感。

现代科学的形成是理性主义“强行”排除了主观因素的完全客观化的过程，因此只要谈论对于某一客体的科学知识，谈论者理所应当地认为自己是客观的。而在《火的精神分析》中，巴什拉描述了这样一种场景，当科学家不从事自己的本职工作时，当他是一个在家中孤独思考的人，“冬天的傍晚，屋外刮着风，只要有一堆明亮的火，痛苦的心灵就会同时追忆自己的往事并倾吐苦痛”[③]。火不再是科学的“沉默的”客体，而是连通了人的诗性想象的具有创造力的物质。火不仅仅提供科学意义上的热能，也提供了与人的感官、想象相融合的“热”。早期著作中巴什拉认为水、火、土、气是“物质化想象”的本原。以水为例，作为物质化想象的本原的水是“物质的水，在其实体

① ［英］阿尔弗雷德·诺思·怀特海：《过程与实在》，杨富斌译，中国城市出版社 2003 年版，第 109 页。

② ［比］乔治·布莱：《批评意识》，郭宏安译，广西师范大学出版社 2002 年版，第 150 页。

③ ［法］加斯东·巴什拉：《火的精神分析》，杜小真、顾嘉琛译，生活·读书·新知三联书店 1992 年版，第 4 页。

中加以想象的水”[①]。巴什拉这里水这种物质并非一种形式、一种存在于意识里的“意象”，是物质实体和人的想象的融合物。巴什拉指出“我们只有在体验与景观之间建立起平衡的时候，才会很好地理解物质想象的学说”[②]。也就是说，物不仅仅是一种客观性的质料，更激发和唤醒了人的感知和想象，连通了人与物之间的“鸿沟”，塑造了人的意识，因而在巴什拉这里，物既是客体也是主体，既是人体验的对象也是探入人的想象深处“言说”的主体。

在后期的著作《空间的诗学》中，巴什拉声称自己转向寻求一种“形象（image）的现象学”。巴什拉用“形象”替代了物质四元素时期的“物质”，形象联动了物质存在和人的想象，并要求“不要把形象当作对象，更不要当作对象的替代物，而是把握它的特殊实在”[③]。形象不是“死气沉沉”的对象物，而是“诗歌形象”，是物质实在与诗意的统一。形象的现象学是一种微观的现象学，主体性和客体实在性“经由形象建立起来的联合中，现象学家发现了一个充满无数经验的领域”[④]。巴什拉的目的是赋予形象以存在论的价值。在巴什拉考察的众多形象（家宅、抽屉、柜子、箱子、鸟巢、贝壳等）中，家宅是其中最重要也最典型的形象，“因为家宅是我们在世界中的一角”[⑤]，我们日复一日地将自己扎根于我们居住的空间里。与列斐伏尔强调的政治的、权力争夺的（公共）空间不同，巴什拉更看重私人的、能够诗意地栖居于一角的空间。家宅并非一个“静态的箱子”，它超越了一种几何学的空间，与个人形成“动态的共同体”。在家宅中，“流动

① ［法］加斯东·巴什拉：《水与梦——论物质的想象》，顾嘉琛译，岳麓书社 2005 年版，第 13 页。

② ［法］加斯东·巴什拉：《水与梦——论物质的想象》，顾嘉琛译，岳麓书社 2005 年版，第 16 页。

③ ［法］加斯东·巴什拉：《空间的诗学》，张逸婧译，上海译文出版社 2013 年版，引言第 5 页。

④ ［法］加斯东·巴什拉：《空间的诗学》，张逸婧译，上海译文出版社 2013 年版，引言第 6 页。

⑤ ［法］加斯东·巴什拉：《空间的诗学》，张逸婧译，上海译文出版社 2013 年版，第 3 页。

着”个体的记忆、情感、想象、梦想。巴什拉的物质想象的诗学开启了物质世界“活化”的力量。如巴什拉所说：“想象力的现象学不能满足于把形象还原为辅助的表达工具：想象力的现象学要求我们直接体验形象，把形象作为生活中遭遇的事件。当形象是新的，世界就是新的。”[①] 面对“秋风萧瑟天气凉，草木摇落露为霜”（曹丕《燕歌行二首·其一》）这样的诗句，传统的文学批评从“思”的角度，“理性地”“客观地”认定这是一种意象化的语言，是诗人情感的流露、表达、外化，而当我们成为一个体验者，一个理性与非理性融于一身的阅读者，物质形象激发了我们生存体验的“回响”，形成全方位的具身性通感，而批评所持的“客观性”态度却“窒息”了“回响”。

通过考察怀特海和巴什拉的理论，我们可以说物的连通性并非一个全新的概念或者凭空的提法，很大程度上是物质文化研究在参与后人文主义的知识转型过程中对前人理论的回溯与再发现。在物的连通性维度中进行礼物研究以及（从中延伸出的）其他物品研究，考察作为社会结构的物之交换关系依然重要，但不是唯一重点。追踪物的“轨迹”，一个如莫斯所说的人与物“混融”的世界呈现出来。但是，无论是20世纪初莫斯的人与物“混融”还是20世纪末阿帕杜莱、科比托夫的“物的社会生命”，人类学、社会学的视角都聚焦于物的社会性，忽视了个体的日常生活领域物的“流动”，物与个体日常生活存在体验的互动连通。

个体的存在体验从“时态”上可以说是对所经历的过去的记忆、对未经历的未来的想象以及当下正在体验的生活的融合。记忆的遗忘属性使其必然与相对稳固的物质相结合。当代物质文化研究转向了考察物如何在具体的日常实践中获得某种意义，并将其与记忆联结起来，在人的当下的日常生活中产生“共振”和“回响”。

谈到记忆与物质文化，我们必然与“文化记忆”理论遭遇。扬·

---

① ［法］加斯东·巴什拉：《空间的诗学》，张逸婧译，上海译文出版社2013年版，第57—58页。

阿斯曼和阿莱达·阿斯曼的文化记忆理论关注文化的历时性，考察文化如何在时间长河中“保持本色”，建构其“历时的身份”。所谓文化记忆，即文化保持其具有一致性的历时身份的功能，包括宗教、历史、文学艺术等范畴，简言之，视文化为记忆。文化记忆理论是莫里斯·哈布瓦赫的“集体记忆”（或社会记忆）理论的延伸。哈布瓦赫将记忆从个体的心理学的领域引入社会学领域，并指出记忆“总是集体性的，并经由他人重新从我们的记忆中唤醒，即便它涉及的是我们独自经历的事件和独自所见的事物。这意味着，我们实际上从来都不是孤立的”[①]。作为一个社会学家，哈布瓦赫的结论是：即便是私人的记忆，也只能通过和不同的集体环境之间产生的关系和变化来解释，个体记忆由集体记忆决定。到了阿斯曼夫妇这里，集体记忆被扩展了载体范围和时间半径、持久性的文化记忆取代。阿莱达·阿斯曼强调“记忆这个关键词如今已成为文化学的核心概念”[②]。因此，作为一种文化理论，文化记忆试图兼容“记忆的三个维度：神经维度、社会维度、文化维度”[③]。通过考察阿斯曼夫妇聚焦的文化记忆的承载媒介我们发现，作为埃及学家、考古学家的扬·阿斯曼不但关注口头、书面的文本，也关注人类学、社会学传统的研究对象——文物、建筑、仪式、图腾等。近年来扬·阿斯曼和阿莱达·阿斯曼则更关注当代技术媒介（如互联网）对文化记忆的机制可能产生的变革和影响。文化记忆理论旨在“从文化角度对记忆的形成进行研究，并对‘组织文化和记忆之间关系’的媒介和机构进行探究”[④]，探寻文化得以持续的本质。

---

① ［德］阿莱达·阿斯曼：《记忆的三个维度：神经维度、社会维度、文化维度》，载冯亚琳、［德］阿斯特莉特·埃尔主编《文化记忆理论读本》，余传玲等译，北京大学出版社2012年版，第47—48页。

② ［德］阿莱达·阿斯曼：《记忆作为文化学的核心概念》，载冯亚琳、［德］阿斯特莉特·埃尔主编《文化记忆理论读本》，余传玲等译，北京大学出版社2012年版，第117页。

③ ［德］阿莱达·阿斯曼：《记忆的三个维度：神经维度、社会维度、文化维度》，载冯亚琳、［德］阿斯特莉特·埃尔主编《文化记忆理论读本》，余传玲等译，北京大学出版社2012年版，第45页。

④ ［德］阿莱达·阿斯曼：《昨日重现——媒介与社会记忆》，载冯亚琳、［德］阿斯特莉特·埃尔主编《文化记忆理论读本》，余传玲等译，北京大学出版社2012年版，第20页。

阿斯曼夫妇的文化记忆理论呈现出物质性的媒介的连通性的一个层面：媒介连通了现在与漫长的过去，使文化作为"记忆术"持久而稳定。

无论是集体记忆还是文化记忆，其基本立场都是：不具有"社会性"或"文化性"的记忆是不存在的。文化记忆这里的文化性是社会性的延伸，是宏观的、总体性的文化概念。也就是说，文化记忆理论试图兼容的记忆的三个维度（神经维度、社会维度、文化维度）实际上却隐含了一种从个体经验到群体文化、从低维到高维的关系。然而，在物质文化研究这里，个体记忆与日常生活体验恰恰不应该被忽视，被轻易地认定由整体性的文化记忆决定。如伊丽莎白·哈勒姆（Elizabeth Hallam）和珍妮·霍齐（Jenny Hockey）在《死亡、记忆和物质文化》中强调的："相较于在社会和历史的大规模层面上关注纪念和庆典的公共形式，我们更倾向于分析记忆的'日常'（everyday）语境。"[①] 因此，当代物质文化研究的立场是：不具有社会性的记忆是不存在的，同时，不具有个体性的记忆也是不存在的。

物的连通性彰显了物的"居间性"，但不意味着物仅仅是中介者（mediator），它更是行动者（agent），连通了时间与空间、实体与想象、个体的私人化的记忆与当下的日常生活实践。如果我们采取一种动态的过程性和关系性的理论视角，那么当我们走进一个人的居所，面对空间和物品，我们关注的就"不仅是什么东西被摆放或展示，更重要的是这个人如何解释这些被摆放或展示的东西"[②]，以及他/她和它的关系。

三 走向"与物共生"的"人—物"关系

根据费尔巴哈的《未来哲学原理》，"现代"时期的任务就是将神从至高无上的"王座"上驱逐，而将"大写的人"提升到神的位置。

---

① Elizabeth Hallam, Jenny Hockey, *Death, Memory and Material Culture*, Oxford & New York: Berg, 2001, p. 1.

② Rachel Hurdley, Home, Materiality, *Memory and Belonging*: *Keeping Culture*, Basingstoke: Palgrave Macmillan, 2013, p. Ⅸ.

这个代替了上帝的“人”没过多久就在福柯那里宣告“死亡”：“人是近期的发明。并且正接近其终点。……人将被抹去，如同大海边沙地上的一张脸。”[①] 然而消解人类中心主义早已不是新鲜的论调，去人类中心化表现在物质文化研究这里就是将长期处于人的对立面的、次级位置的、“沉默的”物“拉回人的身边”。人与物的关系从“看与被看”转向“对视”，从“触摸与被触摸”转向“互触通感”，从“生产与被生产”转向“互动共生”。

物质文化研究所提倡的人—物关系对我们来说并不陌生。在中国古代传统观念中，“人”“事”“物”连通互化、合而为一。“人”和“事”都与“物”息息相关，因而有“人物”“事物”之说。这种连通互化、合而为一的人与物的关系即《庄子》中的“物化”[②]。目前学界对《庄子》的“物化”概念的阐释都归于物我合一、天人合一、主客体统一。从《庄子》整体的语境看，人—物、道归于一个系统当中，物化的实质是物与物、人与人、人与物的相互转化，这种相互转化遵循在道的规律中。所谓物我合一、天人合一，这里的一并不指两者合为一个（不是数量上的一），而是指物与物、人与人、人与物互相虽有分别，但可以达到互化、相忘的境界。“周与蝴蝶，则必有分矣。”也就是说，人与物是有分别的，但这种分别仅仅是类的区分，而非此与彼的区分。陈鼓应的“物我界限消解”[③] 的

① ［法］米歇尔·福柯：《词与物——人文科学考古学》，莫伟民译，上海三联书店 2012 年版，第 506 页。

② “物化”一词最早见于《庄子·齐物论》篇末。庄子用来阐释物化的例子就是著名的“庄周梦蝶”。“昔者庄周梦为蝴蝶，栩栩然蝴蝶也。自喻适志与！不知周也。俄然觉，则蘧蘧然周也。不知周之梦为蝴蝶与？蝴蝶之梦为周与？周与蝴蝶，则必有分矣。此之谓物化。”郭象《庄子注》中讲：“愚者窃窃然自以为知生之可乐，死之可苦，未闻物化之谓也。”林希逸《庄子口义》中解释：“此之谓物化者，言此谓万物变化之理也。”由此看出，郭象认为，庄周梦蝶和生死之变一样，都是物化之例。生与死、庄周与蝴蝶，愚者才去区分彼此，而圣人看到的则是二者之间的互相变化的动态关系。这正如林希逸所言，物化为万物变化之理。陈鼓应的《庄子今注今译》是国内学术界比较认可的《庄子》当代译注本。其中对于物化的注释为：“意指物我界限消解，万物融化为一。”

③ 陈鼓应注译：《庄子今注今译》，中华书局 1983 年版，第 92 页。

解释也可以看出此意，“物”“我”首先是有界限的，有界限才会消解，界限消解谓之物化。因此，物化是一个动态的过程（或者状态），这一过程始终遵从和顺应“道”。

天人合一、物我两忘的观念一直贯穿于我国古代的思想体系中，以至于我们可以考察到大量的有关“物性”的诗学话语，如体物、感物、观物、求物之妙、神与物游等。当代物质文化研究重塑的人—物关系跨时空地在中国古代思想中激起回响，也启发我们借用《庄子》中“与物为春”来定义物质文化研究这里人与物的和谐融洽、互动共生的动态关系。

秉持着“与物共生”（或“与物为春”）的人—物关系的立场，物质文化研究将视角转向了日常生活。与“被抹去”的“人”一样，那个伴随着现代性进程而确立起来的“大写的文化”也“大限将至”，借用伊格尔顿在《文化与上帝之死》中的说法，这是“文化的危机”。伊格尔顿对威廉斯那里经典的“文化”概念进行批评道：“不存在什么整体的生活方式。人类社会是多样化并且存在异议的。文化更倾向于反映社会分裂而不是调和它们。”[①]“文化”的概念无论是早期的法兰克福学派和利维斯主义那里区分精英与大众、高雅与通俗的二元等级制还是威廉斯开启的“去等级制”的大众的“整体的生活方式”，都处在一种社会性的、群体性的视域中。“文化”是“大写的文化”，“大众”是“大写的大众”，因而即便是分析文化的差异性的亚文化研究（迪克·赫伯迪格）和趣味理论（布尔迪厄），最终的工作都是对文化进行更加细化的分类，大众也被更加细化的群分。“文化的危机”之实质是大多数文化理论都在对复杂多样的文化进行简化法和同质化的分析。文化被作为“规范性理念”[②] 而忽略了丰富多彩的个体的日常生活实践。

---

① ［英］特里·伊格尔顿：《文化与上帝之死》，宋郑超译，河南大学出版社 2016 年版，第 137—138 页。

② ［英］特里·伊格尔顿：《文化与上帝之死》，宋郑超译，河南大学出版社 2016 年版，第 137 页。

塞托和吕斯·贾尔（Luce Giard）等认为日常文化与大众文化属于不同的文化体系。他们这样分析日常文化和大众文化的区别：

> 大众文化产生于大众，为了自身的传播简化了原先预定的模式。日常文化则和“消费”相关，人们在消费中根据一些特殊规则处理产品词汇，这些规则通常是实践者为了自身利益制定的，是他们的杰作。大众文化倾向于统一化，统一化是生产的法则，被大规模地传播，即使大众文化将这种基本倾向隐藏在了用来巩固“各种新产品”假象的多种表面现象之下。日常文化则一再以自己为表面现象，掩饰住了该文化中多种基础的情境、特性和背景。①

我们从弗洛伊德关于本我、自我、超我的分析得到启发，每个人的日常生活是道德理念和个体欲望、文化规范和个体行动、公共领域和私人空间相互交织的状况。日常文化既是社会性的也是个体性的。正如丹尼尔·米勒所说，“物质文化研究是一个整合性的尝试”②，塞托和贾尔区分的日常文化和大众文化在物质文化研究这里被整合起来，也就是说，既重视个体的文化实践，也考察所谓的“情境、特性和背景”。澄清了物质文化研究中的“文化”是整合性的日常文化，物质文化研究的主旨就变得更加明晰：物质文化研究力图“超越以人类为中心的考察物质文化对人的意义和社会关系中人对物的使用”③，从而组建一个批判先验的区分主体与客体，将“物”这个在日常生活实践中的重要“角色”纳入进来，重塑“与物共生”的人—物关系的多视角、跨领域的学科。

综上所述，我们考察物的能动性和连通性最终的落脚点在于重塑

① ［法］米歇尔·德·塞托、吕斯·贾尔、皮埃尔·梅约尔：《日常生活实践 2. 居住与烹饪》，冷碧莹译，南京大学出版社 2014 年版，第 336—337 页。

② Victor Buchli ed., *The Material Culture Reader*, Oxford & New York: Berg, 2002, p. 13.

③ Dan Hicks, Mary C. Beaudry, “Introduction: Material Culture Studies: A Reactionary View”, in Dan Hicks, Mary C. Beaudry, eds., *The Oxford Handbook of Material Culture Studies*, Oxford: Oxford University Press, 2010, p. 19.

日常生活中人与物的关系。阿格妮丝·赫勒在《日常生活》一书中对“家”的分析成为展现物的能动性和连通性的例证：“家”并非简单的房子、住屋、家庭。有这样的一些人，他们有房屋和家庭，却没有“家”。“回家”应当意味着：回归到我们所了解、我们所习惯的，我们在那里感到安全的，我们的情感关系在那里最为强烈的坚实位置。[①]首先，强调“日常性”在于避免“大众”观念范畴中的暗含的结构性偏狭。也就是说日常“不能被纯粹地还原为物质文化的赋义行为或者民族文化的基本特征”[②]。正如德·塞托等人的日常生活实践研究所呈现的，日常在某种意义上强调了创造性、挑战性的行动，且这种行动至关重要。当然这并不意味着涂尔干、布尔迪厄式的结构性、群体性的观念不再重要，而是说它们不应该成为物质文化研究的“终点”。其次，强调“与物为春”的人—物关系在于寻求从主体/客体的表达式中解脱出来的方法。从《庄子》“物化”概念中得到的启示是，人与物虽有别，却“化”而合“一”。同时我们看到拉图尔举出的网球比赛的例子也颇具启迪意义：“我们所关注的是这样的事实，好像我们在观看一场网球比赛，目光一会儿转向客体，一会儿又转向主体。”[③] 人与物之间形成一种紧密相连的张力，但这种张力不应简化为固化结构和敌对关系。探讨“与物共生”（或“与物为春”）的人—物关系意味着进一步质疑将“人”与“物”之间画线的“绝对知识”，联结人文主义传统中断裂的主体/客体、人/物。

第三节 身体的重塑

古往今来的思想家都在试图解决希腊德尔菲太阳神殿上镌刻的那

---

① ［匈］阿格妮丝·赫勒：《日常生活》，衣俊卿译，黑龙江大学出版社 2010 年版，第 230 页。

② ［英］本·海默尔：《日常生活与文化理论导论》，王志宏译，商务印书馆 2008 年版，第 293 页。

③ ［法］布鲁诺·拉图尔：《自然的政治：如何把科学带入民主》，麦永雄译，河南大学出版社 2016 年版，第 141 页。

句著名神谕提出的问题——“认识你自己”。人在认识自己的过程中，不断地将自己与外物区分，直至与身体区分，一个理性的、意识的、认知的主体的概念被确立下来。身体会死亡，而理念和精神却似乎可以永存。柏拉图《斐多篇》中那个被贬低为灵魂、理念、智慧之阻碍的肉身在漫长的西方哲学史中总是无法与理性的认知主体合为一体。在启蒙运动以来的现代知识体系中，“人”成为一个既定的事实，而“身体”却找不到“它”的位置。启蒙理性这种理性存在于意识，与身体无关的传统在20世纪受到质疑，无论是胡塞尔、梅洛-庞蒂的现象学路径还是尼采、福柯的“权力”路径都将身体的问题拉回我们的视野。我们无意做“身体”的哲学史考察，而是借由“身体转向”而聚焦发生在身体的变化和身体的现况，引出我们的主题：后人类与身体的重塑。

一 后人类状况

如果说后人文主义是对人文主义诸多信条的质疑、批判和修正，是一种理论的视域，那么后人类则是在这个理论视域中对科学技术影响下的当代人类状况的分析和评估。物质文化研究之所以转向后人类的向度，可以说源自其对物的兴趣和对“存在”的“物质性”理解。对物质文化研究来说，“人文主义危机”已经趋于陈词滥调，后结构主义消解了“坐在王座上”的“人”，宣告了“人的终结”，自身却囿于文本—话语领域，走向“理论的终结”。物质文化研究倡导“回归到物”，某种程度上也是将文化的理论从“语言、符号、话语、文本”中解放出来，直面现实。罗西·布拉伊多蒂（Rosi Braidotti）在《后人类》中指出，在整体上对“理论”持否定态度的当下，“后人类作为一个概念，可以用来探讨积极地联系当下现实的方法，以经验为基础解释若干特征，坚持批评立场而避免否定性”①。

① ［意］罗西·布拉伊多蒂：《后人类》，宋根成译，河南大学出版社2016年版，第7页。

“‘后人类状况’不能被简单地定义出来。”[①] 也就是说，理论家用“后人类状况”来描述当前人类的生存境遇并非宣告一个“后人类纪元”的来临，而是被视为“万物尺度”的“人”被消解之后，提出一种范式转变。因此，从事“后人类”研究的学者们不约而同地声明“后人类”并非“追逐时髦”“令人生厌”的“后”学中的一种，而是带着对“确定性”的“人类”概念的质疑，重新“认识我们自己”，思考人与世界上各物种之间的关系。后人类范式的核心论点是：承认人自身是物质—文化的联合体，即物质躯体、（社会文化建构意义上的）身份和物质性实践联合于身体，同时身体是动态的、开放的、相互联系的。身体不是封闭在皮肤下的完整体，而是“可操作、可改动的信息体，自出生起，身体就经历着不断的延伸和重置的过程”[②]。后人类状况在20世纪末被集中讨论的直接原因是科学技术对普通人的日常生活的全面渗透和改造。

在后人类理论家看来，所谓“完满的人”从未存在过。自诞生之日起，人借助工具、团结其他人（或者动物）以增强自己的行动能力，除依靠饮食和衣物维系生存还通过药物、文身、（或置于表层，或嵌入皮肤的）饰物等改造身体。只不过这些事实在理性的认知主体的塑造过程中被忽视了，在身心二元的体系中，要么身体成为灵魂的障碍，要么这些发生在身体上的事实是人性的表现、主观能动性的产物、意识指导的结果。

另外，人类对“超人”想象也从未停止。古代社会的文学文本中出现大量的半人半兽的形象，往往都拥有“超人”的能力。到了现代，随着科技的发展，人机结合体、人造体的形象加入了“超人”形象的集体。如果说古代的半人半兽的“超人”是一种神话形象，而现代的人—机器结合体、人造体的形象则既是“神话”形象，又是现实

---

① Robert Pepperell, *The Posthuman Condition: Consciousness Beyond the Brain*, Bristol: Intellect Books, 2003, p. Ⅳ.

② N. Katherine Hayles, *How We Became Posthuman*, Chicago & London: The University of Chicago Press, 1999, p. 3.

形象。20 世纪 80 年代末，哈拉维在《赛博格宣言》中已经宣称半人半机械的赛博格形象既是虚构又是人的现实。这篇宣言在当时被认为“惊世骇俗”，哈拉维本人也被冠以“激进思想家”的头衔。而在三十年后的今天，面对“现代人是赛博格”的论断，无论赞同还是反对，至少我们都不再“大惊失色”。器官移植、基因修改、智能义肢、性别改造对于我们来说并不陌生，智能手机、智能穿戴设备成为我们身体的一部分，互联网拓宽了我们的生存空间，我们生活在网络中。

这种生存状况引发的讨论是，科技物到底对人（身体）来说是“入侵”还是“渗透”。在“人类”范式中的思考者认为这是人的危机，科技物“大举入侵”压缩了“本真的人”的生存空间；采取“后人类”范式的思想家则认为这是人存在于世界的一般性成果，科技物与人的相互“渗透”是机遇和挑战并存的状况。后人类状况并非线性时间的“人类纪元”转为“后人类纪元”，而是知识范型的转换。人与非人自始至终都是联结在一起的，只不过科学技术突飞猛进促使联结方式发生改变。

我们有必要举出近两届的夏季奥运会上的几个事件：

> 事件一：2012 年伦敦奥运会，牙买加运动员博尔特在被称为挑战人类身体极限的 100 米跑中以 9 秒 63 的成绩获得冠军。博尔特也被誉为世界上跑得最快的人。与此同时，人们争相讨论博尔特是否已经将人类的身体机能发挥到极限。

> 事件二：2012 年伦敦奥运会，南非运动员皮斯托瑞斯成为首个安装义肢参加夏季奥运会的运动员。他在 400 米跑中止步半决赛。在此之前，就皮斯托瑞斯是否有资格与健全人同场竞技的问题国际田径联合会和相关仲裁机构进行了长期的技术和法律方面的论证。论证的焦点在于皮斯托瑞斯的高科技义肢在跑步过程中是否比健全人的双腿有益于提高成绩。《纽约时报》称皮斯托瑞斯是“游走于健全人和残疾人之间的人”。

事件三：2016年里约奥运会，南非运动员卡斯特尔·塞门亚在女子800米的比赛中得金牌。塞门亚是一个天生的双性人，她的社会身份性别是女性，因同时拥有男性和女性的生理性征，她作为女性参赛的资格受到广泛质疑。她曾经被要求靠药物治疗降低体内睾丸酮至一般女性的标准数值，但在里约奥运会之前这一规定被取消，因其双性人的身份是天生的。与此同时，奥委会出台规定，男性转为女性的跨性别者不需要完成手术即可参赛，只需在一年内依靠药物将其体内睾丸酮含量降至低于标准数值，但此规定依然备受争议。

当我们把这几个事件摆在一起就会发现面对一些发生在人身体上的变化，我们迫切需要“制定一个新的后人类社会议程”[①]。我们一边期待“人的身体”所能达到的极限，一边被与技术物镶嵌在一起的身体是否算作“人的身体”的问题困扰；一边通过科学技术的检测来认定“原生”的生理性别和社会性别以赋予“原生人”以基本权利；一边被通过科学技术随时转变的“跨性别人”是否与“原生人”拥有同样权利的问题困扰。显然人文主义原则和人类中心论的假设已经受到巨大的冲击。后人类身体的多元化的不确定性迫使我们用新的方式来“认识我们自己”，考察人与非人之间的关系。

后人类状况启发我们将视角从商品范畴和礼物范畴的研究拓展至身体研究。在物质文化研究看来，认为长期占据主流地位的社会建构主义的身体研究将自己局限在文本性的身体和权力—话语分析，轻易地将“物质性的身体”让给了被认为与人文科学分隔的自然科学。物质文化研究承认身体的物质性，认为身体是“具身性的身体，是调动一切感观的体验性身体，是在与物质生活世界的不同角色和组成部分

① ［意］罗西·布拉伊多蒂：《后人类》，宋根成译，河南大学出版社2016年版，第289页。

混合和纠缠在一起的身体”。[①] 强调物质性身体的开放性意味科技物和身体的相互渗透带来的是更多元的可能性，而非已成定论的“危机或灾难”。总的来说，物质文化研究对“科技物与身体”的考察有两个方面：身体的重置和身体的延伸。

二 身体的重塑

（一）身体的重置

回顾当代身体问题理论脉络，主要有两条路径：现象学的具身性的身体，人类学、社会学的社会性的身体。

现象学侧重“存在”的、“活生生的”身体。梅洛－庞蒂从颠覆笛卡尔的身心二元论出发“用身体主体取代了意识主体”[②]。梅洛－庞蒂早期的著作《行为的结构》和《知觉现象学》从“外部的行为”和“内部的知觉体验”的联合来定义一种“活生生的” “现象身体”[③]，试图完成对观念化身体和自然化身体的双重超越。

当代身体理论的主要立场来自建构主义，认为身体是社会性的话语建构，这可以说是20世纪人文科学语言论转向的成果。社会建构论分析的“秩序化的身体”由人类学、社会学结构化理论的“社会性的意义身体”转向而来。人类学、社会学领域有对身体进行严肃讨论的传统，较早的人类学传统的观念（如马塞尔·莫斯）认为身体是有组织的社会制约和规范的实践。例如莫斯考察的毛利女性独特的走路姿势来自社会性的约束。这让我们联想到中国古代女性的走姿、坐姿以及裹脚的规范。也就是说，身体是社会规范实现其效力的工具，如莫

---

① Patricia Spyer, “The Body, Materiality and The Senses”, in Christopher Tilley eds., *Handbook of Material Culture*, London & Thousand Oaks & New Delhi: SAGE Publications, 2006, p. 125.

② 杨大春：《梅洛－庞蒂哲学的复魅之旅》，《天津社会科学》2008年第6期。

③ ［法］莫里斯·梅洛－庞蒂：《行为的结构》，杨大春、张尧均译，商务印书馆2005年版，第235页。

斯所说：“身体是人首要的与最自然的工具。”[①] “我们最‘自然的’日常行为——走路、睡觉、吃饭——都是被集体引导的行为，它们是个体由社会塑造的部分形式，并且是开放的，任由人们赞许、认可和评价。”[②] 这种观念延续到欧文·戈夫曼和布尔迪厄那里，身体成为日常生活行为秩序的空间、社会性阶层和结构性“惯习”建构的场域。人类学、社会学从考察人类怎样使用他们的身体而得出社会结构的总体性、一般性结论，是一种“从具体到抽象”[③] 的方法。

在福柯那里，社会规范作为权力—话语对身体实施规训，身体是话语构架（或知识型）内的一部分。福柯关注的是权力—话语如何生产身体，可以说福柯是身体研究走向建构主义的最有力推手。人类学、社会学与文本主义相结合，身体被视为一套象征系统、一种话语或一段文本。社会建构论的身体研究在当代主要集中于女性主义领域，在性别研究中，社会建构论对抗了生理决定论，认为性别（gender）身份是社会、历史、文化的知识建构的结果，是“铭刻”于身体上的符号，建构主义进一步造成了（生理）性别/（社会）性别（sex/gender）的割裂。

研究身体，可以说首先遭遇的是性别问题。男性/女性的性别差异似乎成为人类社会最为稳固的结构。从生理结构的差异的角度来看，这种二元结构在自然界其他物种那里得到广泛的印证。虽然还存在第三种生理结构——原生的双性人，但由于其数量极少而无法被归为正常的性别，现代医学中将双性人诊断为两性畸形。在建构主义的女性主义之前，生理决定论在性别差异问题中占据绝对主导地位。西蒙·波伏娃的《第二性》中喊出“女人并非天生，而是后天变成”的口号吹响了建构主义的女性主义的号角。波伏娃之后，在结构主义和后结

① ［法］马塞尔·毛斯：《社会学与人类学》，佘碧平译，上海译文出版社 2003 年版，第 306 页。

② ［法］马塞尔·莫斯等原著，［法］纳丹·施朗格编选：《论技术、技艺与文明》，蒙养山人译，世界图书出版公司 2010 年版，第 20 页。

③ ［法］马塞尔·毛斯：《社会学与人类学》，佘碧平译，上海译文出版社 2003 年版，第 301 页。

构主义（尤其是福柯、拉康）的影响下，女性主义长期聚焦性别（gender）问题，认为性别差异是父权社会的一套话语体系。“女性”身份在父权文化中被建构，女性被认为具有所谓的“女性气质”，被塑造得“像个女人”。建构主义那里，“生物学的身体不能回答为何女性成为他者的问题”①，作为固定的、静态的生理结构的身体被搁置起来。

建构主义的女性主义的根本问题在于，对待“社会性别”是反本质主义的立场，而对待“生理性别”却依旧是本质主义的。朱迪斯·巴特勒、唐娜·哈拉维等人很快意识到这种性/性别的割裂使女性主义在面对现实问题时陷入窘境。从朱迪斯·巴特勒的《性别麻烦》（1990）、《身体之重：论“性别”的话语界限》（1993）、《消解性别》（2004）的观念演变中可以看出“话语性身体”到“物质性身体”的转型。面对学界对话语建构主义的性别研究的广泛质疑与批评，巴特勒在《身体之重：论“性别”的话语界限》中试图澄清身体的话语和物质性互相嵌入性②。但是，正如巴特勒自己承认的那样：“本书的写作视域对身体之物质性（materiality）的思考，但我发觉自己往往最终偏离到其他领域。……我总是迷失在这一主题中。”③ 巴特勒试图借用奥斯汀的述行理论来思考身体的物质性，但却走向了对话语的物质性阐释过程。

在《身体之重：论“性别”的话语界限》中巴特勒始终无法使自己从话语建构主义中解放出来，巴特勒采取福柯的立场来解释她所理解的“物质性”：“我认为，物质永远是被物质化而成这种观点必须同福柯笔下的规制权力（regulatory power）的生产性与物质化（materializing）效力结合起来考虑”，从而问题就变成“性别是通过何种管制

---

① Simone de Beauvoir, *The Second Sex*, New York: Vintage, 1989, p. 64.

② ［美］朱迪斯·巴特勒：《身体之重：论“性别”的话语界限》，李钧鹏译，上海三联书店2011年版，第52页。

③ ［美］朱迪斯·巴特勒：《身体之重：论“性别”的话语界限》，李钧鹏译，上海三联书店2011年版，第1页。

规范被物质化的”[①]。简言之，巴特勒在《身体之重：论“性别”的话语界限》中试图通过考察身体的物质性来消解性/性别的分裂，最终的结果却是将生理性别（sex）消解为话语的效果。这遭到了包括克里斯·希林在内的众多学者的批评：巴特勒和福柯有着共同的问题，“即不能将身体作为一种物质态现象来理解”[②]。

《身体之重：论“性别”的话语界限》是巴特勒自我反思的超越过程中广受争议的著作，在十年后的《消解性别》中，巴特勒意识到性别差异问题包含了“生物性、精神性、话语性及社会性”[③]，寻求一个确切的答案总是徒劳无功。随着科学技术对身体的改造在性别领域发生了巨大的变革，人们通过手术和药物治疗在身体上呈现多样化的“性别模式”（如生理性征的转变）和“性别参数”（如激素水平的调节，参考上部分中的“事件三”）从科幻小说中的情节成为现实，性别研究不得不考察“性别跨域（transgenderism）和身体变性（trans-sexuality）的政治学和理论”[④]。也就是说，在社会建构论那里，性别被区分为生理性别和社会性别，生理性别是自然属性，社会性别在社会、文化中被不断建构，社会性别如文本，具有开放性。而当科学技术将被认为是自然的固定结构的生理性别彻底改变，是否意味着性/性别的二元论的消解，性别差异的结束？正如巴特勒所说，让“问题保持开放性很关键”，“我们希望我们划出的界线能被跨越，而这种跨越，正如任何漂移不定的主体所知，构成了我们究竟是谁”。[⑤]

文本主义视域下的身体作为符号极具理论可塑性，却将那个我们“生活着”的身体遮蔽起来。物质文化研究聚焦将科技物与具身性身体的重置，目的在于进一步推进身体限定在符号（文本、话语）的

---

① ［美］朱迪斯·巴特勒：《身体之重：论“性别”的话语界限》，李钧鹏译，上海三联书店2011年版，第10页。

② ［英］克里斯·希林：《文化、技术与社会中的身体》，李康译，北京大学出版社2011年版，第55页。

③ ［美］朱迪斯·巴特勒：《消解性别》，郭劼译，上海三联书店2009年版，第191页。

④ ［美］朱迪斯·巴特勒：《消解性别》，郭劼译，上海三联书店2009年版，第6页。

⑤ ［美］朱迪斯·巴特勒：《消解性别》，郭劼译，上海三联书店2009年版，第208页。

“解辖域化”。科技物为何如此重要？并非仅仅因为科技制造物成为我们生活环境的一部分，而且它们逐渐向我们身体“内部”“移动”（如果将皮肤视为身体的界限的话），不断重置我们曾经确定的“自然的”“原生的”身体。哈拉维描述的模糊了人与物界限的赛博格形象不仅仅突破了性别差异，更是对人本身进行质询。可以说身体的重置始于性别差异，但绝不止于此。

身体的重置使我们重新思考著名的“忒修斯悖论”。古希腊神话中记载的忒修斯战船，依靠不断地替换船桁和零部件在海上航行数百年，到最后原先的船体已不复存在。那么这艘船还是忒修斯之船吗？如忒修斯之船一样，人类是否存在“真正的同一性”[①] 呢？我们尝试用唐·伊德在《技术中的身体》中分析的“三种身体”来解答这一问题。伊德指出，“身体一”是梅洛－庞蒂式的“行动的，体验的，存在于世的”[②] 现象学身体，“身体二”是福柯式的“被政治、文化铭写的”[③] 话语建构性身体。伊德将“身体一”和“身体二”纳入“技术身体”，融合成为所谓的“身体三”。如果说“身体一”强调的是身体在行动、感知、体验中与他者和世界动态联系，“身体二”强调的是身体在结构性的社会、文化中的身份建构，那么“身体三”则是在两者基础上强调技术与身体的“嵌入性”：“我们就是我们的身体，是可塑性的、多态性的。我们是技术中的身体。”[④] 因此，身体的“同一性”并不存在，无论是“身体一”还是“身体二”都呈现出身体的动态可塑性，而科学技术则重置了我们曾被认为确定的、“同一性”的人的身体。

---

① ［英］尼古拉斯·费恩：《哲学：对古老问题的最新解答》，许世鹏译，新星出版社 2007 年版，第 8 页。

② Don Ihde, *Bodies in Technology*, Minneapolis & London: The University of Minnesota Press, 2002, p. 69.

③ Don Ihde, *Bodies in Technology*, Minneapolis & London: The University of Minnesota Press, 2002, p. 70.

④ Don Ihde, *Bodies in Technology*, Minneapolis & London: The University of Minnesota Press, 2002, p. 138.

物质文化研究关注的身体的物质性的重置敞开了一个文化批评和文化政治学的维度。技术物推动着“行动者”的相互关系和多重组合，“它们代表了生产力、激进关系和快乐”[①]。在200年前那部被认为第一部真正意义上的科学幻想小说《弗兰肯斯坦》中，人幻想于用科学技术制造另一个人。今天，我们不断制造着科技物，多莉羊、转基因番茄、超铀元素和我们生活在一起，阿尔法围棋（AlphaGo）战胜了人类棋手。同时，技术物也制造着我们，使我们不再局限于如人/非人、男人/女人、性/性别、自然/文化等的二元论中。技术物与身体的重置推翻了有关身体的种种“决定论”，否认对人（身体）的“内置的目的”或者“结局”，转向了多元化的生成和流变。

（二）身体的延伸

如果说讨论“身体的重置”倾向于关注技术物对“肉身的”身体的改变，那么“身体的延伸”则突破了身体的“肉身性”，关注身体作为一种物质性媒介得以无限延伸。

马歇尔·麦克卢汉的“媒介是人的延伸”的论断为我们提供了理论资源。麦克卢汉指出媒介对人的组合与行动的尺度和形态发挥着塑造和控制的作用。[②]“人可以越来越多地把自己转换成其他的超越自我的形态。”[③] 作为感知生活的延伸，任何媒介影响着人体的感知。身体与媒介的“‘接触’并不只是皮肤的感觉，而是几种感观的相互作用；‘保持接触’或‘与人接触’，是多种感官有效交汇的问题，是视觉转换成声觉，声觉又转换成动觉、味觉和嗅觉的问题”[④]。麦克卢汉极为重视多重感观的感知，正是在感知的过程中人与其他媒介互相联系，

---

① ［意］罗西·布拉伊多蒂：《后人类》，宋根成译，河南大学出版社2016年版，第133页。

② ［加］马歇尔·麦克卢汉：《理解媒介：论人的延伸》，何道宽译，商务印书馆2000年版，第35页。

③ ［加］马歇尔·麦克卢汉：《理解媒介：论人的延伸》，何道宽译，商务印书馆2000年版，第93页。

④ ［加］马歇尔·麦克卢汉：《理解媒介：论人的延伸》，何道宽译，商务印书馆2000年版，第97页。

人得以延伸。麦克卢汉所说的“人的延伸”是人本身作为媒介和其他媒介在整体的媒介生态环境中形成一种“通感”。

媒介、信息与身体之间的互动关系，使我们打破物质实体/精神意识、形式/内容的界限划分，认识到物质性并不仅仅等同于物质实体。引入媒介的维度旨在警惕将物质性等同于物质实体的偏至。在麦克卢汉的时代，计算机互联网并未诞生，却对我们“生活在网络中”的状况进行了预言式的揭示。麦克卢汉的可贵之处在于他并未将电视、电影、住宅、汽车、服装、报纸、打字机等仅仅视为文化符号去关注其“内容”或“意义”，或者视为引发焦虑的技术物加以否定，而是将其看作人的增进和延伸，展示出媒介间的“亲密关系”。例如他这样分析电话：“许多人打电话时感到有一种‘比比划划’的冲动。这一事实与电话这种媒介的下述特性有关：它要求我们的感观和官能参与其间。”[①] 媒介间的“通感”使我们在打电话时似乎将自己的身体的一部分发送了出去，同时仿佛也接收到了来自对方的某种具象化的信息，虽然我们无法看见和触摸对方。麦克卢汉的媒介观启发我们从“血肉之躯”的身体转向媒介化的身体。

互联网的诞生拓展了我们的生存空间——从“现实空间”延伸至“网络空间”（cyber space）。哈拉维描绘的“人机结合”的赛博格不单单是肉身身体与技术物的互嵌，同时也是人连入互联网的形象。哈拉维提出赛博格旨在质问身体是否止于皮肤，或者最多包括包裹在皮肤下的其他存在物。[②] 在“身体的重置”的讨论中我们论证了“包裹在皮肤下的身体”的开放性。技术物“向内”渗透和融入的过程已经使我们的身体处于开放状态，“植入”与“缝合”这样的医学手段只是一个现实场景，视皮肤为身体与他者分隔的最后一道界限成为一个想象。

从麦克卢汉那里我们已经得知身体是如何延伸并与其他媒介连通

---

① ［加］马歇尔·麦克卢汉：《理解媒介：论人的延伸》，何道宽译，商务印书馆2000年版，第330页。

② Donna J. Haraway, *Simians, Cyborgs, and Women: The Reinvention of Nature*, New York: Routledge, 1991, p. 178.

交互的。与其他媒介相比，互联网的特殊之处在于“根本性的改变了人们从现代社会和此前漫长的年代中习得的认知与经验”[①]。网络空间被广泛认为是一个“虚拟空间”，但它又的确是现实的、历史的，与我们的日常生活密切相连。虚拟与现实、实体与非实体的界限在互联网生活中变得模糊不清。如约斯·德·穆尔所说：“对于恒久连通性而言，边界的消失是可能性的一种典型的结果，它日益倾向于促使网络传播成为人类首要的生活环境。原来构成生活环境的自然场所（工作、学校、家庭）现在正在变成这些网络上的节点。”[②] 在线工作、购物、学习、娱乐、与人（或机器程序）沟通是当代人的日常生活状况。

网络空间的“虚拟性”一方面激发了人脱离身体的想象。在威廉·吉布森的那部著名的科幻小说《神经漫游者》中，人连入虚拟的网络空间，与作为躯壳的身体脱离。一旦进入网络空间，仿佛进入另一个世界，与现实相隔。在大量的科幻文本中，脱离此在的空间和身体成为一种共同的想象。将意识与身体脱离的想象戏剧性地陷入了从柏拉图到笛卡尔的对身体的贬低和忽视，身体成为超越“此在”的阻碍。这种幻想遭到众多理论家的批判，布拉伊多蒂认为必须“避免对肉体的蔑视和对超人文主义的逃离肉体化自我的有限物质性的幻想”[③]。阿路奎·露珊娜·斯通指出“视觉的虚拟世界建造者的话语充斥着想象性身体的意象，摆脱了肉身强加的约束。电脑空间的开发者预见到了一个时代，当他们能够忘记身体时。但重要的是记住，虚拟社群源起于身体，也必要回到身体。……生活也要回到身体”[④]。因

---

① ［美］马克·波斯特：《互联网怎么了？》，易容译，河南大学出版社 2010 年版，第 5 页。

② ［荷］约斯·德·穆尔：《赛博空间的奥德赛——走向虚拟本体论与人类学》，麦永雄译，广西师范大学出版社 2007 年版，第 183 页。

③ ［意］罗西·布拉伊多蒂：《后人类》，宋根成译，河南大学出版社 2016 年版，第 132 页。

④ ［美］阿路奎·露珊娜·斯通：《现实的身体果真站得住脚吗?：有关虚拟文化的边缘故事》，载汪民安、陈永国编《后身体：文化、权力和生命政治学》，吉林人民出版社 2003 年版，第 482 页。

此，网络空间不应该仅是一个承载着人逃离现实世界的幻想的乌托邦隐喻，它就是另一种物质形态的现实。

网络“虚拟性”另一方面使我们忽视了其“物质性”，在物质文化研究看来，“非实体”并不意味着“非物质”。科技总是试图找到新的办法建构出“非物质性”的假象，因此物质性的关注显得越来越重要。第五章中我们分析了丹尼尔·米勒和希瑟·A. 霍斯特在《数码人类学》中强调的“物质性是数码科技的根基”，包括数码基础设备的物质性、数码内容的物质性、数码语境的物质性。[①] 因而网络并不意味着“另一个世界”，而是世界的多元化拓展过程中的一个向度。

我们尝试通过智能手机和 VR 头显（虚拟现实头戴式显示器）来分析身体的延伸。智能手机是便携电脑和通信设备的结合，在十几年间成为全球范围内最为普及的智能化电子设备。我们关注的焦点是新兴的科技物如何迅速地成为“日常”。智能手机不仅是一个科技产品，当它融入日常生活，则成为我们身体的一部分。如同我们的一个器官，只有其失效的时候，我们才感受到它的存在。手机促进了身体的延伸，具体如下。第一，设备的物质性使其成为身体的“外置器官”。第二，作为媒介，使用者通过它连入网络，进入互联网社区，参与信息交流，构建社会关系和个体身份。第三，作为一个功能性的科技物，它塑造着使用者，无论是外观（例如颜色、款式）还是安装的软件（例如监测健身数据、提供方位导航），都全方位地影响了使用者的日常生活实践。

VR 头显从名称上定位了其“虚拟性”。这种沉浸式的头戴设备（往往配套手持和其他穿戴装备）可以使使用者产生“身临其境”的感觉。电脑、手机、电视的显示与人之间由于屏幕而产生“陌生化”的效果，VR 设备则达到了“视差融合”的效果。VR 设备向使用者呈现的是“虚拟的”世界，而使用者的感知和体验则是真实的，他们可

---

① ［英］丹尼尔·米勒、［澳］希瑟·霍斯特：《数码人类学》，王心远译，人民出版社 2014 年版，第 33 页。

以在自己的家里参观博物馆、游览世界各地、现场观看体育比赛或演唱会。过于强调科技带来的“虚拟性”总是暗示着虚拟与真实的对立，然而在实际的使用情境中，“虚拟性”和“真实性”总是杂糅在一起，因而在物质文化研究的学术语境中，应避免陷入“真实性”的“前网络文化”（或前数码文化）和“虚拟性”的“网络文化”（或数码文化）的对立。鲍德里亚关于“拟象”和“仿真”的世界的描述固然精彩，但他那里“符号化”的“后现代世界”丧失了“物质性”的维度。我们总是过于关注作为客体的科技物，而忽略了塑造它们、使用它们并被它们塑造的我们自身。正如总是聚焦那个所谓虚拟的空间而忽视了生活在其中的我们自身；总是批判科技物的“失真”而忽视了它们如何与我们紧密相连并延伸着我们“具身性”的身体，使我们的“生活世界”更具可能性。

围绕后人类状况分析身体的重置和延伸带来了两个方面的风险：其一是身体重置引发的多元化身体表象背后的“再本质化”“再中心化”的“自由人文主义”的主体观；其二是身体延伸引发的“超人文主义”的“离身化（disembodied）信息论”①。也就是说，赛博格并非更具统治力的“超人”或者“新主体”，也并非脱离了“活生生”的身体的随意上传和下载的信息（意识）。我们必须认识到被广泛认为思考后人类状况的文本存在的问题，例如《阿凡达》《超人》《钢铁侠》等电影中的“强力主体”形象体现的人类中心主义，电影《超体》《攻壳机动队》中塑造的脱离肉身变成“超级意识”的“新上帝”体现的“超人文主义”，等等。

正如布拉伊多蒂所强调的，规避这两种风险的方法是将后人类身体“重新注入激进关系性中，包括社会、心理、生态和微生物或者细胞层面的各种权力关系中”②。物质文化研究倡导的是多维度、跨领域

---

① N. Katherine Hayles, *How We Became Posthuman*, Chicago & London: The University of Chicago Press, 1999, p. 286.

② ［意］罗西·布拉伊多蒂：《后人类》，宋根成译，河南大学出版社 2016 年版，第 149 页。

的“整合性”的文化批评，因此在身体研究中，生物学的、生态学的、权力—话语的、符号消费的、存在论的、信息论的身体都发挥着效力。

无论是身心二元论还是“超人文主义”设想的脱离身体躯壳（本质上依旧是身心二元论）都无法否认我们依靠身体活着（不管身体变化成何种样态）。科学技术对身体的“重置”和“延伸”直观地改造了我们曾经设定的“止于皮肤”的完满身体，这种状况催促我们重新思考关于身体的种种规范。因此，物质文化研究并非寻求定义“身体是什么”，而是“联合更多的资源去思考身体和什么在一起”，讨论身体的“多样性和可变性”。[①] 从“是什么”到“和什么在一起”是从确立一个本体论的特定身体转向身体的“共在性”。“共在性”意味着身体的敞开和延伸，如梅洛－庞蒂所说的“肉身世界的交织”，无数“身体”的互相交织就是世界。“‘具身性’的贯彻实现了一个肉身化的社会，也就是身体化的日常生活现实。”[②] 至此，我们再次回到伊德所讲的三种身体，体验的、文化建构的、技术的身体交错重叠构成了“活着的身体”。于是，物质文化研究所考察的身体问题从“我有一个身体”转向“身体如何活着”。

---

① David Bell, *An Introduction to Cyberculture*, London & New York: Routledge, 2001, p. 139.

② ［加］约翰·奥尼尔：《身体五态：重塑关系形貌》，李康译，北京大学出版社 2010 年版，第 11 页。

结　语

本书考察了物质文化研究的方法论衍化脉络和革新路径。任何理论、方法都要面对“元”视角，否则难以确保自身的“合法性”。在前文的论证过程中，贯穿始终的是对各维度的物质文化研究范式的审视和反思。在这个过程中，我们看到马克思主义、结构主义和符号学，以及现象学的方法作为经典的物质文化研究方法，渗透进多元化的当代物质文化研究中，产生了深远影响。总的来说，前三章所涉及的三条路径各有侧重点，即物作为商品、物作为“符号—文本”以及物作为存在。我们虽然分析了这三条经典路径的一些局限，但需要指出的是，它们是当代物质文化研究的基础，正是在它们的滋养下，当代的物质文化研究才得以在多个领域勃兴。其中，马克思主义的方法颇具生命力，尤其在中国持续地继承和发扬开来。马克思主义的商品分析、物化理论、文化批判依旧影响着当代广泛的文化研究。对于物质文化研究来说，威廉斯主持的文化唯物主义强调的“文化的物质性”扭转了“物质文化”等同于“物质主义”的负面价值判定，将“物质文化”从“精神文化”的对立面的设定中解脱出来，对后续开展物质文化研究意义重大。同时，还应看到以阿尔杜塞为代表的将马克思主义和结构主义相结合的研究方法的启迪意义。阿尔杜塞的遗产中揭示出一种全面的物质性，即“意识形态的物质性”和“物质性的意识形态”的双向作用。威廉斯、阿尔杜塞，以及强调物质性的权力话语的福柯都是值得当代物质文化研究者重访的大师。谈及重访，我们看到多元化的当代物质文化研究者们不约而同地重访现象学派。在论及身体、人与物的关系等相关议题之时，海德格尔和梅洛－庞蒂成为当代研究者们最重要的导师。

审视当代的物质文化研究，我们一方面充满欣喜地观察到理论丛生、方法多样的局面，同时也注意到了虽观点别致但缺乏系统性的状况。在本书后三章中即可发现我们很难如前三章那样从学说体系的角度对当代的物质文化研究方法进行考察和论证。文化人类学、科学哲学、女性主义、文化理论等学科领域的不断交会使得物质文化研究目前处于不断吸纳资源、拓展对话空间的阶段，因而缺乏对自身进行反思和批判的向度。由于急于引导一种“物的转向”（或“物质文化转向”“物观念转向”），各维度的物质文化研究都集中以批判“人类中心主义”、反对西方现代哲学传统的主客体二元对立为立论基础，这一定程度上导致了“见物不见人”的状况。因而本书的最后一章既可以作为和其他章节平行的讨论方法的一章，也可以看作总结性的一章。虽然“后人文主义”这一概念范畴有其自身的复杂性，但是强调一种后人文主义的语境中的物质文化研究或许可以为缓解“见物不见人”的物质文化研究状况提供一种可能性。

总而言之，物质文化研究虽然呈现出多样化的路径、视角、维度，但综合来看，最大的问题是方法论的倾向性和逐渐单向性，缺乏与其他理论、方法的进一步融会贯通。虽然倾向性和融合性是看似不可调和的矛盾，但是我们依旧期待理想的、更加融通的物质文化研究。

在当前的物质文化研究中，中国的声音还很微弱。故在最后，我们回到中国当代物质文化研究（或者说物质文化研究本土化的问题）上来。导论当中我们谈论的从“文本间性”到“事物间性”的转向是在西方 20 世纪到 21 世纪的学术语境中展开，如果回到中国的视野，“事物间性”既具有范式转换的意义，也成为连接当代物质文化研究和中国古代思想的桥梁。

在“事物间性”的范式中回溯中国古代思想，我们发现当代物质文化研究所主张的人与物的关系范型对我们来说并不陌生，且渗透在文化的方方面面。我们可以轻而易举地举出极富有中国独特性的文化例证。譬如节气体现的人对自然与人的关系的认识，自然对人的行为的调节；水墨画体现的人与物的融合，情与景的交融；山川美景与书法刻字的和谐共存；诗文评论和审美思想中的“感物”、“体物”以及“以物观物”；等等。从中国文化的视野推进，我们看到在其影响下的东亚文化中也不乏例证，尤其是日本文化既受中国古代文化的影响，又发展出了日本的独特性。例如日本的“侘寂”（“Wabi-sabi”）的美学体系；日本文学和文化中的“物哀”传统；日本家居和日常物品设计的“简”与“空”；等等。值得注意的是，举出这样的例证，我们并非轻易地以“西方”的理论视野对中国（或“东方”）文化进行再阐释，而是试图探讨在中国文化语境中开展物质文化研究的必要性、可行性以及独特性。

在讨论人与物的关系重塑中，我们已经挖掘了与自然科学的“物化”法和西方马克思主义“物化”理论判然不同的《庄子》哲学中“物化”的概念。《庄子》“物化”概念折射的正是中国古代思想中的精髓：天人合一。美国汉学家牟复礼在《中国思想之渊源》中讲道：“宇宙论（cosmology）用以理解世界和宇宙是什么，而宇宙生成论（cosmogony）则用以解释宇宙如何生成。”“中国的宇宙生成论主张的是一个有机的过程，宇宙的各个部分都从属于一个有机的整体，他们都参与到这个本然自生的生命过程的相互作用之中。”①这实际上是对“天人合一”的一种注解。正是在这样的宇宙观中，在中国古代思想中无论怎样确认某种神力或者灵力，都不存在一个确定的统摄万物，凌驾于万物、天地之上的神。人作为万物中的一分子，统一于万事万物组成的整体中，而万事万物都是变化的和联系的。

伴随西方现代性进程的是人的发现，人从蒙昧走向文明，取代上

① ［美］牟复礼：《中国思想之渊源》，王立刚译，北京大学出版社2009年版，第15页。

帝拥有至高无上的主体性，这也使得人与物、文化与自然的关系逐渐破裂和对立起来。而与西方现代性文明的“破裂性”不同，中国古代文明是一种“连续性的文明”（张光直语），即“人类与动物之间的连续、地与天之间的连续、文化与自然之间的连续”[①]。引述这样的论断，我们无意于将东西方思想对立起来，也无意于以一种民族主义的立场宣扬“本土性”，而是从中获得启发，将我们当代的物质文化研究和中国古代思想连通起来，也将东西方连通起来，既回溯历史，也观照现实、放眼未来。在寻求融通的同时，当代的物质文化研究也应关注和探讨中西文化之差异性，挖掘中国物质文化研究的独特性及其价值。

① ［美］张光直：《美术、神话与祭祀》，郭净译，辽宁教育出版社2002年版，第126页。

参考文献

一　中文著作

陈鼓应注译:《庄子今注今译》,中华书局 1983 年版。

罗钢、王中忱主编:《消费文化读本》,中国社会科学出版社 2003 年版。

陆扬、王毅:《文化研究导论》,复旦大学出版社 2006 年版。

刘森林:《物与无:物化逻辑与虚无主义》,江苏人民出版社 2013 年版。

孟悦、罗钢主编:《物质文化读本》,北京大学出版社 2008 年版。

倪梁康主编:《面对实事本身——现象学经典文选》,东方出版社 2000 年版。

倪梁康:《胡塞尔现象学概念通释》(修订版),生活·读书·新知三联书店 2007 年版。

汪民安主编:《生产》(第一辑),广西师范大学出版社 2004 年版。

汪民安、陈永国编:《后身体:文化、权力和生命政治学》,吉林人民出版社 2003 年版。

杨大春:《梅洛 - 庞蒂》,生智文化事业有限公司 2003 年版。

叶舒宪编选:《结构主义神话学》,陕西师范大学出版社 1988 年版。

赵一凡:《从胡塞尔到德里达——西方文论讲稿》,生活·读书·新知三联书店 2007 年版。

张祥龙:《朝向事情本身——现象学导论七讲》,团结出版社 2003

年版。

张进：《活态文化与物性的诗学》，人民出版社 2014 年版。

［比］乔治·布莱：《批评意识》，郭宏安译，广西师范大学出版社 2002 年版。

［丹］丹·扎哈维：《胡塞尔现象学》，李忠伟译，上海世纪出版集团 2007 年版。

［德］埃德蒙德·胡塞尔：《生活世界现象学》，倪梁康、张廷国译，上海译文出版社 2005 年版。

［德］埃德蒙德·胡塞尔：《现象学的观念》，倪梁康译，上海译文出版社 1987 年版。

［德］彼得·科斯洛夫斯基：《后现代文化：技术发展的社会文化后果》，毛怡红译，中央编译出版社 2011 年版。

［德］海德格尔：《存在与时间》（修订译本），陈嘉映、王庆节译，生活·读书·新知三联书店 1999 年版。

［德］胡塞尔：《现象学的构成研究——纯粹现象学和现象学哲学的观念》（第 2 卷），李幼蒸译，中国人民大学出版社 2013 年版。

［德］卡尔·马克思：《资本论（第一卷）》，中共中央马克思恩格斯列宁斯大林著作编译局编译，人民出版社 2004 年版。

［德］克劳斯·黑尔德：《世界现象学》，倪梁康等译，生活·读书·新知三联书店 2003 年版。

［德］马丁·海德格尔：《林中路》（修订本），孙周兴译，上海世纪出版集团 2008 年版。

［德］马丁·海德格尔：《演讲与论文集》，孙周兴译，生活·读书·新知三联书店 2005 年版。

［德］马克思：《〈政治经济学批判〉序言、导言》，中共中央马克思恩格斯列宁斯大林著作编译局译，人民出版社 1971 年版。

［德］马克斯·霍克海默、西奥多·阿道尔诺：《启蒙辩证法——哲学断片》，渠敬东、曹卫东译，上海世纪出版集团 2006 年版。

［德］瓦尔特·本雅明：《机械复制时代的艺术作品》，王才勇译，

中国城市出版社 2002 年版。

冯亚琳、[德] 阿斯特莉特·埃尔主编:《文化记忆理论读本》, 余传玲等译, 北京大学出版社 2012 年版。

[法] 埃米尔·迪尔凯姆:《社会学方法的规则》, 胡伟译, 华夏出版社 1999 年版。

[法] 埃米尔·涂尔干:《社会分工论》, 渠东译, 生活·读书·新知三联书店 2000 年版。

[法] 爱弥尔·涂尔干:《宗教生活的基本形式》, 渠东、汲喆译, 商务印书馆 2011 年版。

[法] 爱弥尔·涂尔干、马塞尔·莫斯:《原始分类》, 汲喆译, 上海人民出版社 2000 年版。

[法] 柏格森:《创造进化论》, 姜志辉译, 商务印书馆 2004 年版。

[法] 保罗·利科:《论现象学流派》, 蒋海燕译, 南京大学出版社 2010 年版。

[法] 贝尔纳·斯蒂格勒:《技术与时间 3: 电影的时间与存在之痛的问题》, 方尔平译, 译林出版社 2012 年版。

[法] 贝尔纳·斯蒂格勒:《技术与时间: 爱比米修斯的过失》, 裴程译, 译林出版社 1999 年版。

[法] 布鲁诺·拉图尔:《自然的政治: 如何把科学带入民主》, 麦永雄译, 河南大学出版社 2016 年版。

[法] 布鲁诺·拉图尔、[英] 史蒂夫·伍尔加:《实验室生活: 科学事实的建构过程》, 张伯霖、刁小英译, 东方出版社 2004 年版。

[法] 德里达:《书写与差异》(上、下册), 张宁译, 生活·读书·新知三联书店 2001 年版。

[法] 费尔南·布罗代尔:《文明史纲》, 肖昶等译, 广西师范大学出版社 2003 年版。

[法] 弗朗索瓦·多斯:《从结构到解构: 法国 20 世纪思想主潮》(上卷), 季广茂译, 中央编译出版社 2004 年版。

[法] 加斯东·巴什拉:《火的精神分析》, 杜小真、顾嘉琛译, 生

活·读书·新知三联书店 1992 年版。

［法］加斯东·巴什拉：《空间的诗学》，张逸婧译，上海译文出版社 2013 年版。

［法］加斯东·巴什拉：《水与梦——论物质的想象》，顾嘉琛译，岳麓书社 2005 年版。

［法］居伊·珀蒂德芒热：《20 世纪的哲学与哲学家》，刘成富等译，江苏教育出版社 2007 年版。

［法］克洛德·列维－施特劳斯：《神话与意义》，杨德睿译，河南大学出版社 2016 年版。

［法］克洛德·列维－斯特劳斯：《人类学演讲集》，张毅声等译，中国人民大学出版社 2007 年版。

［法］列维－斯特劳斯：《结构人类学 I》，张祖建译，中国人民大学出版社 2006 年版。

［法］列维－斯特劳斯：《野性的思维》，李幼蒸译，商务印书馆 1997 年版。

［法］罗兰·巴特：《神话——大众文化诠释》，许蔷蔷、许绮玲译，上海人民出版社 1999 年版。

［法］马塞尔·毛斯：《社会学与人类学》，佘碧平译，上海译文出版社 2003 年版。

［法］马塞尔·莫斯：《礼物：古式社会中交换的形式与理由》，汲喆译，上海人民出版社 2002 年版。

［法］马塞尔·莫斯等原著，［法］纳丹·施朗格编选：《论技术、技艺与文明》，蒙养山人译，世界图书出版公司 2010 年版。

［法］米歇尔·德·塞托、吕斯·贾尔、皮埃尔·梅约尔：《日常生活实践 2. 居住与烹饪》，冷碧莹译，南京大学出版社 2014 年版。

［法］米歇尔·福柯：《词与物——人文科学考古学》，莫伟民译，上海三联书店 2012 年版。

［法］米歇尔·福柯：《疯癫与文明》，刘北成、杨远婴译，生活·读书·新知三联书店 2009 年版。

［法］米歇尔·福柯：《古典时代疯狂史》，林志明译，生活·读书·新知三联书店2007年版。

［法］米歇尔·福柯：《规训与惩罚》，刘北成、杨远婴译，生活·读书·新知三联书店2010年版。

［法］米歇尔·福柯：《临床医学的诞生》，刘北成译，译林出版社2011年版。

［法］莫里斯·古德利尔：《礼物之谜》，王毅译，上海人民出版社2007年版。

［法］莫里斯·梅洛-庞蒂：《可见的与不可见的》，罗国祥译，商务印书馆2008年版。

［法］莫里斯·梅洛-庞蒂：《行为的结构》，杨大春、张尧均译，商务印书馆2005年版。

［法］莫里斯·梅洛-庞蒂：《知觉的首要地位及其哲学结论》，王东亮译，生活·读书·新知三联书店2002年版。

［法］莫里斯·梅洛-庞蒂：《知觉现象学》，姜志辉译，商务印书馆2001年版。

［法］莫罗·卡波内：《图像的肉身——在绘画与电影之间》，曲晓蕊译，华东师范大学出版社2016年版。

［法］皮埃尔·布尔迪厄：《区分——判断力的社会批判》（上册），刘晖译，商务印书馆2015年版。

［法］让·鲍德里亚：《符号政治经济学批判》，夏莹译，南京大学出版社2008年版。

［法］让·波德里亚：《消费社会》，刘成富、全志钢译，南京大学出版社2001年版。

［法］尚·布希亚：《物体系》，林志明译，上海人民出版社2001年版。

［法］雅克·德里达：《多重立场》，佘碧平译，生活·读书·新知三联书店2004年版。

［法］雅克·德里达：《马克思的幽灵：债务国家、哀悼活动和新国

际》，何一译，中国人民大学出版社 1999 年版。

［法］雅克·朗西埃：《文学的政治》，张新木译，南京大学出版社 2014 年版。

［古希腊］亚里士多德：《尼各马可伦理学》，廖申白译注，商务印书馆 2003 年版。

［荷］约斯·德·穆尔：《赛博空间的奥德赛——走向虚拟本体论与人类学》，麦永雄译，广西师范大学出版社 2007 年版。

［加］马歇尔·麦克卢汉：《理解媒介：论人的延伸》，何道宽译，商务印书馆 2000 年版。

［加］约翰·奥尼尔：《身体五态：重塑关系形貌》，李康译，北京大学出版社 2010 年版。

［美］E. 弗洛姆：《健全的社会》，孙恺祥译，贵州人民出版社 1994 年版。

［美］H. 马尔库塞等：《工业社会和新左派》，任立编译，商务印书馆 1982 年版。

［美］阿尔君·阿帕杜莱：《消散的现代性：全球化的文化维度》，刘冉译，上海三联书店 2012 年版。

［美］大卫·格里芬：《后现代科学——科学魅力的再现》，马季方译，中央编译出版社 1995 年版。

［美］迪克·赫伯迪格：《亚文化：风格的意义》，陆道夫、胡疆锋译，北京大学出版社 2009 年版。

［美］弗雷德里克·詹姆逊：《语言的牢笼·马克思主义与形式》，钱佼汝、李自修译，百花洲文艺出版社 1997 年版。

［美］赫伯特·马尔库塞：《爱欲与文明——对弗洛伊德思想的哲学探讨》，黄勇、薛民译，上海译文出版社 1987 年版。

［美］赫伯特·马尔库塞：《单向度的人——发达工业社会意识形态研究》，刘继译，上海译文出版社 1989 年版。

［美］赫伯特·马尔库塞：《审美之维》，李小兵译，生活·读书·新知三联书店 1989 年版。

［美］杰姆逊：《后现代主义与文化理论》，唐小兵译，北京大学出版社 1997 年版。

［美］克利福德·格尔兹：《文化的解释》，纳日碧力戈等译，上海人民出版社 1999 年版。

［美］露丝·本尼迪克特：《文化模式》，王炜等译，生活·读书·新知三联书店 1988 年版。

［美］罗伯特·索科拉夫斯基：《现象学导论》，高秉江、张建华译，武汉大学出版社 2009 年版。

［美］马丁·杰伊：《法兰克福学派史》，单世联译，广东人民出版社 1996 年版。

［美］马克·波斯特：《互联网怎么了?》，易容译，河南大学出版社 2010 年版。

［美］牟复礼：《中国思想之渊源》，王立刚译，北京大学出版社 2009 年版。

［美］桑德拉·哈丁：《科学的文化多元性：后殖民主义、女性主义和认识论》，夏侯炳、谭兆民译，江西教育出版社 2002 年版。

［美］唐·伊德：《技术与生活世界》，韩连庆译，北京大学出版社 2012 年版。

［美］约翰·费斯克：《理解大众文化》，王晓珏、宋伟杰译，中央编译出版社 2001 年版。

［美］约瑟夫·阿伽西：《科学与文化》，邬晓燕译，中国人民大学出版社 2006 年版。

［美］张光直：《美术、神话与祭祀》，郭净译，辽宁教育出版社 2002 年版。

［美］朱迪斯·巴特勒：《身体之重：论“性别”的话语界限》，李钧鹏译，上海三联书店 2011 年版。

［美］朱迪斯·巴特勒：《消解性别》，郭劼译，上海三联书店 2009 年版。

［日］广松涉：《唯物史观的原像》，邓习议译，南京大学出版社

2009 年版。

［日］广松涉：《物象化论的构图》，彭曦、庄倩译，南京大学出版社 2002 年版。

［瑞］费尔迪南·德·索绪尔：《普通语言学教程》，高名凯译，商务印书馆 1999 年版。

［匈］阿格妮丝·赫勒：《日常生活》，衣俊卿译，黑龙江大学出版社 2010 年版。

［匈］卢卡奇：《历史与阶级意识——关于马克思主义辩证法的研究》，杜章智等译，商务印书馆 1996 年版。

［以色列］尤瓦尔·赫拉利：《人类简史：从动物到上帝》，林俊宏译，中信出版社 2014 年版。

［意］罗西·布拉伊多蒂：《后人类》，宋根成译，河南大学出版社 2016 年版。

［英］C. P. 斯诺：《两种文化》，纪树立译，生活·读书·新知三联书店 1994 年版。

［英］Tim Dant：《物质文化》，龚永慧译，书林 2009 年版，第 47 页。

［英］阿尔弗雷德·诺思·怀特海：《过程与实在》，杨富斌译，中国城市出版社 2003 年版。

［英］爱德华·伯纳特·泰勒：《原始文化》，连树生译，上海文艺出版社 1992 年版。

［英］巴里·巴恩斯：《科学知识与社会学理论》，鲁旭东译，东方出版社 2001 年版。

［英］本·海默尔：《日常生活与文化理论导论》，王志宏译，商务印书馆 2008 年版。

［英］丹尼尔·米勒：《物质文化与大众消费》，费文明、朱晓宁译，江苏美术出版社 2010 年版。

［英］丹尼尔·米勒：《消费：疯狂还是理智》，张松萍译，经济科学出版社 2013 年版。

［英］丹尼尔·米勒、［澳］希瑟·霍斯特：《数码人类学》，王心远译，人民出版社 2014 年版。

［英］菲利普·史密斯：《文化理论：导论》，张鲲译，商务印书馆 2008 年版。

［英］克里斯·希林：《文化、技术与社会中的身体》，李康译，北京大学出版社 2011 年版。

［英］雷蒙德·威廉斯：《马克思主义与文学》，王尔勃、周莉译，河南大学出版社 2008 年版。

［英］雷蒙·威廉斯：《关键词：文化与社会的词汇》，刘建基译，生活·读书·新知三联书店 2005 年版。

［英］玛丽·道格拉斯：《洁净与危险》，黄剑波、卢忱、柳博赟译，民族出版社 2008 年版。

［英］尼古拉斯·费恩：《哲学：对古老问题的最新解答》，许世鹏译，新星出版社 2007 年版。

［英］斯科特·拉什、西莉亚·卢瑞：《全球文化工业：物的媒介化》，要新乐译，社会科学文献出版社 2010 年版。

［英］特里·伊格尔顿：《历史中的政治、哲学、爱欲》，马海良译，中国社会科学出版社 1999 年版。

［英］特里·伊格尔顿：《文化与上帝之死》，宋郑超译，河南大学出版社 2016 年版。

［英］特伦斯·霍克斯：《结构主义和符号学》，瞿铁鹏译，上海译文出版社 1987 年版。

［英］约翰·斯道雷：《文化理论与大众文化导论》，常江译，北京大学出版社 2010 年版。

二　中文期刊

陈嘉映：《索绪尔的几组基本概念》，《杭州师范学院学报》（社会科学版）2002 年第 2 期。

王宁：《“后理论时代”的理论风云：走向后人文主义》，《文艺理论研究》2013 年第 6 期。

杨大春:《现象性与物性》,《哲学研究》2013 年第 11 期。

杨大春:《梅洛 - 庞蒂哲学的复魅之旅》,《天津社会科学》2008 年第 6 期。

朱松峰:《胡塞尔和海德格尔谁先影响了谁?——就“生活世界”而言》,《南京社会科学》2014 年第 1 期。

张法:《西方哲学中 thing(事物)概念:起源,内蕴,演变》,《社会科学战线》2013 年第 3 期。

张一兵:《事物化与物化:从韦伯到青年卢卡奇》,《现代哲学》2015 年第 1 期。

[波兰] 爱娃・多曼斯卡:《过去的物质性存在》,杨晓慧译,《江海学刊》2010 年第 6 期。

[波兰] 爱娃・多曼斯卡:《历史学的未来:后人文主义的挑战》,张作成译,《北方论丛》2011 年第 3 期。

[法] B. 拉图尔:《答复 D. 布鲁尔的〈反拉图尔论〉》,张敦敏译,《世界哲学》2008 年第 4 期。

[法] 贝尔纳・斯蒂格勒:《为一个逆熵的未来》,陆兴华译,《新美术》2016 年第 6 期。

[法] 贝尔纳・斯蒂格勒:《自动化社会里的超控制艺术》,《新美术》2015 年第 6 期。

[法] 雷诺・巴尔巴拉:《梅洛 - 庞蒂:意识与身体》,张尧均译,《同济大学学报》(社会科学版)2009 年第 1 期。

[法] 罗兰・巴特:《从作品到文本》,杨扬译,《文艺理论研究》1988 年第 5 期。

[美] J. B. 科布:《怀特海哲学和建设性的后现代主义》,邵刚、杨金颖译,《世界哲学》2003 年第 1 期。

[美] M. 哈里斯:《夸富宴——原始部落的一种生活方式》,李侠祯译,《民族译丛》1986 年第 6 期。

[美] 哈维兰:《夸富宴》,秦学圣译,《东南文化》1986 年第 1 期。

［美］杰弗里·戴奇：《后人类》，许明清译，《世界美术》1993 年第 3 期。

［匈］乔治·马尔库什：《生活与心灵：青年卢卡奇和文化问题》，孙建茵译，《求是学刊》2011 年第 5 期。

［英］D. 布鲁尔：《反拉图尔论》，张敦敏译，《世界哲学》2008 年第 3 期。

［英］弗兰西斯·马尔赫恩：《瓶中信：文学研究中的阿尔都塞》，孟登迎译，《中外文化与文论》2009 年第 2 期。

［英］迈克·罗兰、卞思梅：《物质文化与人类学——英国人类学家迈克·罗兰专访》，赵秀云译，《民族学刊》2014 年第 1 期。

三 外文著作

Ann Gray, eds., *CCCS Selected Working Papers* (*Volume 2*), London & New York: Routledge, 2007.

Arthur Asa Berger, *What Objects Mean: An Introduciton to Material Culture*, Walnut Creek: Left Coast Press, 2014.

Arjun Appadurai, ed., *The Social Life of Things: Commodities in Cultural Perspective*, Cambridge: Cambridge University Press, 1986.

Beth Preston, *A Philosophy of Material Culture*, New York & London: Routledge, 2013.

Bruno Latour, *The Pasteurization of France*, Cambridge: Harvard University Press, 1988.

Bruno Latour, *Reassembling the Social: An Introduction to Actor-Network-Theory*, New York: Oxford University Press, 2005.

Bruno Latour, *We Have Never Been Modern*, Cambridge: Harvard University Press, 1993.

Bruno Latour, *What Is the Style of Matters of Concern?*, Assen: Van Gorcum, 2008.

Cary Wolfe, *What Is Posthumanism?*, Minneapolis: University of Minnesota Press, 2010.

Christopher Tilley, eds. , *Handbook of Material Culture*, London & Thousand Oaks & New Delhi: SAGE Publications, 2006.

Claude Levi-Strauss, *Introduction to the Work of Marcel Mauss*, London: Routledge & Kegan Paul, 1987.

Dan Hicks, Mary C. Beaudry, eds. , *The Oxford Handbook of Material Culture Studies*, Oxford: Oxford University Press, 2010.

Daniel Miller, ed. , *Materiality*, Durham and London: Duke University Press, 2005.

Daniel Miller, *The Comfort of Things*, Cambridge: Polity Press, 2008.

David Berry, ed. , *Revisiting the Frankfurt School: Essays on Culture, Media and Theory*, Farnham: ASHGATE, 2011.

Donna J. Haraway, *Simians, Cyborgs, and Women: The Reinvention of Nature*, New York: Routledge, 1991.

Donna J. Haraway, *Modest_Witness@ Second_Millennium. FemaleMan ©_Meets_OncoMouse™: Feminism and Technoscience*, New York: Routledge, 1997.

Don Ihde, *Postphenomenology: Essays in the Postmodern Context*, Evanston: Northwestern University Press, 1993.

Don Ihde, *Bodies in Technology*, London: University of Minnesota Press, 2002.

Ernan McMullin, ed. , *The Social Dimensions of Science*, Notre Dame: Notre Dame University Press, 1992.

Erich Fromm, *To Have or To Be*, London & New York: Continuum, 2008.

Elizabeth Hallam, Jenny Hockey, *Death, Memory and Material Culture*, Oxford & New York: Berg, 2001.

Ian Woodward, *Understanding Material Culture*, Los Angele & London & New Delhi & Singapore: SAGE Publications, 2007.

James E. Faulconer, Mark A. Wrathall, eds. , *Appropriating Heidegger*,

Cambridge: Cambridge University Press, 2000.

John Higgins, Raymond Williams, *Literature, Marxism and Cultural Materialism*, London & New York: Routledge, 1999.

John Kenneth Galbraith, *The Affluent Society*, Boston & New York: Houghton Mifflin Company, 1998.

Mary Douglas, Baron Isherwood, *The World of Goods: Towards an Anthropology of Consumption*, London & New York: Routledge, 1996.

Martin Heidegger, *Introduction to Metaphysics*, New Haven & London: Yale University Press, 2000.

Maurice Merleau-Ponty, *The Visible and the Invisible*, Evanston: Northwestern University Press, 1968.

Michel de Certeau, *The Practice of Everyday Life*, Berkeley & Los Angeles: University of California Press, 1988.

N. Katherine Hayles, *How We Became Posthuman*, Chicago & London: The University of Chicago Press, 1999.

Pierre Bourdieu, *Distinction: A Social Critique of the Judgement of Taste*, London: Routledge and Kegan Paul, 1984.

Robert Pepperell, *The Posthuman Condition: Consciousness Beyond the Brain*, Bristol: Intellect Books, 2003.

Roland Barthes, *Mythologies*, New York: The Noonday Press, 1991.

Roland Barthes, *Image Music Text*, London: Fontana Press, 1977.

Rachel Hurdley, *Home, Materiality, Memory and Belonging: Keeping Culture*, Basingstoke: Palgrave Macmillan, 2013.

Seymour Chatman, ed., *Literary Style: A Symposium*, New York: Oxford University Press, 1971.

Simone de Beauvoir, *The Second Sex*, New York: Vintage, 1989.

Steven Lubar, W. David Kingery, eds., *History from Things: Essays on Material Culture*, Washington & London: Smithsonian Institution Press, 1993.

Stacy Alaimo，Susan Hekman，ed.，*Material Feminisms*，Bloomington & Indianapolis：Indiana University Press，2008.

Tim Dant，*Material Culture in the Social World*，Buckingham：Open University Press，1999.

Victor Buchli，ed.，*The Material Culture Reader*，Oxford & New York：Berg，2002.

Victor Buchli，ed.，*Material Culture：Critical Concepts in the Social Science*（*volume 1*），London & New York：Routledge，2004.

W. David Kingery，ed.，*Learning from Things：Method and Theory of Material Culture Studies*，Washington & London：Smithsonian Institution Press，1996.

四　外文期刊

Ewa Domanska，"The Return to Things"，*Archaeologia Polona*，Vol. 44，2006.

Ernest B. Koenker，"The Being of the Material and the Immaterial in Heidegger's Thought：Another Perspective"，*Philosophy Today*，Vol. 24，No. 1，1980.

Ihab Hassan，"Prometheus as Performer：Toward a Posthumanist Culture"，*The Georgia Review*，Vol. 31，No. 4，1977.

John Wilson，"Reviews"，*Contemporary Sociology*，Vol. 18，No. 1，1989.

Richard Rorty，"Nineteenth-Century Idealism and Twentieth-Century Textualism"，*The Monist*，Vol. 2，1981.

后　记

本书由我的博士学位论文修改而成，主体内容完成于2015—2017年。博士毕业获得一份教职后，我很快就投入教学和其他日常工作当中，迟迟未将博士学位论文的修改完善提上日程。如今本书终于得以出版，也算是对自己的一份交代。

本书主要由两个大的板块构成，可以概括为物质文化研究的经典路径和当代新方向，主要围绕物与人的关系展开探索。具体研究思路和框架在导论中已有交代，这里就不再赘述了。由于自己学识浅陋，本书存在很多问题和不足，请读者们批评指正。我将继续在这个研究领域深耕学习，不断完善。

老实讲，这几年我总是受困于自己内心的纠结和愤懑，时常追问什么才是真正有价值的学术研究。同时，也越来越意识到目前自己的能力不足以达到好的学术写作。每年给学生上文学理论课程时，第一节课我都会花一些时间介绍韦伯的《学术作为一种志业》，每每讲到韦伯所说的“学术人格”，也暗暗提醒自己，多自省，多沉淀，不要急功近利丢了“人格”。当然，我也逐渐接纳了自己的平庸。

我的专业是理论研究，我坚信理论是日常的理论，日常是理论的日常。如果所学所思无法与日常生活实践接轨，无法形塑一个人的处世态度和生活方式，那么思想就丧失了它的生命力，或者成为某种掌上玩物。做学问这条路对我来说还很漫长，或许有主动放弃的那一天，但求无愧于心。

我想我是幸运的。我要感谢父亲王建宁先生、母亲蔺晓兰女士。他们辛苦付出，使我在这条路上走得更从容和安心。感谢我的丈夫贺继龙先生，距我们颇具戏剧性的相识已有 16 年，这让我们的生活增添了一份命定的浪漫。也是他的理解、共情和陪伴让我即便遭遇困难和不公，也依旧体验和感受着生活的温馨和美好。

我也要感谢在本书出版过程中给予我帮助的张春燕老师。谢谢本书的编辑老师，她为本书最后定稿提供了宝贵的修改意见。

王　垚
2023 年冬